本书列入
2017年国家社会科学基金重大委托项目
"十三五"国家重点图书出版规划项目

中华传统文化百部经典

管子（节选）

孙中原 解读

国家图书馆出版社

图书在版编目（CIP）数据

管子：节选／孙中原解读． —— 北京：国家图书馆出版社，2017.9（2018.4重印）
（中华传统文化百部经典／袁行霈主编）
ISBN 978-7-5013-6239-4

Ⅰ．①管… Ⅱ．①孙… Ⅲ．①法家 ②《管子》-注释 Ⅳ．① B226.12

中国版本图书馆 CIP 数据核字（2017）第 218766 号

国家图书馆出版社官方微信

书　名	管　子（节选）
著　者	孙中原 解读
责任编辑	张爱芳
特约编辑	袁啸波
封面设计	敬人设计工作室
出　版	国家图书馆出版社（100034　北京市西城区文津街7号）
发　行	010-66114536　66126153　66151313　66175620 66121706（传真）　66126156（门市部）
E-Mail	nlcpress@nlc.cn（邮购）
Website	www.nlcpress.com →投稿中心
经　销	新华书店
印　装	北京科信印刷有限公司
版　次	2017年9月第1版　2018年4月第2次印刷
开　本	710×1000（毫米）　1/16
印　张	27.75
字　数	330千字
书　号	ISBN 978-7-5013-6239-4
定　价	72.00元（精装）

中华传统文化百部经典

顾 问

饶宗颐	冯其庸	叶嘉莹	章开沅	张岂之
刘家和	乌丙安	程毅中	陈先达	汝　信
李学勤	钱　逊	王　蒙	楼宇烈	陈鼓应
董光璧	王　宁	李致忠	杜维明	

编委会

主任委员

袁行霈

副主任委员

韩永进

编　委

瞿林东	许逸民	陈祖武	郭齐勇	田　青
陈　来	洪修平	王能宪	万俊人	廖可斌
张志清	梁　涛	李四龙		

本册审订
万俊人　　于孔宝

中华传统文化百部经典
编纂办公室
张　洁　　牛淑娟　　马　超　　袁　媛

编纂缘起

　　文化是民族的血脉，是人民的精神家园。党的十八大以来，围绕传承发展中华优秀传统文化，习近平总书记发表了一系列重要讲话，深刻揭示出中华优秀传统文化的地位和作用，梳理概括了中华优秀传统文化的历史源流、思想精神和鲜明特质，集中阐明了我们党对待传统文化的立场态度，这是中华民族继往开来、实现伟大复兴的重要文化方略。2017年初，中共中央办公厅、国务院办公厅印发《关于实施中华优秀传统文化传承发展工程的意见》，从国家战略层面对中华优秀传统文化传承发展工作作出部署。

　　我国古代留下浩如烟海的典籍，其中的精华是培育民族精神和时代精神的文化基础。激活经典，熔古铸今，是增强文化自觉和文化自信的重要途径。多年来，学术界潜心研究，钩沉发覆、辨伪存真、提炼精华，做了许多有益工作。编纂《中华传统文化百部经典》，就是在汲取已有成果基础上，力求编出一套兼具思想性、学术性和大众性的读本，使之成为广泛认同、传之久远的范本。《百部经典》所选图书上起先秦，下至辛亥革命，包括哲学、文学、历史、艺术、科技等领域的重要典籍。萃取其精华，加以解读，旨在搭建传统典籍与大众之间的桥梁，激活中华优秀传统文化的价值，用优秀传统文化滋养当代中国人的精神世界，提振当代中国人的文化自信。

这套书采取导读、原典、注释、点评相结合的编纂体例，寻求优秀传统文化与社会主义核心价值观之间的深度契合点。以当代眼光审视和解读古代典籍，启发读者从中汲取古人的智慧和历史的经验，借以育人、资政，更好地为今人所取、为今人所用。力求深入浅出、明白晓畅地介绍古代经典，让优秀传统文化贴近现实生活，融入课堂教育，走进人们心中，最大限度地发挥以文化人的作用。

《百部经典》是一项重大文化工程。在中宣部等部门的指导和大力支持下，国家图书馆做了大量组织工作，得到学术界的积极响应和参与。由专家组成的编纂委员会，职责是作出总体规划，选定书目，制订体例，掌握进度；并延请德高望重的大家耆宿担当顾问，聘请对各书有深入研究的学者承担注释和解读，邀请相关领域的知名专家负责审订。先后约有500多位专家参与工作。在此，向他们表示由衷的谢意。

书中疏漏不当之处，诚请读者批评指正。

2017 年 9 月 21 日

凡 例

一、《中华传统文化百部经典》的选书范围，上起先秦，下迄辛亥革命。选择在哲学、文学、历史、艺术、科技等各个领域具有重大思想价值、社会价值、历史价值和学术价值的一百部经典著作。

二、对于入选典籍，视具体情况确定节选或全录，并慎重选择底本。

三、对每部典籍，均设"导读""注释""点评"三个栏目加以诠释。导读居一书之首，主要介绍作者生平、成书过程、主要内容、历史地位、时代价值等，行文力求准确平实。注释部分解释字词、注明难字读音，串讲句子大意，务求简明扼要。点评包括篇末评和旁批两种形式。篇末评撮述原典要旨，标以"点评"，旁批萃取思想精华，印于书页一侧，力求要言不烦，雅俗共赏。

四、原文中的古今字、假借字一般不做改动，唯对异体字根据现行标准做适当转换。

五、每书附入相关善本书影，以期展现典籍的历史形态。

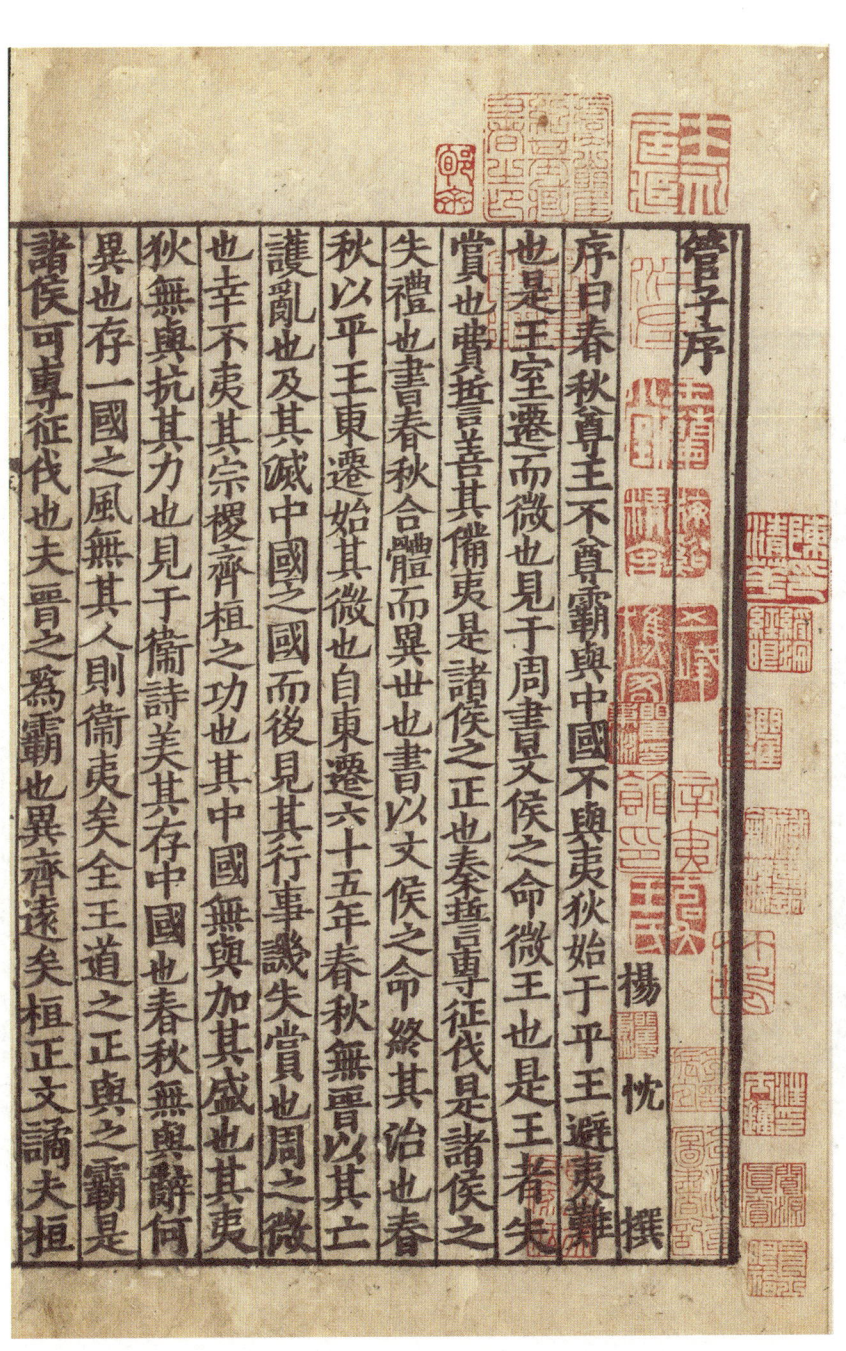

管子二十四卷 （唐）房玄齡注 宋刻本 國家圖書館藏

管子卷第一

唐司空房玄齡注

牧民第一 形勢第二 權修第三
立政第四 乘馬第五
牧民第一 士經
　　　　 四維 四順
　　　　 六親 五法

經言一

凡有地牧民者務在四時，
成萬物者也
守在倉廩。
國多財則遠者來。地辟舉則民留處也
地辟舉則民留處，
地盡墾則人留而安居處也
倉廩實則知禮節，衣食足則知榮

北宋本管子二十四卷同年士瓞居所藏今歸汪閬圃家不肯借人讀
余表兄師竹陳婁從其家校之道光辛卯患因得臨校一過隨注疑
義於上方就奉李子方伯方赤先生之命虞臨一本完日記此
道光二十年庚子九月廿八日吳縣吳志忠

管子注二十四卷 （唐）房玄齡注 明趙用賢管韓合刻本 國家圖書館藏

目 录

导 读

一、成 书 …………………………………………………（ 1 ）

二、内 容 …………………………………………………（ 14 ）

三、价 值 …………………………………………………（ 27 ）

管 子

牧 民 ……………………………………………………（ 37 ）

形 势 ……………………………………………………（ 47 ）

七 法 ……………………………………………………（ 56 ）

版 法 ……………………………………………………（ 72 ）

宙 合 ……………………………………………………（ 77 ）

枢 言 ……………………………………………………（ 100 ）

八 观 ……………………………………………………（ 113 ）

法 禁 ……………………………………………………（ 127 ）

重 令 ……………………………………………………（ 136 ）

法法 ……………………………………………………（147）

兵法 ……………………………………………………（171）

霸形 ……………………………………………………（181）

霸言 ……………………………………………………（192）

问 ………………………………………………………（206）

戒 ………………………………………………………（215）

参患 ……………………………………………………（229）

制分 ……………………………………………………（234）

小称 ……………………………………………………（239）

心术上 …………………………………………………（248）

心术下 …………………………………………………（261）

白心 ……………………………………………………（267）

势 ………………………………………………………（280）

任法 ……………………………………………………（286）

明法 ……………………………………………………（298）

治国 ……………………………………………………（303）

内业 ……………………………………………………（311）

形势解 …………………………………………………（328）

版法解 …………………………………………………（380）

明法解 …………………………………………………（397）

主要参考文献 …………………………………………（425）

导 读

一、成 书

《管子》成书，经历有年。《管子》是管仲学派的集体创作，托名管仲（约前723—前645）著。《管子》成书，经历数百年漫长的历史演变，可分三个阶段：第一阶段，是公元前7世纪春秋初期管仲创作，篇目不详；第二阶段，是公元前4至前3世纪战国时期，管仲学派说明和发挥管仲思想，流传《管子》十八篇本；第三阶段，是西汉学者增益补充，《管子》篇幅扩展数倍，经西汉末刘向（约前77—前6）编定《管子》八十六篇，流传至今，遗失十篇（有标题，无正文），实存七十六篇。本书精选其中二十九篇，附加注释点评，作为大众普及的通俗读物。

篇幅宏伟，共创文典。《管子》突显法家思想，兼容诸子百家，在中国思想文化史上有独特的学术价值，在中华传统文化体系中占有重要的历史地位。《管子》侧重义理，经后人不断转化创新，对现代社会启示良多,具有重要价值。

历代官修图书目录,从《隋书·经籍志》到清代《四库全书总目》,《管子》都归于"子部法家类",题管仲撰。

管仲,名夷吾,字仲,谥敬,称管敬仲,是先秦法家的前驱和早期代表,与战国法家商鞅(约前395—前338)、韩非(约前280—前233)齐名,习称管商韩。管仲任齐相四十年(前685—前645),辅佐桓公,改革变法,振兴齐国,"九合诸侯,一匡天下",成春秋五霸之首。管仲在齐国政治、经济、军事各领域建功立业,成效卓著,是进步的政治家和思想家,彪炳史册,影响深远。

《管子》是管仲学派的集体创作,托名管仲,符合当时著作的习惯。《管子》关于管仲相齐图霸的思想,与众多古籍记载相吻合,证明是真实的历史文献。《管子》相关记载,见《左传》《国语》《战国策》《韩非子》和《史记》,佐证丰富。"管子""管仲"和"管夷吾"在相关文献中出现次数,见表一。

表一 "管子""管仲"和"管夷吾"在相关文献中出现次数

序号	书名	管子	管仲	管夷吾	合计
1	《管子》	371	168	4	543
2	《左传》		12	3	15
3	《国语》	23	4	3	30
4	《战国策》	1	8	1	10
5	《韩非子》	3	104	1	108
6	《史记》	3	68	3	74
合计		401	364	15	780

管鲍之交,文坛流传。管仲跟鲍叔牙(约前716—前644),相知最深,有关二人交往的生动故事,情节离奇,跌宕起伏,被后世传为佳

话。"管鲍之交"的成语，为历代文人津津乐道。唐杜甫《贫交行》诗说："君不见管鲍贫时交，此道今人弃如土。"含义深邃，令人回味。

司马迁《史记·管晏列传》引管仲自称："吾始困时，尝与鲍叔贾（贾即经商），分财利多自与，鲍叔不以我为贪，知我贫也。吾尝为鲍叔谋事而更穷困，鲍叔不以我为愚，知时有利不利也。吾尝三仕，三见逐于君，鲍叔不以我为不肖，知我不遭时也。吾尝三战三走，鲍叔不以我为怯，知我有老母也。公子纠败，召忽死之，吾幽囚受辱，鲍叔不以我为无耻，知我不羞小节，而耻功名不显于天下也。生我者父母，知我者鲍子也！"

管仲所说自己的缺点、短处、不利、失败和不顺等典型事例：第一，早年贫困，跟鲍叔牙合伙经商，分财利想多得，鲍叔牙不认为管仲贪婪，而体谅管仲贫穷。第二，管仲给鲍叔牙出谋划策，反而使事情办坏，鲍叔牙不认为管仲愚笨，认为是时机不利。第三，管仲多次做官，多次被斥退，鲍叔牙不认为管仲无能，体谅管仲机遇不好。第四，管仲多次带兵作战，多次败退逃跑，鲍叔牙不认为管仲胆怯，体谅管仲家有老母需供养。第五，管仲辅佐公子纠争位失败，召忽自杀，管仲被囚禁，鲍叔不认为管仲无耻，体谅管仲不为失小节而羞辱，是为功名不显于天下而羞耻。管仲从以上五个典型事例归纳出一个结论：生我者是父母，知我者是鲍叔牙。管仲的这句肺腑之言，掷地有声，铿锵有力，成为佳话，广为传播。

司马迁《史记·管晏列传》，从"管鲍之交"谈起，简述管仲生平："管仲夷吾者，颍上（今安徽阜阳）人也。少时常与鲍叔牙游，鲍叔知其贤。管仲贫困，常欺鲍叔，鲍叔终善遇之，不以为言。已而鲍叔事齐公子小白，管仲事公子纠。及小白立为桓公，公子纠死，管仲囚焉。鲍叔遂进管仲。"司马迁对管仲生平的简述，需要展开说明。

荣任齐相，历尽艰险。齐僖公三十三年（前698），齐僖公去世，留下三个儿子：太子诸儿、公子纠和小白。太子诸儿即位，即齐襄公。

当时，管仲和鲍叔牙分别辅佐公子纠和公子小白。齐襄公与其妹鲁桓公夫人文姜私通，醉杀鲁桓公。管仲预感齐国将发生动乱。公子纠母亲是鲁君女儿，管仲和召忽保护公子纠，逃往鲁国避难，待机回国，争夺君位。

齐襄公十二年（前686），齐国内乱，两个逃亡在外的公子，见时机成熟，都想尽快回国，争抢君位。鲁庄公知道齐国无君，万分焦急，立即派兵护送公子纠回国，后发现公子小白已先出发回国。管仲决定先行，亲率三十乘兵车，到莒国通齐国的路上，拦截袭击公子小白。遇公子小白的大队车马，管仲等公子小白车马走近，拉弓搭箭，射向公子小白，一箭射中，公子小白应声倒下。管仲见公子小白被射中，率领人马返回。其实公子小白没死，管仲一箭射中他的铜制衣带钩，公子小白急中生智，咬破舌尖，装死倒下，迷惑管仲。经此一惊，公子小白与鲍叔牙倍加警觉，飞速向齐国挺进。来到临淄，鲍叔牙先进城劝说，齐国正卿高氏和国氏，都同意拥立公子小白为国君，公子小白进城，登上君位，即齐桓公。该年称桓公元年（前685）。

管仲跟公子纠，误认公子小白被射死，没有竞争对手，不急于赶路，六天才到齐国，不料齐国已有新君，即公子小白。鲁庄公得知齐国有新君，进攻齐国，想用武力夺君位，齐、鲁在乾时会战。管仲建议，趁小白人心未定，快速进攻，鲁庄公说："如果一切如你所料，小白早就被射死。"不听管仲的话，遭遇齐军伏击，鲁军大败。管仲跟公子纠，随鲁庄公败退，返回鲁国，齐军乘胜追击，进入鲁国境。

齐桓公为绝后患，致信鲁庄公，叫鲁国杀公子纠，交出管仲和召忽，否则齐军将攻打鲁国。鲁庄公得知，跟大夫施伯商量。施伯认为齐国要管仲，不是为报仇，是要用他执政。管仲才干世间少有，执政必能使齐国富强称霸。假如管仲被齐国任用，是鲁国大患。施伯主张杀管仲，把尸首还给齐国。鲍叔牙用计，称齐桓公恨管仲入骨，定要杀管仲。

鲁庄公新败，知齐国大兵压境，畏惧再战，没听施伯的主张，在齐国的压力下，杀公子纠，囚禁管仲和召忽，准备交还齐桓公发落，希望齐国退兵。

礼让管仲，鲍叔举贤。管仲清楚鲍叔牙计谋，催促押送人快马加鞭，平安赶到齐国。鲍叔牙举贤荐管仲，劝说齐桓公，若要兴齐图霸，务必请管仲辅佐。齐桓公同意选择吉日，隆重迎接管仲，表示对管仲的重视和信用。齐桓公跟管仲见面，深谈良久，投合默契，任管仲为相，称仲父，时为桓公元年（前685），前后历时四十年。管仲大兴改革，富国强兵，用智谋辅佐齐桓公（约前705—前643，前685—前643在位，共43年），使其成为春秋第一霸主。

齐国在山东北部，靠近渤海，盛产鱼盐，经济富裕，是华夏东方大国。齐桓公用管仲为相，推行改革，军政合一，兵民合一，齐国渐盛。桓公五年（前681）齐国在北杏（今山东东阿）召集宋、陈、蔡、邾诸侯会盟，是历史上第一个充当盟主的诸侯。齐桓公听从管仲建议，尊王攘夷，团结诸侯，北击山戎，南伐荆楚，树立威信。此后齐桓公召集诸侯国，在葵丘会盟，"九合诸侯，一匡天下"，周室派人参加，正式承认齐桓公的霸主地位。

管仲之谋，霸梦终圆。司马迁《史记·管晏列传》说："管仲既用，任政于齐，齐桓公以霸，九合诸侯，一匡天下，管仲之谋也。""管仲既任政相齐，以区区之齐在海滨，通货积财，富国强兵……其为政也，善因祸而为福，转败而为功。"《史记·平准书》说："齐桓公用管仲之谋，通轻重之权，徼山海之业，以朝诸侯，用区区之齐显成霸名。"《史记·平津侯主父列传》："昔者管仲相齐桓，霸诸侯，有九合一匡之功。"突出"管仲之谋"对兴齐图霸的巨大能动作用。对于"九合诸侯，一匡天下"，彰显"管仲之谋"的宏伟功业、"因祸而为福，转败而为功"，体现"管仲之谋"的辩证机理，《管子》都有淋漓尽致的发挥。

善用智谋，羽翼增添。《管子·小匡》（以下引《管子》，只标篇名）记："桓公能假其群臣之谋，以益其智也，其相曰夷吾。""明君在上，察相在下。""若欲霸王，夷吾在此。"《霸形》记桓公说："寡人之有仲父（管仲）也，犹飞鸿之有羽翼也，若济大水有舟楫也。仲父不一言教寡人，寡人之有耳，将安闻道而得度哉？"桓公把"管仲之谋"，比做天鹅羽翼（翅膀），过河船只。天鹅无翼，不能飞翔；过河无舟，望洋兴叹。如无"管仲之谋"相教导，桓公就觉得是空长耳朵，听不到管仲的治国大道，齐桓公的图霸梦将化为乌有。

太公之谋，一脉相传。姜太公吕尚为齐桓公的先祖。司马迁《史记·齐太公世家》说："周西伯昌之脱羑里归，与吕尚阴谋修德以倾商政，其事多兵权与奇计，故后世之言兵及周之阴权皆宗太公为本谋。""天下三分，其二归周者，太公之谋计居多。""散鹿台之钱，发钜桥之粟，以振贫民。封比干墓，释箕子囚，迁九鼎，修周政，与天下更始，师尚父谋居多。"

"太公至国，修政，因其俗，简其礼，通商工之业，便鱼盐之利，而人民多归齐，齐为大国。""桓公既得管仲，与鲍叔、隰朋、高傒修齐国政，连五家之兵，设轻重鱼盐之利，以赡贫穷，禄贤能，齐人皆悦。"司马迁归纳结论说："以太公之圣，建国本；桓公之盛，修善政，以为诸侯会盟，称霸不亦宜乎？洋洋哉，固大国之风也！"

《史记·货殖列传》说："太公望封于营丘，地潟卤（盐碱地），人民寡，于是太公劝其女功，极技巧，通鱼盐，则人物归之，襁至而辐凑。故齐冠带衣履天下，海岱之间敛袂而往朝焉。其后齐中衰，管子修之，设轻重九府，则桓公以霸，九合诸侯，一匡天下。""是以齐富强至于威、宣也。"彰显《管子》思想的历史渊源和现实依据，说明从太公治齐，到管仲改革，智谋韬略，一脉相承，揭示姜太公和管仲之谋对齐国开拓发展、实现霸王梦的巨大能动推引作用。这些在《管子》中都有充分体现。

管仲改革，政绩斐然。管仲依托桓公支持，大兴改革，注重农商，富国强兵，使齐国成为春秋第一霸主。《管子》《左传》《国语》《战国策》《韩非子》和《史记》等，都记载了管仲改革的丰功伟绩。管仲在四十年齐相任内，功成名就，政绩斐然，是先秦诸子群体中成就个人抱负的典范。管仲的思想遗产，影响深远，是后世志士仁人效法的榜样。《左传》襄公二十四年（前549）说："太上有立德，其次有立功，其次有立言。虽久不废，此之谓不朽。"管仲是实现立德立功立言三不朽境界的杰出改革家。

春秋时期，列国对峙，求富争强。当时齐国国库空虚，国运倒悬，亟须推引历史前进的改革者问世。经历夏商周中华文明的勃兴期，春秋战国时期工商业成为相对独立的行业，贾贩成群，商人站到历史前列，登上政治舞台，建功立业，屡见不鲜。

诸侯国为成就霸业，强化商业，以图富国。齐国重视农工商业，迎来经济发展的黄金时代，为农工商人提供大展身手的宽阔平台。管仲早年家贫，伙同鲍叔经商谋生。桓公即位，经鲍叔举荐，桓公纳谏，奇才管仲出任齐相，主持政事，改革变法，成就桓公霸业。

政治改革，治理乱源。管仲为政，严格考察官吏，把考核官吏作为执政的纲领。《立政》篇，"立政"即莅政、临政、执政、为政。其中说"治国有三本"，即治国有三项基本原则。《立政》列"三本"一题，详述治国的三项基本原则："君之所审者三：一曰德不当其位，二曰功不当其禄，三曰能不当其官。此三本者，治乱之原也。"即君主需审查的问题有三：一是臣下品德与其地位不相称，二是臣下功劳与其俸禄不相称，三是臣下才能与其官职不相称。这三个根本问题，是国家治乱的根源。

国家对在朝廷中未显露德义的人，不可授予尊贵的爵位；无功于国家的人，不可给予厚禄；治理政事不能取信于民的人，不能当官。品德高尚，地位卑贱，是君主用人不当。品德低下，地位尊贵，是君主用人失误。宁肯对君子安排有过，也不能错用小人。对君子安排有过，带来怨恨尚浅。错用小人，会带来大患。

一个国家如果让未显露德义的人在朝廷居高位，贤良臣子就得不到重用。如果让没有为国立功的人享以厚禄，功劳卓著的臣子就得不到鼓励。如果让治理政事，而不能取信于民的人任大官，有才能的大臣就得不到进用。只有把这三个根本问题审查清楚，臣下才不敢妄求高官厚禄。反之，奸臣就会钻到君主身边，受君主宠信的近臣就会独断专权。于上君主耳目闭塞，于下国家政令不通，致使抛弃正道，滋生坏事。如果审查清楚这三个根本问题，君主宠爱的近臣就无法独断专权，才能使社会安定，公平正义，刑罚简省，政务减少，朝廷就无须频繁召集众人议事。

管仲提出考察为政绩效的用人原则，认为官员须有取信于民的政绩，总结奖惩官员的办法，选贤任能。优秀人才试用称职，委任晋升。突破传统世卿世禄制，从基层提拔执政人才。管仲的政改纲领，对后世颇有启发。

行政改革，民众存安。《大匡》《中匡》《小匡》记管仲相齐，辅佐桓公实现霸王梦的历史伟业，整顿行政管理。桓公问管仲怎样治理民众，管仲答："圣王之治其民也，三其国而五其鄙，定民之居，成民之事，以为民纪。谨用其六秉，如是而民情可得，而百姓可御。"治理民众，国分为三，鄙划为五，作为治民体制，安定民众居处，成就民众职事。整顿行政系统的目的，是使士农工商各就其业，革除部落残余，把全部行政区域组织结构统一化，维护社会稳定。

军制改革，寓兵于民。管仲兵民结合的社会编制思想，见于《小匡》《立政》和《乘马》等篇。《小匡》说："（桓）公欲速得意于天下诸侯，则事有所隐，而政有所寓。公曰：'为之奈何？'管子对曰：'作内政而寓军令焉。'"管仲军制改革的原则，是"作内政而寓军令"，行政里面含军事，军政结合，兵民合一，寓兵于农。

管仲军制改革的措施，是居民组织跟军事编制结合，将全国分为二十一个乡，五乡为一帅，有一万一千人。齐君率中军。两个上卿，各率五乡，为左右军，叫三军，即"三其国"。一乡有十连，一连有四里，一里有十轨，一轨有五家。五家一轨，即"五其鄙"。轨中五家，世代居处，利害相同，祸福与共。"以守则固，以战则胜，君有此教士三万人，以横行于天下，诛无道以定周室，天下大国之君莫之能御（敌）也。""以守则固，以战则强，封内治，百姓亲，可以出征四方，立一霸王矣。"政军结合的战斗体制，为当时大规模战争，提供坚强有力的组织人事保障。

治国之道，必先富民。《治国》篇阐述管仲的经济改革思想。篇名"治国"，即治理国家，需把富民放在首位，同时论述发展农业、增产粮食对治国的重要意义。篇中开宗明义说："凡治国之道，必先富民（论题）。民富则易治也，民贫则难治也。奚以知其然（论据；正反比较）也？民富则安乡重家，安乡重家则敬上畏罪，敬上畏罪则易治也；民贫则危乡轻家，危乡轻家则敢凌上犯禁，凌上犯禁则难治也。故治国常富，而乱国常贫（论证；连锁推理；正反比较）。是以善为国者，必先富民，然后治之（归结论题；证毕）。"本篇是优秀的论证重农治国主题的经济哲学论文，言简意赅，逻辑清晰。论证方法充分运用正反比较和典型的连锁推理，给人启迪。

像这样典型的正反比较、连锁推理，《治国》篇中还有不少。如："所谓兴利者，利农事也；所谓除害者，禁害农事也。农事胜则入粟多，入粟多则国富，国富则安乡重家，安乡重家则虽变俗易习，驱众移民，至于杀之，而民不恶也。此务粟之功也（正；连锁推理）；上不利农则粟少，粟少则人贫，人贫则轻家，轻家则易去，易去则上令不能必行，上令不能必行，则禁不能必止，禁不能必止，则战不必胜，守不必固矣。夫令不必行，禁不必止，战不必胜，守不必固，命之曰寄生之君：此由不利农少粟之害也（反；连锁推理）。"典型的连锁推理再如："民事农则田垦，田垦则粟多，粟多则国富。国富者兵强，兵强者战胜，战胜者地广，是以先王知众民、强兵、广地、富国之必生于粟也。"

兼营工商，以农为本。《幼官》篇说："务本饬末则富。"即国家致富之道，是"务本饬末"：致力于巩固农业基础，整饬管理工商业。本末兼顾，相辅相成。《小匡》篇记桓公问管子："定民之居，成民之事（安定民众居处，成就民众职事）奈何？"管仲答："士农工商四民者，国之石民也。""处农必就田野，处工必就官府，处商必就市井。"管子认为"士农工商"是支撑国家的柱石，农工商各业应各有职事，各自尽责，协调发展，共创财富。

治国之道农为本。《治国》篇说："粟者，王之本事也，人主之大务，有人之途，治国之道也。""农事胜，则入粟多。入粟多，则国富。""田垦则粟多，粟多则国富。""粟也者，民之所归也。粟也者，财之所归也。粟也者，地之所归也。粟多，则天下之物尽至矣。"齐国临海，膏壤千里，有发展农工商业的优越条件和优良传统。《轻重》篇即论述经济、市场、货币、贸易、物价、征税等措施，因地制宜，多种经营。

《管子》重视工商业。《乘马》篇说："聚者有市，无市则民乏。""市者货之准也。""市者可以知治乱，可以知多寡。""为之有道。"凡是人群聚集处，必有市场通货物。没有市场通货物，民用缺乏国不富。市场供求是商品多寡的标志。通过市场，可知社会的治乱，物资的多寡，实行当中自有规律可循。

取民有度，讲究分寸。《权修》篇说："取于民有度，用之有止，国虽小必安。取于民无度，用之不止，国虽大必危。"篇名"权修"中的"权"，指权衡，衡量，称量，有思维方法论的意义。唐尹知章题解为："权者，所以知轻重也。君人者，必知事之轻重，然后国可为，故须修权。"

把"修权"定义为修饰端正、权衡轻重的思维方法。《禁藏》篇说:"权衡者,所以视重轻也。"《度地》篇说:"平度量,正权衡。"《明法》篇说:"有权衡之称者,不可欺以轻重。""权修"即整修权力。"修"即整治、治理。

"度",是辩证哲学的基本范畴,指事物质的规定性的数量关节点、数量界限。"有度",即合度、适当、有分寸。"无度",即过度、过分、不恰当。"取于民有度"的命题,指向民众索取有限度、有分寸。"取民有度"是放之四海而皆准、行诸百世而不悖的政经辩证哲学原则,有普遍永久的理论、历史和现实价值。

《立政》篇说:"敬山泽,林薮积草,夫财之所出,以时禁发焉。"《小匡》篇说:"山泽各以其时至,则民不苟。"反对过度开发自然资源,制定限时利用林木渔业资源的政策,伐木捕猎,限定季节。这是历史上最早的自然环境保护法,禁止为了眼前利益,滥伐滥捕,竭泽而渔,保护林木渔业资源的繁育再生,免遭人为破坏。

《国语·齐语》和《管子·小匡》记载管仲对齐桓公说:"相地而衰(差别)其征,则民不移。"《大匡》篇说:"案田而税。"视察土地等次,区别征收租税。用税收政策改革,鼓励发展工商业,提高经营者的积极性,增加社会财富。《管子》对外贸、货币、价格、粮食生产流通,有精到深刻的论述,事实证明是成功的实践探索。

以法治国,法哲借鉴。《明法》篇说:"以法治国,则举错(措)而已。"明确"以法治国"的原则,一切都按法运作。又说:"动无非法者,所以禁过而外私也。"行动不能违反法,禁止过错除私心。《明法解》篇说:"法者,天下之程式也,万事之仪表也。""法度行则国治。""有法度者,不可巧以诈伪。"《形势解》篇说:"法度者,万民之仪表也。"《禁藏》篇说:"法者天下之仪也,所以决疑而明是非也。"即法是天下的规程和标准,是判断真假、明辨是非的依据。"程式""仪表"即规程和标准。

《任法》篇说："有生法，有守法，有法于法。夫生法者，君也。守法者，臣也。法于法者，民也。君臣上下贵贱皆从法，此谓为大治。"君主制定法令，大臣执行法令，民众遵守法令，一切按法办事，这叫大治。齐桓公元年（前685），管仲依凭桓公支持，在"以法治国"理念指引下，整顿内政，上下齐心，使国力提升，终圆齐国称霸梦。《明法》等篇，是杰出的法哲学论文，可作为今日依法治国的借鉴。

版本源流，轨迹突显。《管子》成书于春秋战国（前475—前221）至汉代。传本之一，是春秋战国到西汉前期的十八篇本。传本之二，是西汉末刘向（约前77—前6）编定的《管子》八十六篇本。综合两本内容可知，《管子》是管仲学派长期发挥管仲思想的学术论文集，历时数百年（前7—前1世纪），反映齐国文化流派的学术积淀。

十八篇本，轨迹显然。春秋战国到西汉前期，有《管子》十八篇传本。《史记·管晏列传》唐张守节"正义"引刘歆《七略》说："《管子》十八篇，在法家。"刘歆《七略》参考刘向《别录》编成。刘向、刘歆根据当时宫中藏书，据实记录《管子》十八篇传本，应是刘向编定前的传本，韩非、司马迁都曾阅读评论，引述提及其中的篇名语段。

从春秋战国到西汉前期，《管子》广为流传。《韩非子·五蠹》说："藏《商》《管》之法者，家有之。"《商》指《商君书》，《管》即《管子》。韩非据见闻所说，战国末年家家户户藏《管子》，应是真实情况。

《韩非子·难三》说："《管子》曰：'言于室满于室，言于堂满于堂，是谓天下王。'或曰：管仲之所谓言室满室、言堂满堂者，非特谓游戏饮食之言也，必谓大物也。""而《管子》犹曰'言于室满室，言于堂满堂。'"《牧民》篇记管仲说："言室满室，言堂满堂，是谓圣王。"在堂上说话，要使满堂人都听到，开诚布公，才叫圣明君王。战国时确曾广泛流传《管子》，韩非多次引用《管子》语段，看作"管仲之所谓"，即管仲说的话。

司马迁《史记·管晏列传》说："太史公曰：吾读管氏《牧民》《山高》《乘马》《轻重》《九府》（以上引《管子》篇名和用词）……详哉其言之也，既见其著书，欲观其行事，故次其传。至其书，世多有之，是以不论，论其轶事。"

南朝宋裴骃《史记集解》引刘向《别录》解释司马迁的话："《九府》书，民间无有。《山高》一名《形势》。"唐司马贞《史记索隐》解释司马迁的话："皆管仲著书篇名也。按：《九府》，盖钱之府藏，其书论铸钱之轻重，故云《轻重》《九府》，余如《别录》之说。"

司马迁《史记·管晏列传》说："管仲既任政相齐，以区区之齐在海滨，通货积财，富国强兵，与俗同好恶。故其称曰：'仓廪实而知礼节，衣食足而知荣辱，上服度则六亲固。四维不张，国乃灭亡。下令如流水之原，令顺民心。'故论卑而易行。俗之所欲，因而予之；俗之所否，因而去之。""故曰：'知与之为取，政之宝也。'"司马迁所引管仲语段，见《牧民》篇，确是管仲学派的核心思想，今本《管子》多有发挥。

司马迁自称读过《管子》，把《管子》说成管仲"著书"，并说此书"世多有"，印证韩非所说《管子》之藏"家有之"的历史事实。从韩非到司马迁，均证明《管子》从春秋战国到汉代前期，广泛普及并受到民众普遍欢迎的事实。韩非和司马迁曾阅读评论的《管子》，是历史上实存的第一传本，有可信史料为证。

刘向编辑，八十六篇。西汉末刘向编定《管子》，是西汉官方收藏《管子》各种抄本的汇编，是《管子》的第二传本，流传至今。《汉书·艺文志》记载，汉武帝时"书缺简脱"，"于是建藏书之策，置写书之官，下及诸子传说，皆充秘府"。"至成帝时，以书颇散亡"，"诏光禄大夫刘向校经传诸子"，"会向卒，哀帝复使向子侍中奉车都尉歆卒父业"。

刘向编定《管子》已毕，上奏汉成帝的《管子叙录》说："臣向言:所校雠中《管子》书三百八十九篇,太中大夫卜圭书二十七篇,臣富参书四十一篇,射声校尉立书十一篇,太史书九十六篇,凡中外书五百六十四,以校除复重四百八十四篇(应为四百七十八篇),定著八十六篇,杀青而书可缮写也。"

刘向统计《管子》不同抄本计五百六十四篇,"校除复重","定著八十六篇"。《汉书·艺文志》著录:"《管子》八十六篇。"今本《管子》目录恰是八十六篇。八十六篇《管子》流传至今,遗失十篇(有篇题,无正文),存七十六篇,是目前所见的《管子》传本。刘向编定《管子》八十六篇,包含春秋战国到西汉前期《管子》十八篇传本的内容,同时博采管仲学派长期对管仲思想的发挥,比西汉前期《管子》的十八篇传本多出六十八篇,篇幅扩充将近四倍,构成中华传统文化的重要经典,影响极为深远。

二、内　容

《管子》内容,精邃丰赡。《管子》架构,分八大类。刘向编定《管子》八十六篇本,篇幅宏伟,内容丰赡,有整体统一布局,分八大类,类似吕不韦《吕氏春秋》的构架。

第一类《经言》九篇,自《牧民》至《幼官图》;第二类《外言》八篇,自《五辅》至《兵法》;第三类《内言》九篇,自《大匡》至《戒》;第四类《短语》十八篇,自《地图》至《九变》;第五类《区言》五篇,自《任法》至《内业》;第六类《杂篇》十三篇,自《封禅》至《问霸》;第七类《管子解》五篇,自《牧民解》至《明法解》;第八类《管子轻重》十九篇,自《臣乘马》至《轻重庚》。

其中,第七类《管子解》,即《牧民解》《形势解》《立政九败解》《明法解》和《版法解》,是第一类《经言》相应篇目的解释,类似《墨经》

和《韩非子》"内外储说"的体例：前"经"后"说"。"经"是著作的基本论题，"说"是论证"经"的基本论题，这种著作体例盛行于战国后期。

学术分科，博大精深。管仲学派长期积淀的丰硕学术成果，反映为《管子》内容的博大精深。从学术分科研究的意义说，《管子》内容涉及哲学、政治、经济、法律、伦理、逻辑、教育、美学和军事等诸多学科门类和研究领域，极大丰富我国古代理论宝库，促进学术文化发展。

如《形势》《宙合》《枢言》《八观》《问》等篇讲哲学；《明法》《任法》《七法》《版法》《法禁》《法法》等篇讲法哲学；《牧民》《权修》《立政》《治国》等篇讲经政哲学；《兵法》《地图》《参患》《制分》《势》等篇讲军事哲学。

《四时》《五行》等篇有生命科学和物质结构论的萌芽；《地员》《度地》等篇有农业科技哲学思想。《权修》篇论教育说："一年之计，莫如树谷。十年之计，莫如树木。终身之计，莫如树人。一树一获者，谷也。一树十获者，木也。一树百获者，人也。"阐发百年树人、培育人才的重要性，成为名言。

《水地》篇说："水者何也？万物之本原也。""水者，地之血气，如筋脉之通流者也。""地者，万物之本原。"恩格斯论古代自然观的特点时曾引相似思想，并评价说："在这里已经完全是一种原始的、自发的唯物主义了，它在自己的萌芽时期就十分自然地把自然现象的无限多样性的统一看作不言而喻的，并且在某种具有固定形体的东西中，在某种特殊的东西中去寻找这个统一，比如泰勒斯就在水里去寻找。"（《自然辩证法》，人民出版社1971年版，164页）管仲学派把水地作为万物本原的自然观，与古希腊哲学家泰勒斯的学说有相通之处。

融汇诸子，法家突显。《管子》篇幅宏伟，内容广博，是管仲学派在不断发展演进中对中国传统文化思想的综合，可谓兼容并包，囊括百家。历代史家归为"子部法家类"的《管子》，总体突出法家论述，同时表现与诸子百家思想渗透交融的趋势。在法家论述中，我们可以发现其能够变通地融入道、儒、兵、农、名、阴阳等各家思想因素。黄老道家思想在汉代受宠，班固有鉴于《管子》的道家思想，在《汉书·艺文志》将《管子》列入"子部道家类"。隋以后历代官志，到清代《四库全书》，回复传统认知，将《管子》归入"子部法家类"。

在中国传统文化发展的客观历史进程中，始终存在着诸子百家特化分化和融合渗透两种趋势的交互作用。《管子》一书内容，从春秋前期管仲发源，经战国秦汉管仲学派积淀，表现出以法为主、兼容百家的特征，同时显示古代学术发展史由分析到综合、由部分到整体的必然规律。《管子》中关键词"法""道""兵""农""名""阴阳"等出现次数，见表二。

表二 "法""道""兵""农""名""阴阳"在《管子》中出现次数

关键词	法	道	兵	农	名	阴阳
次数	433	505	254	107	173	19

刘向编书，广征书源。刘向编定《管子》巨著，有丰富的资料来源。刘向在汉成帝（前51—前7，前33—前7年在位）时任光禄大夫，奉皇帝命编校宫廷藏书。在西汉中央政府征书编书的背景下，刘向奉皇帝命编校《管子》等书。今日所见《管子》，从篇文到书名，经刘向校定。诸子百家是中华传统文化的渊源，刘向整理保存《管子》原典，汇编濒临散失的多种《管子》抄本，其功甚伟。

刘向编定《管子》成，撰《管子叙录》，上奏汉成帝，评价《管子》说："凡《管子》书，务富国安民，道约言要，可以晓合经义。"认为《管子》著书的宗旨，是为国家富强、民众安定，其书学理概括、要言不烦，符合经典要义。

西汉官方征集托名管仲的各种《管子》抄本，其重要来源，是战国时期齐国官办稷下学宫遗留托名管仲的著作散篇。稷下学宫是当时诸子百家讲学议论的集中场所。法、儒、道、名、墨、兵、农、阴阳各家，名师云集，聚徒讲论。当时诸子百家汇聚齐国官办教学研究机构，著书立说，顺从齐国风俗，适应齐国现实。稷下学人阐发百家学术，托名管仲，势所必然。各家托名管仲的著作抄本，保存于齐国史馆，经西汉官方征集、刘向编定《管子》时采进。

《史记·田敬仲完世家》说："宣王（约前350—前301，前320—前301年在位）喜文学游说之士，自如驺衍、淳于髡、田骈、接子、慎到、环渊之徒七十六人，皆赐列第，为上大夫，不治而议论，是以齐稷下学士复盛，且数百千人。"

《史记·孟子荀卿列传》说："自驺衍与齐之稷下先生，如淳于髡、慎到、环渊、接子、田骈、驺奭之徒，各著书言治乱之事，以干世主，岂可胜道哉！""于是齐王嘉之，自如淳于髡以下，皆命曰列大夫，为开第康庄之衢，高门大屋，尊宠之。览天下诸侯宾客，言齐能致天下贤士也。""荀卿，赵人，年五十，始来游学于齐。""齐襄王时，而荀卿最为老师，齐尚修列大夫之缺，而荀卿三为祭酒焉。"

西汉桓宽《盐铁论·论儒》说："齐宣王褒儒尊学，孟轲、淳于髡之徒，受上大夫之禄，不任职而论国事，盖齐稷下先生千有余人。"《盐铁论》是根据西汉昭帝始元六年（前81）所召开盐铁会议纪录改写的政论散文。东汉徐幹（170—217）《中论·亡国》说："齐桓公（田午，前374—前357年在位）立稷下之宫，设大夫之号，招致贤人而尊宠之。自孟轲之徒，皆游于齐。"

《史记·田敬仲完世家》南朝宋裴骃《史记集解》引刘向《别录》说："齐有稷门，城门也，谈说之士期会于稷下也。""期会"即按时集会论学。战国时代，齐是东方第一大国，都城临淄是一流大城市，稷下是齐国都城门稷门附近。稷下学宫是战国时期齐官方举办的大型教学研究机构，是法、道、儒、名、墨、兵、农、阴阳各家荟萃的中心，始于齐桓公，终于齐王建（前264—前221年在位），历经一个半世纪之久。齐宣王时"稷下先生"七十六人，受赐豪宅，享上大夫待遇，稷下学者则达数百千人，当时孟子、荀子等都曾在此讲学研究，荀子更是三次任学宫祭酒（学长）。

稷下学宫有严格的规章制度和礼仪规范。《弟子职》是稷下学宫学生守则的写照。对饮食起居、衣着服饰、课堂纪律、课后复习、尊敬老师、品德修养等等都有详细规定。《弟子职》发挥儒家思想，规定学习态度、听课仪容、诵书次序、品德修养、生活纪律、洒扫应对、侍奉师长的礼节仪式。朱熹把《弟子职》编入《仪礼经传通解》加以注解，说《弟子职》"言童子入学受业事师之法"。朱熹《朱子语类》卷一百三十七"战国汉唐诸子"认为《弟子职》"全似《曲礼》"。《曲礼》是儒经《礼记》的部分篇章，制定具体细小的礼仪规范，属于教育礼仪学，体现儒学思想吸取《管子》理论。

在当时，稷下学宫学者可以自由发表学术见解，互相争辩诘难，思想碰撞交融，充分体现战国百家争鸣的盛况，由此形成以法家为主、兼容百家的学术格局。各家学者在稷下自由讲学，辩论著书，促成中国历史上第一次思想大解放，迎来学术文化繁荣的黄金时代，在中国思想文化发展史上树起丰碑，具有划时代的意义。

《史记·孟子荀卿列传》说："自驺衍与齐之稷下先生，如淳于髡、慎到、环渊、接子、田骈、驺奭之徒，各著书言治乱之事，以干世主。"东汉应劭（约153—196）《风俗通义·穷通》说："齐威（前378—前320，前356—前320年在位）、宣之时，聚天下贤士于稷下，尊宠之，若驺衍、田骈、淳于髡之属甚众，号曰列大夫，皆世所称，咸作书以刺世。"这是说齐国稷下学者，各自著书，针对现实，论说治乱，满足国家治理的需求。

《正世》篇说:"不慕古,不留今,与时变,与俗化。""皆随时而变,因俗而动。"不一味仰慕崇拜古代而厚古薄今,不滞留于今天而满足现状、保守不前。唐尹知章注:"留,谓守常不变。"这是强调与时俱进,随时变化,适应风俗,根据时代需要行动。《史记·齐太公世家》记载:"太公至国,修政,因其俗。"从太公治齐"因其俗",到《管子》发挥"与时变,与俗化""随时而变,因俗而动"的思想,都是齐法家变法革新的辩证哲学基础。

《心术》《白心》《内业》等篇,是稷下学者托名管仲的著作,反映法道合流的趋势,提倡法礼并重、先德后刑、因道生法的法治理念,提出"君道无为,臣道有为"的辩证两点论。其中探讨思维器官"心"的生理特点和认知作用,发展老子"致虚极,守静笃""少私寡欲"的论点,超越老子神秘的直观认识方法论。

"心术"即心智方术、认知方法、思维方法的学说,《管子》一书主张避免主观好恶,做到聚精会神、心志专一,使心合于道、合理认知。《心术上》篇说:"'人皆欲知而莫索之'。其所知,彼也;其所以知,此也。"认为认识对象存在于认识主体之外,认识主体要舍弃主观臆断,以外物为根据,反映外物真实情况。正确思考来源于调查访问和缜密思索。

《八观》篇叙述对社会各方情况的观察调研。《问》篇专论各种难题的询问思考,制定细致周到的调查提纲。《内业》篇阐明"思索生智"(思维生智慧)的道理,用诗一般的语言疾呼:"您能专心吗?您能一意吗?能不用占卜,预知吉凶吗?能无求于人,自行解决问题吗?那么,就请您思考,思考,再思考吧!"其意涵颇具现实意义。

管仲重视道德教育的作用。《牧民》篇就把"礼义廉耻"作为"国之四维",认为"四维不张,国乃灭亡""仓廪实则知礼节,衣食足则知荣辱"。实行教化,必须以改善人民的物质生活条件为基础。《治国》篇说：“善为国者，必先富民，然后治之。”

《小匡》篇提出"定民之居，成民之事"，安定"士农工商四民"，减轻民众负担，同时提高生产积极性。管仲通过不断的思索和实践，促成齐国文化的独特模式。齐国有重礼传统，儒学早已传入并扎根。减轻人民负担，使得"清静无为"的道家思想在齐国发展。齐国重法尚贤，"以法治国"（《任法》篇）成为齐国执政的信条。

《心术》篇说："礼者，因人之情，缘义之理，而为之节文者也，故礼者谓有理也。理也者，明分以谕义之意也。故礼出乎义，义出乎理，理因乎宜者也。法者所以同出，不得不然者也，故杀僇禁诛以一之也。""事督乎法，法出乎权，权出乎道。""虚无无形谓之道；化育万物谓之德；君臣父子人间之事，谓之义。登降揖让、贵贱有等、亲疏之体，谓之礼；简物大小一道，杀僇禁诛，谓之法。"准确定义中国传统哲学的基本范畴。

在《管子》中，儒家的"礼"，法家的"法"，归结为"虚而无形"的"道"，这是儒道法三者合一的学说。在这种诸家互补、综合为一个整体的学术氛围下，任何外来的派别思想，都不能故步自封，势必变通自身，以适应齐国的历史发展和现实需要，这是《管子》宏伟体制和丰富内容形成的机制原理。

礼法并用，儒法得兼。管仲学派超越儒家礼制和法家法制两个极端，主张把维护宗法制的"礼"与维护中央集权的"法"有机结合，采取礼、法并用的统治方术，这是管仲学派政治思想的基本特征。齐法家不同于晋秦法家。法家各派讲法治，因各自历史文化传统有别，所阐发的法治内容特点不同。齐法家是齐学的产物。齐法家的法哲学，沉淀在托名管仲的《管子》之中。

《任法》篇说："所谓仁义礼乐者，皆出于法。此先圣之所以一民者也。""法者，不可不恒也，存亡治乱之所从出，圣君所以为天下大仪也。

君臣上下贵贱皆法焉，故曰法。"这是说"礼出于法"。

《枢言》篇说："人故相憎也。人之心悍，故为之法。法出于礼，礼出于治，治、礼，道也。万物待治，礼而后定。"人本来互相憎恶。人心凶悍，所以颁布法。法出于礼，礼出于言辞，言辞和礼合于道，万物依赖言辞以表，礼而后定法律条。这是说"法出于礼"。

《管子》同时肯定"礼出于法"和"法出于礼"两个命题，看似悖论，实为强调礼法两极相辅相成，有机统一。

以人为本，民本彰显。《霸言》篇发挥管仲"以人为本"的命题说："夫霸王之所始也，以人为本。本治则国固，本乱则国危。""夫争天下者，必先争人。明大数者得人。审小计者失人。得天下之众者王，得其半者霸。是故圣王卑礼以下天下之贤而任之，均分以钓天下之众而臣之。故贵为天子，富有天下，而世不谓贪者，其大计存也。""夫一言而寿国，不听而国亡，若此者，大圣之言也。"

篇名"霸言"，唐尹知章题解说："谓此言足以成霸道。""霸言"用哲理性语言，概括描述霸王之业的形势规模，阐述管仲使齐国成霸的理论和实践。管仲明确概括"以人为本"的命题，是人本主义、人文主义早期意识的体现，包含民主性的精华元素。把贯彻"以人为本"的理论，作为成就霸王之业的基本出发点、国家治乱安危的基础，是争天下的大数、大计、大智谋。贯彻"以人为本"这一关键之言，可以寿国，使国运长久。不听这一关键之言，则会亡国。把"以人为本"视为大圣之言，酷似孔子说"一言兴邦，一言丧邦"(《论语·子路》)的警句。

《霸形》篇记载管仲提出"以人为本"命题的生动故事：一日，桓公端坐君位，管仲、隰朋进见，站立一会，有两只天鹅飞过。桓公叹息："仲父，您看天鹅时而南来北往，不论四方多远，愿到哪，就到哪，是不是因为有翅膀的缘故，所以才能把意向通达于天下？"管仲、隰朋没回答。桓公说："两位为什么不回答？"管子回答："君有霸王之心，而我不是霸王之臣，所以不敢回答。"桓公说："仲父何必这样？何不直言，寡人好有个方向？寡人有仲父，像天鹅有翅膀，过河有船只。仲父不发一言教导寡人，寡人虽有两耳，怎么听到道理，得到法度？"

管子回答："君要想成霸王，举大事吗？必须从根本做起。"桓公移动身体，离开席位，拱手发问："敢问什么叫根本？"管子回答："齐国百姓，是您的根本。人怕饥饿，而税敛重；人怕死罪，而刑政严；人怕过劳，而君上举事不时。您若能轻征赋税，人不怕饥饿；宽缓刑政，人不怕死罪；按时举事，人不怕过劳。"桓公说："我听仲父说这三点，明白了。"于是确定法令，使纳税者交税百分之一，孤幼不处刑，水泽限时捕鱼，关卡检查不征税，市场登记不收税，近处示以忠信，远处示以礼义，实行几年，便使齐国民众归附如流水。

《五辅》篇总结历史和现实"得天下"和"失天下"正反两面的经验教训，论证"以人为本"的命题说："古之圣王，所以取明（盛）名广誉，厚功大业，显于天下，不忘于后世，非得人者，未之尝闻。暴王之所以失国家，危社稷，覆宗庙，灭于天下，非失人者，未之尝闻。今有土之君，皆处欲安，动欲威，战欲胜，守欲固，大者欲王天下，小者欲霸诸侯，而不务得人，是以小者兵挫而地削，大者身死而国亡。故曰，人不可不务也，此天下之极也。"寓意"以人为本"的命题，是天下之极，是至高无上的最高原理。

《君臣上》篇说："夫民别而听之则愚，合而听之则圣。虽有汤武之德，复合于市人之言。是以明君顺人心，安情性，而发于众心之所聚。是以令出而不稽，刑设而不用。先王善与民为一体。与民为一体，则是以国守国，以民守民也。""虽有明君，百步之外，听而不闻。间之堵墙，窥而不见也。"

这是从认知理论的角度说，人民群众作为整体是最圣明、富有智慧的，即使先王汤武作为明君，也要"顺人心""与民为一体"，这是对杰出人物与广大人民群众关系的正确揭示和哲学概括。向人民收集意见，"别而听之"，是只听一面、局部的片面性，是愚见；"合而听之"，是兼听两面、全局的辩证法，是圣明。"别"，分别、单独、一面、局部。"合"，合并、兼顾、两面、全局。这是辩证思维方法论的经典阐述，是中国传统哲学的真理性成分，是杰出的人文科学思想，值得继承发扬和借鉴。

《小称》篇记管子说："身不善之患，毋患人莫己知。丹青在山，民知而取之。美珠在渊，民知而取之。是以我有过为，而民毋过命。民之观也察矣，不可遁逃以为不善。故我有善，则立誉我。我有过，则立毁我。当民之毁誉也，则莫归问于家矣，故先王畏民。"管子又说："善罪身者，民不得罪也。不能罪身者，民罪之。故称身之过者，强也。治身之节者，慧也。不以不善归人者，仁也。故明王有过，则反之于身，有善，则归之于民。有过而反之身，则身惧，有善而归之民，则民喜。往喜民，来惧身，此明王之所以治民也。今夫桀、纣不然，有善则反之于身，有过则归之于民。归之于民则民怒，反之于身则身骄。往怒民，来骄身，此其所以失身也。"

这里发挥管仲思想，认为人民群众观察细致，判断公正客观，上级无时无刻不处在民众监督下，不能轻视人民群众的智慧。议论贯穿深刻的人本论、民本论思想，对摆正个人和群众的关系，有十分积极的启示借鉴意义。

《桓公问》篇发挥管仲思想，为听取群众意见、改进政治，主张设立"啧室之议"的议政机关。篇中说："毋以私好恶害公正，察民所恶，以自为戒。""人有非上之所过，谓之正士，纳于啧室之议。"古代圣明君王尚能有诚恳接受人民批评建议，从而以戒自身、改正缺点的理性明智之举，今人更须有批评和自我批评的优良品德，融洽人际关系，促进社会和谐。

天道人情，二者可兼。管仲学派融通古今，学贯天人，概括天道和人情两个范畴，认为正确处理天人关系，需天道人情两者兼顾。《君臣下》篇说："神圣者王，仁智者君，武勇者长，此天之道，人之情也。天道人情，通者质，穷者从，此数之因也。"神圣的人称王，仁智的人为君，威武勇敢的人做官长，这是天道人情。依据天道人情，通达的人为主，窘迫的人为从，这由必然规律决定。《禁藏》篇说："夫为国之本，得天之时而为经，得人之心而为纪。"治国的根本，以符合天道自然变化规律为关键，以得人心受拥护为纲纪。

《枢言》篇说："众胜寡，疾胜徐，勇胜怯，智胜愚，善胜恶，有义胜无义，有天道胜无天道。"行为是否合于天道，是在激烈社会竞争中胜出的重要因素。《重令》篇说："地大国富，人众兵强，此霸王之本也，然而与危亡为邻矣。天道之数，人心之变。天道之数，至则反，盛则衰。人心之变，有余则骄，骄则缓怠。夫骄者，骄诸侯，骄诸侯者，诸侯失于外。缓怠者，民乱于内。诸侯失于外，民乱于内，天道也，此危亡之时也。若夫地虽大，而不并兼，不攘夺。人虽众，不缓怠，不傲下。国虽富，不侈泰，不纵欲。兵虽强，不轻侮诸侯。动众用兵，必为天下正理。此正天下之本，而霸王之主也。"违背天道人情，大国会灭亡。"至则反，盛则衰"，物极必反，对立转化，是天道的辩证规律。"有余则骄，骄则缓怠"，是人情的辩证规律。管仲学派阐发天道人情的辩证规律，具有深邃的科学哲学意味，富含令人叹服的启示借鉴价值。

《霸言》篇说："举大事，用天道。"唐尹知章注："心应天时，然后可以举大事。"天道指天时，自然规律。"施爵禄，用地道。"尹知章注："地道平，而无私。"地道指地利。"立政出令，用人道。"尹知章注："政令须合人心。"人道指人心人情。

《五辅》篇说："天时不祥，则有水旱。地道不宜，则有饥馑。人道不顺，则有祸乱。"这里"天时""地道"和"人道"并举，"天时"即天道，自然规律。《形势解》篇说："明主上不逆天，下不圹地，故天予之时，地生之财。乱主上逆天道，下绝地理，故天不予时，地不生财。故曰：'其功顺天者，天助之。其功逆天者，天违之。'"

天道范畴是对自然规律的概括。管仲学派认为自然现象变化有规律。如《形势》篇说："天不变其常，地不易其则，春秋冬夏不更其节，古今一也。"自然规律不以人的主观意志而转移，天道意同公理。《形势解》篇说："行天道，出公理，则远者自亲。废天道，行私为，则子母相怨。"

人情即人性人心。《权修》篇说："人情不二，故民情可得而御也。"人情、人性和人心，有普遍共同的规律，可以认知驾驭和适应。《牧民》篇有"四顺"一题，论述为政必须顺从人民心意。列举人民的四种欲望，四种厌恶。提出顺从人民的四种欲望，则远人来亲。推行人民的四种厌恶，则近人必叛。后又据此展开论证说："政之所行，在顺民心；政之所废，在逆民心。民恶忧劳，我佚乐之；民恶贫贱，我富贵之；民恶危坠，我存安之；民恶灭绝，我生育之。能佚乐之，则民为之忧劳；能富贵之，则民为之贫贱；能存安之，则民为之危坠；能生育之，则民为之灭绝。故刑罚不足以畏其意，杀戮不足以服其心。故刑罚繁而意不恐，则令不行矣。杀戮众而心不服，则上位危矣。故从其四欲，则远者自亲；行其四恶，则近者叛之。"

《禁藏》篇说："凡人之情，得所欲则乐，逢所恶则忧，此贵贱之所同有也。近之不能勿欲，远之不能勿忘，人情皆然。"《形势解》篇说："人主出言，顺于理，合于民情，则民受其辞。"《国蓄》篇说："夫民者亲信而死利，海内皆然。民予则喜，夺则怒，民情皆然。先王知其然，故见予之形，不见夺之理。故民爱可洽于上也。"

《轻重乙》篇说："民夺之则怒，予之则喜，民情固然。先王知其然，故见予之所，不见夺之理。故五谷粟米者，民之司命也。黄金刀布者，民之通货也。先王善制其通货，以御其司命，故民力可尽也。"管仲学派把人类的物质利益作为社会发展的最初动因，有科学历史观的萌芽和合理因素。

予之为取，令顺民心。《牧民》篇记载管仲的策略思想说："知予之为取者，政之宝也。"知道"给予是为了取得"的原则，是执政的法宝。"予之为取"是杰出的辩证哲学命题。给予是为了取得；先给予，后取得；给予就会取得。取予对立统一，互相依赖，互相转化。管仲认为，理解运用"予之为取"的策略思想，是执政成功的法宝。

《史记·管晏列传》概述管仲生平事迹，特别关注《牧民》篇说"知予之为取者，政之宝也"，引用解释发挥说："管仲既任政相齐，以区区之齐在海滨，通货积财，富国强兵，与俗同好恶。故其称曰：'仓廪实而知礼节，衣食足而知荣辱，上服度则六亲固。四维不张，国乃灭亡。下令如流水之原，令顺民心。'故论卑而易行。俗之所欲，因而予之。俗之所否，因而去之。""其为政也，善因祸而为福，转败而为功。""故曰：'知与之为取者，政之宝也。'"司马迁用管仲辅佐桓公，振兴齐国政经军事实践活动的丰富事例，证明贯彻"予之为取"的策略思想，促使"祸转为福，败化为功"，使对立面向着对齐国称霸有利的方向转化，是成功实践"取予"辩证法的典范。

管仲学派发挥管仲"予之为取"的策略思想，以其对天道人情客观规律的精准把握为前提。《形势》篇说："能予而无取者，天地之配也。"《形势解》篇说："天生四时，地生万财，以养万物而无取焉。明主配天地者也，教民以时，劝之以耕织，以厚民养，而不伐其功，不私其利。故曰：'能予而无取者，天地之配也。'""予而无取"即自然界生养万物，只给予，不索取，人应效法、顺应自然，"予而无取"。

管仲学派发挥管仲"予之为取"的策略思想，分析天道人情的规律性、可能性和现实性。《势》篇说："逆节萌生，天地未形。先为之政，其事乃不成，缪受其刑。""天时不作勿为客，人事不起勿为始。""未得天极，则隐于德。已得天极，则致其力。既成其功，顺守其从（踪），人不能代。"人不效法自然，违背自然规律，事情办不成，还要受惩罚。

在天道人情还没有出现某种客观可能性的时候，不要轻举妄动，勉强做不可能办到的事情。在天道人情出现某种客观可能性的时候，要尽心竭力，使可能性变为现实性，事办成功，顺守功业，人夺不走。

从顺应自然说，是"予而无取"：只给予，不索取。从顺应自然，而做事成功说，是"予之为取"：予中含取。《形势》篇说："得天之道，其事若自然。失天之道，虽立不安。其道既得，莫知其为之。其功既成，莫知其释之。藏之无形，天之道也。"把握天道，办事自然成功。违背天道，即使暂时成功也终会失败。

管仲学派发挥管仲"予之为取"的策略思想，推行政策顺从民心，争取人民拥护。《禁藏》篇说："居民于其所乐，事之于其所利，赏之于其所善，罚之于其所恶，信之于其所余财，功之于其所无诛。""夫凡人之情，见利莫能勿就，见害莫能勿避。其商人通贾，倍道兼行，夜以续日，千里而不远者，利在前也。渔人之入海，海深万仞，就彼逆流，乘危百里，宿夜不出者，利在水也。故利之所在，虽千仞之山，无所不上，深源之下，无所不入焉。故善者势利之在，而民自美安，不推而往，不引而来，不烦不扰，而民自富，如鸟之覆卵，无形无声，而唯见其成。"

管仲"予之为取"的策略思想，既强调适应天道人情的客观规律，又主张充分发挥人的主观能动作用，做适应自然的智巧之人。《形势》篇说："万物之于人也，无私近也，无私远也。巧者有余，而拙者不足。其功顺天者天助之，其功逆天者天违之。天之所助，虽小必大。天之所违，虽成必败。顺天者有其功，逆天者怀其凶，不可复振也。"可谓智者之言。

三、价　值

《管子》价值，意义悠远。《管子》以其篇幅宏伟、内容丰赡，在中国思想文化史上具有里程碑和划时代意义，深刻广泛地影响中国社会的过去和未来。就《管子》的历史地位和现代价值而言，此书不逊于号称"兼儒墨，合名法"的杂家巨著《吕氏春秋》（秦相吕不韦编）和《淮南子》（汉淮南王刘安编）。

《管子》提出"以法治国"的方案，重视道德教育的作用。既强调封建社会君主专制的政治体制，又主张以人为本，促进农工商业均衡发展。既有雄奇霸道策，又讲正义王道理。既避免法家忽视道德人心的倾向，又补充儒家政治经验的不足。充分适应春秋战国时代需要，反映齐国变法政治实践，表现出兼容百家、辩证综合的著作特征。《心术》《白心》《内业》《水地》《形势》《宙合》《枢言》《九守》《正》《形势解》《版法解》《势》等篇，侧重用道家哲学阐释法家政治，体现道法结合，兼容并包的学术意涵。

管仲之谋，智慧之源。桓公用谋，增长智慧。《小匡》篇说："桓公能假其群臣之谋，以益其智也。"《霸形》篇载桓公说，自己有仲父管仲，"犹飞鸿之有羽翼""济大水有舟楫"，把管仲智谋比作天鹅的翅膀、渡河的船只。天鹅无翅不能飞，渡河无船空为叹。如果没有管仲的智谋哲思以相教，桓公就觉空长耳，听不到治国之道，朝思暮想霸主梦，无法实现付东流。《管子》挥洒管仲的智谋哲思，从政治、经济、法律、军事、外交、文化、教育、个人修养、人际交往等多角度，概括升华，说明发挥。其精言妙道，足以启发今人，流传后世。

争强之国，争谋必先。《霸言》篇说："争强之国，必先争谋。""王者之术""必先定谋虑"。在竞争激烈的时代洪流中，想当强者，应先争谋略，在智谋哲理上争占优势。兵马未动，智谋先行。《七法》篇说："凡攻伐之为道也，计必先定于内，然后兵出乎竟（境）。计未定于内，而兵出乎竟，是则战之自败，攻之自毁也。"《参患》篇说："计必先定，而兵出于竟。计未定而兵出于竟，则战之自败，攻之自毁者也。"

智者善谋，智谋优选。《管子》一书所蕴含的智谋哲理，具有多样性、选择性、全面性、综合性、灵活性和预见性等特征。《管子》可谓是争强者的智慧谋略宝藏。管仲提倡大数、大计，即大智谋，大策略。《宙合》篇提出"指（计）意要功"的选谋原则，选择实行意图和功效最佳的智谋策略。注重事物的一般规律，如大由小构成，总体质变由局部量变累积。大小互相依赖，相辅相成，对立统一，互相转化。管仲提倡大智谋，不是大而无当、脱离实际，是主张在政治、经济、文化、军事、外交、处世各方面踏实肯干和巧干。

《问》篇说："问事，事先大功，政自小始。"解决问题，从大处着眼，小处着手，脚踏实地，步步为营。《形势解》篇说："海不辞水，故能成其大。山不辞土石，故能成其高。明主不厌人，故能成其众。士不厌学，故能成其圣。"海不排斥水，所以能浩大无际。山不排斥土石，所以能高大无比。明君不讨厌各色人等，所以能受众人拥戴。名士不讨厌学习，所以能成圣贤。

管仲之谋使齐国由弱变强，由穷变富。齐国是周成王外祖父姜太公吕尚的封国，占有山东北部淄博周围数百里小片土地，偏踞东海之滨。司马迁形容是"区区之齐在海滨"。传国到齐桓公，任用足智多谋的管仲为相，"通货积财，富国强兵""九合诸侯，一匡天下"，成为春秋诸侯国第一霸主，是当时华夏诸侯国中最先进强大之国。司马迁说，这都是得力于管仲之谋。《史记·管晏列传》说："鲍叔遂进管仲。管仲既用，任政于齐，齐桓公以霸。九合诸侯，一匡天下，管仲之谋也。"《史记·平准书》说："齐桓公用管仲之谋，通轻重之权，徼山海之业，以朝诸侯，用区区之齐，显成霸名。"

《霸言》篇说："智者善谋。"智者善谋划。"智者尽其智，谋士尽其谋""谋士尽其虑，智士尽其智"，事情才好办。《牧民》篇把"予之为取"作为基本政治、经济谋略，齐国开明人士，深知管仲谋略，用"大斗出，小斗进"的方法，先使百姓得实惠，民众竞相唱歌谣，自愿归趋如流水。

《霸言》篇说:"释实而攻虚,释坚而攻脆,释难而攻易。"避开实力,击其空虚。避开坚固,击其脆弱。避开难攻,击其易取。这是避坚攻弱的军事谋略。攻坚易受挫,攻弱易奏效。《制分》篇说:"凡用兵者,攻坚则韧,乘瑕则神。攻坚则瑕者坚,乘瑕则坚者瑕。故坚其坚者,瑕其瑕者。屠牛坦朝解九牛,而刀可以莫铁,则刃游间也。"凡用兵,攻坚易受挫,攻弱易取效。攻坚,其薄弱环节,也会变坚固。攻弱,其坚固部分,也会变薄弱。面对敌人坚固环节,稳住不动。面对敌人薄弱环节,设法削弱。屠牛坦一天割解九头牛,屠刀锐利能削铁,这是因刀刃在骨缝间活动的缘故。

对立转化,顺应自然。《史记·管晏列传》说管仲"善因祸而为福,转败而为功"。管仲之谋,处处贯穿利害、祸福、胜败矛盾转化的辩证哲理。《管子》广泛概括事物矛盾,总结一系列成对的矛盾范畴。如《七法》篇说:"予夺也,险易也,利害也,难易也,开闭也,杀生也,谓之决塞。"这是关于社会人事的矛盾。"刚柔也,轻重也,大小也,实虚也,远近也,多少也,谓之计数。"这是关于自然事物的矛盾。"不明于决塞,而欲驱众移民,犹使水逆流。""不明于计数,而欲举大事,犹无舟楫而欲经于水险也。""驱众移民,不知决塞不可。""举事必成,不知计数不可。"不善处理社会人事的矛盾,想驱使民众,就像叫水倒流。不善处理自然事物的矛盾而想办大事,像没船只而想渡过激流险滩。《霸言》篇说:"有所取,有所与,有所诎(屈),有所信(伸),然后能用天下之权。"主张审慎权衡矛盾双方的是非利害得失,采取"取予屈伸"的不同处理方法。《重令》篇说:"天道之数,至则反,盛则衰。人心之变,有余则骄,骄则缓急。"《封禅》《小称》两篇载管仲劝诫桓公韬光养晦,谦虚谨慎,切勿沉溺逸乐,忘记忧患。

《君臣上》篇说:"别而听之则愚,合而听之则圣。"只听事物一面是愚蠢,兼听两面才圣明。伟大谋略,刚柔相济,软硬兼顾,"方"的原则性和"圆"的灵活性并存,既能坚持基本原则,又善"乘时进退""与变随化",根据时机,灵活进退。善用好时机,善用应变学。

处理矛盾顺自然,把握时机最重要。《势》篇说:"成功之道,赢缩为宝。毋亡天极,究数而止。事若未成,毋改其形,毋失其始。静民观时,待令而起。""赢赢缩缩,因而为当。""小取者小利,大取者大利,尽行之者有天下。"

《宙合》篇说:"'春采生,秋采蓏,夏处阴,冬处阳。'此言圣人之动静、开阖、诎信、浧儒、取予之必因于时也。时则动,不时则静。""所贤美于圣人者,以其与变随化也。"春天采摘新嫩叶,秋天采摘熟瓜果,夏天喜处阴凉地,冬天喜处艳阳天。圣人动静、开放收拢、弯曲伸张、拉长缩短、收取给予,都跟随时机而变。合乎时宜就行动,不合时宜就停止。随时而变为圣贤。

《君臣下》篇说:"主劳者方,主制者圆。圆者运,运者通,通则和。方者执,执者固,固则信。""决之则行,塞之则止。""能决之,又能塞之。"主管劳力要方正,主管号令要圆融。圆的便运转,运转能变通,变通就和谐。方的能坚执,坚执能稳固,稳固能信诚。开决就流通,堵塞就停止。圣人能决又能塞,"决塞"本是方法论。

《管子》一书充满着运用辩证法阐述宇宙观方法论的至理名言,英明谋略善预见。《宙合》篇说:"明乎物之性者,必以其类来也。"《形势》篇说:"不知来者视之往。"从诸多往事典型,抽象概括智谋哲理,具有一般性和普遍性,放之四海而皆准,行之百世而不悖,足可类推测未来,当代实践可借鉴。

管仲从政前,有多年经商经验。管仲施展才华的舞台,就是面临大海、经济发达的东部齐国大地。辽阔浩瀚的大海,拓展思想家的胸怀眼光。丰富的实践经验,熔铸深邃敏锐的哲理思考。管仲相齐四十年,纵横自如,举重若轻,功成名就,是学识渊博的思想家,政绩斐然的政治实干家和经济改革家,是实现"立德、立功、立言"标准的典范,树立道德、言论和实践成功的样板,至今深具启迪意涵。

价值评判,类例昭然。《形势》篇讲事物的形态趋势,认为任何事情都有产生的原因,受因果性和规律性范畴的制约。本篇是语言精练的哲理诗,汇集大量名言警句,成语格言,可吟咏朗诵,咀嚼品味,作为立身处世的座右铭。如说:"譕(谋)巨者可与远举,顾忧者可与致道,其计也速,而忧在近者,往而勿召也。举长者,可远见也。"谋略巨大悠远,顾及忧患的人,可跟他共图大事,行稳致远。贪图速效,只顾眼前小利的人一旦离开,就切莫再召他回来。赞赏深谋远虑、大智谋和大策略,有极强的现实应用价值。

《治国》篇是论证重农治国主题的经政哲学论文,用典型的连锁推理说:"民事农则田垦,田垦则粟多,粟多则国富。国富者兵强,兵强者战胜,战胜者地广。"言简意赅语精辟,逻辑清晰意深湛。《牧民》篇论治国原则,把"礼义廉耻"四种道德规范,叫国之四维,即治国的四条纲领。同时注重发展农业、振兴经济,与礼义廉耻意识形态、道德伦理教育相结合。《霸形》《霸言》两篇分别提出以"百姓"为本、"以人为本"的命题,说:"本理则国固,本乱则国危。"

《明法》篇讲修明法度,明确阐发"以法治国"的命题。主张"动无非法",一切行动按法度。提出"政不二门",倡导中央集权,政治统一,政出一门。本篇是杰出的法哲学论文,言简意赅,令人深思。如说:"动无非法者,所以禁过而外私也。威不两错(措),政不二门。以法治国,则举错而已。是故有法度之制者,不可巧以诈伪。有权衡之称者,不可欺以轻重。有寻丈之数者,不可差以长短。"紧扣主题"明法",提倡修明法度,经转化创新,可作为今日依法治国的借鉴。

《兵法》篇讲用兵方法,重视权衡战争整体的利弊得失,探索战略决胜之道,是杰出的军事哲学论文,涉及战略、战术、器备、训练,以及战争的主动性、灵活性、机动性等精妙绝伦的总结概括，语言洗练，生动有趣，极富哲理诗意。文中归结说："善者之为兵也，使敌若据虚，若搏景（影）。无设无形焉，无不可以成也。无形无为焉，无不可以化也，此之谓道矣。若亡而存，若后而先，威不足以命之。"对用兵之道的精炼描述，活用老庄道家哲学精华，渗透对战争规律的深刻理解，是军事哲学的精言妙道，现代将帅必读。

哲学人文，精华彰显。本书彰显《管子》哲学人文学精华，选录原典二十九篇，加注释点评。原典校勘，据张元济编《四部丛刊》，商务印书馆1932至1936年版；参考清《文渊阁四库全书》，上海古籍出版社2003年版；戴望《管子校正》，中华书局1954年版；赵守正《管子通解》，北京经济学院出版社1989年版；孙中原《管子解读》，中国人民大学出版社2015年版。概括相关文献，汲取最新成果。

目前已知存世《管子》版本最早者，为南宋初年杭州地区刻杨忱本。此本二十四卷，《中华再造善本》曾据此影印，并标注为"（唐）房玄龄注"。《管子》一书注者，历代著录或云"房玄龄"，或云"尹知章"。如今可知"尹知章注《管子》"之说，证据充分。"房玄龄撰《管子注》"之说，是后人假托。所谓唐房玄龄撰《管子注》，《唐书》无著录。《新唐书》卷五十九法家类著录："尹知章注《管子》三十卷。"《宋史》卷二百五著录："尹知章注《管子》十九卷。"宋郑樵《通志·艺文略·法家》著录："（《管子》）十九卷，唐尹知章注，旧有三十卷。"

《四库全书总目》考证："（《管子》）旧有房玄龄注，晁公武以为尹知章所托，然考《唐书·艺文志》玄龄注《管子》不著录，而所载有尹知章注《管子》三十卷，则知章本未托名，殆后人以知章人微，玄龄名重，改题之以炫俗耳。"《四库全书简明目录》卷十子部三法家类考证："（《管子》）注旧题房玄龄撰，据晁氏《读书志》盖尹知章作也。"本书将旧题"房玄龄注"，校正为"尹知章注"。因尹注的重要性，本书多有引用，故不可不辨。

历代著录，轨迹显然。《汉书》卷三十："《管子》八十六篇。"《隋书》卷三十四："《管子》十九卷，齐相管夷吾撰。"《旧唐书》卷四十七法家类："《管子》十八卷，管夷吾撰。"《新唐书》卷五十九法家类："《管子》十九卷，管仲。""尹知章注《管子》三十卷。"《宋史》卷二百五："《管子》二十四卷，齐管夷吾撰。""尹知章注《管子》十九卷。"宋郑樵《通志·艺文略·法家》："《管子》十八卷，齐相管夷吾撰，汉刘向录校。又十九卷，唐尹知章注，旧有三十卷。"宋王尧臣《崇文总目》法家类："《管子》十八卷，刘向校。《管子》十九卷，唐国子博士尹知章注。"宋王应麟《汉艺文志考证》："(《管子》)《唐志》谓尹知章注。"

名家艺文，理趣盎然。前人诗文名篇中对管仲事迹多有吟咏，有理有趣。如诸葛亮《隆中对》："亮躬耕陇亩，好为《梁父吟》。身长八尺，每自比于管仲、乐毅。"《全唐诗》卷六百四十六李咸用《召陵》："小白匡周入楚郊，楚王雄霸亦咆哮。不思管仲为谋主，争敢言征缩酒茅。"邵雍《击壤集》卷十六《偶得吟》："皋陶遇舜，伊尹逢汤。武丁得傅，文王获姜。齐知管仲，汉识张良。诸葛开蜀，玄龄启唐。"

彭汝砺《鄱阳集》卷一《古诗·忠孝图·管仲有老母》："王阳为孝子，王尊未能非。管仲有老母，鲍叔独能知。同途不同行，亦各有所思。今或有斯人，执鞭吾不辞。"张镃《南湖集》卷一《五言古诗杂兴》："管仲相齐国，童子犹羞称。确守害霸说，三王亦可成。寸短有所长，贪贤况诚切。莫问九合功，咏此宜击节。"

刘基《诚意伯文集》卷二《鸡鸣曲》："霜飞月落天峥嵘，咿咿喔喔邻鸡鸣。龙蛇杂沓寰海沸，谁知此声非恶声。莫厌晨鸡相应啼，中原千里绝晨鸡。一匡自是无管仲，坐谈不用夸曾西。"郭奎《望云集》卷三："戎马何年息，关山故国遥。霸齐思管仲，伐楚问周昭。往事江流尽，新愁木叶飘。高楼频徙倚，秋兴坐来超。"

本书编成，众智使然。 本书原列入《中华传统文化百部经典》第二批出版，2017年2月3日向丛书编纂办公室呈初稿，列入第一批出版。5月3日接到审订专家的审读意见，开始修改。

2017年7月6日《中华传统文化百部经典》首批图书审订出版工作会议参会人员又提出中肯的修订建议，本书悉照修改，力求最后成果能汇聚众人智慧，共推精品力作。鉴于丛书编纂大众化的宗旨和字数的框限，恕不宜把所有校正细节，逐一铺叙，敬希见谅。

管 子

牧 民

[国颂] 凡有地牧民者[1]，务在四时[2]，守在仓廪[3]。国多财则远者来，地辟举则民留处。仓廪实则知礼节，衣食足则知荣辱。上服度则六亲固[4]，四维张则君令行。故省刑之要，在禁文巧[5]。守国之度，在饰四维[6]。顺民之经[7]，在明鬼神，祗山川[8]，敬宗庙，恭祖旧。不务天时则财不生，不务地利则仓廪不盈。野芜旷则民乃荒[9]，上无量则民乃妄[10]。文巧不禁则民乃淫，

经济基础必须先稳固，然后才能有上层建筑。

不璋两原则刑乃繁。不明鬼神则陋民不悟，不祗山川则威令不闻，不敬宗庙则民乃上校[11]，不恭祖旧则孝悌不备[12]。四维不张，国乃灭亡。

[注释]

[1]以下几句是说：凡是拥有国土，治理人民的国君，必须按照四季，致力于农业生产，确保粮食储备。国家财源丰富，则远方诸侯国的人就会自动迁来居住。土地普遍开垦，人民就能安居乐业。粮食满仓，人们才知道遵守礼节。衣食丰足，人们才知道光荣耻辱。君上衣食住行合乎法度，六亲融洽稳固。礼义廉耻道德规范张扬，君令就可以贯彻执行。所以减少刑罚的要点关键，在于禁止奢侈品的生产。维护国家的法度，在于整饬礼义廉耻四种道德伦理规范。教训人民的要领，在于敬畏鬼神，祭祀山川，敬奉宗庙，恭敬宗亲故旧。不重天时季节，就不能生产财富。不竭尽地利，就不能粮食满仓。田野荒芜，则人民离散。君上敛取无度，则人民胡作妄为。不禁止奢侈品生产，则人民放纵淫逸。不堵塞"君上敛取无度"和"奢侈品生产"两个祸源，则刑罚频繁。不敬畏鬼神，则鄙民不悟。不祭祀山川，则威令不能致远。不敬奉宗庙，则人民犯上作乱。不恭敬宗亲故旧，则孝悌不完备。礼义廉耻四种道德伦理规范不能张扬，国家会灭亡。　[2]务：事务，致力，从事。四时：春夏秋冬四季农事。　[3]仓廪（lǐn）：储藏粮食的仓库。　[4]服度：服用合乎法度。六亲：血缘关系较近的六种亲属父母兄弟妻子，泛指亲属。　[5]文巧：指奢侈品的生产和制造。　[6]饰：通"饬"，整饬，整顿，整治。　[7]顺：通"训"，教训。经：本意指织物的纵线，引申为要领。　[8]祗（zhī）：敬奉，祭祀。　[9]荒：离散。　[10]无量：敛取没有限度。　[11]校：

同"较",计较,抗拒。 [12]孝悌:伦理规范。孝,善待父母。悌,善待兄长。

[四维]国有四维[1],一维绝则倾,二维绝则危,三维绝则覆,四维绝则灭[2]。倾可正也,危可安也,覆可起也,灭不可复错也[3]。何谓四维?一曰礼,二曰义,三曰廉,四曰耻。礼不逾节,义不自进,廉不蔽恶,耻不从枉。故不逾节,则上位安。不自进,则民无巧诈。不蔽恶,则行自全。不从枉,则邪事不生。

[注释]
[1]以下几句是说:治理国家有四条基本纲领,断绝一条,则国家倾斜。断绝两条,则国家危险。断绝三条,则国家颠覆。断绝四条,则国家灭亡。倾斜还可矫正,危险还可安定,颠覆还可再起,灭亡就不可抢救。什么是四维?一是礼,二是义,三是廉,四是耻。守礼,就不会超越节度。懂义,就不会越轨钻营。守廉,就不会文过饰非。知耻,就不会盲从误枉。所以,不超越节度,则君上地位安定。不越轨钻营,则民人不巧谋欺诈。不文过饰非,则德行自然完美。不盲从误枉,则邪乱不起。 [2]绝:断。 [3]错:通"措",措置,设立。

[四顺]政之所行[1],在顺民心。政之所废,

行政的目的是合乎民心。知道"予之为取"的智谋策略,是执政的法宝。

在逆民心。民恶忧劳,我佚乐之[2]。民恶贫贱,我富贵之。民恶危坠,我存安之。民恶灭绝,我生育之。能佚乐之,则民为之忧劳。能富贵之,则民为之贫贱。能存安之,则民为之危坠。能生育之,则民为之灭绝。故刑罚不足以畏其意,杀戮不足以服其心。故刑罚繁而意不恐,则令不行矣。杀戮众而心不服,则上位危矣。故从其四欲,则远者自亲。行其四恶,则近者叛之。故知予之为取者[3],政之宝也。

[注释]

[1] 以下几句是说:政令推行,在于顺应民心。政令废弃,在于违背民心。百姓厌恶忧劳,我就要使他们安逸快乐。百姓厌恶贫贱,我就要使他们富贵。百姓厌恶危难坠落,我就要使他们安居乐业。百姓厌恶灭绝,我就要使他们生育繁衍。能使百姓安逸快乐,他们就肯为我忧愁劳苦。能使百姓富贵,他们就会为我忍受贫贱。能使百姓安居乐业,他们就会为我承担危难坠落。能使百姓生育繁衍,他们就会为我牺牲灭绝。所以,刑罚是不足以使人心意畏惧,杀戮是不足以使人心服。所以刑罚繁苛,而人心意不恐,则政令无法推行。杀戮众多,而人心不服,则君上地位危殆。所以满足百姓上述四种欲望,则远方人自来亲近。推行上述四种百姓厌恶之事,则亲近人叛离。所以知道"给予是为了取得"的原则,是执政的法宝。 [2] 佚:通"逸",安逸。 [3] 予之为取:给予是为了取得,指上文"能佚乐之,则民为之忧劳。能富贵之,

则民为之贫贱。能存安之,则民为之危坠。能生育之,则民为之灭绝。"先给予,后取得。给予就会取得。取予对立统一,互相依赖,互相转化的辩证法。知道"予之为取"的智谋哲理,是执政的法宝。

[士经] 错国于不倾之地[1],积于不涸之仓,藏于不竭之府,下令于流水之原[2],使民于不争之官。明必死之路,开必得之门。不为不可成,不求不可得,不处不可久,不行不可复。错国于不倾之地者,授有德也。积于不涸之仓者,务五谷也。藏于不竭之府者,养桑麻、育六畜也。下令于流水之原者,令顺民心也。使民于不争之官者,使各为其所长也。明必死之路者,严刑罚也。开必得之门者,信庆赏也[3]。不为不可成者,量民力也。不求不可得者,不强民以其所恶也。不处不可久者,不偷取一时也[4]。不行不可复者,不欺其民也。故授有德,则国安。务五谷,则食足。养桑麻,育六畜,则民富。令顺民心,则威令行。使民各为其所长,则用备。严刑罚,则民远邪[5]。信庆赏,则民轻难[6]。量民力,则事无不成。不强民以其所恶,则诈伪不生。不偷取一

推行政令要顺乎民心,政府做事要衡量民力。

时，则民无怨心。不欺其民，则下亲其上。

[注释]

[1] 以下几句是说：把国家安置在不倾斜的地基，把粮食储存在取之不尽的粮仓，把财物贮藏在用之不竭的府库，把政令下达在似流水下泄的源泉，把民众安置在互不争夺的职业。讲明犯罪是必死的道路，敞开立功必奖的大门。不可能做成的不做，不可能得到的不求，不可久处的不处，不可再行的事不行。把国家安置在不倾斜的地基，就是把国家政权授给有德的人。把粮食储存在取之不尽的粮仓，就是努力从事粮食生产。把财物贮藏在用之不竭的府库，就是种植桑麻，饲养六畜。把政令下达在似流水下泻的源泉，就是政令顺应民心。把民众安置在互不争夺的职业，就是使他们各尽所长。讲明犯罪是必死的道路，就是对罪犯刑罚严厉。敞开立功必奖的大门，就是奖赏兑现。不可能做成的不做，就是估量民众的实力。不可能得到的不求，就是不强迫民众做他们厌恶的事。不可久处的不处，就是顾及长远利益，不贪图眼前小利。不可再行的事不行，就是不欺骗民众。所以把国家政权授给有德的人，则国家安定。努力从事粮食生产，则食物充足。种植桑麻，饲养六畜，则民众富裕。政令顺应民心，则威严政令推行。使民众各尽所长，则用品就能齐备。刑罚严厉，则民众远离邪恶。奖赏兑现，则民众不怕危难。估量民众的实力，则办事无不成功。不强迫民众做他们厌恶的事，则欺诈造假不生。不贪图眼前小利，则民众无怨恨之心。不欺骗民众，则下级亲善上级。　[2] 原：同"源"。　[3] 庆赏：奖赏。　[4] 偷取一时：不顾长远，只图眼前。　[5] 远邪：远离邪恶。　[6] 轻难：敢于赴难，见难而上，不怕危难。

[六亲五法] 以家为乡[1]，乡不可为也。以乡为国，国不可为也。以国为天下，天下不可为也。以家为家，以乡为乡，以国为国，以天下为天下。毋曰不同生[2]，远者不听。毋曰不同乡，远者不行。毋曰不同国，远者不从。如地如天，何私何亲？如月如日，唯君之节[3]。

[注释]

[1]以下几句是说：用治家的办法治乡，乡不能治好。用治乡的办法治国，国家治不好。用治国的办法治天下，天下治不好。用治家的办法治家，用治乡的办法治乡，用治国的办治国，用治天下的办法治天下。不要因姓氏不同，不听外姓人意见。不要因不同乡，不采纳外乡人办法。不要因不同诸侯国，不听从别国人主张。心像天地，有何偏私偏爱？心像日月，才是君上的气度。 [2]生：通"姓"。 [3]节：节度，气度，度量。

御民之辔[1]，在上之所贵。道民之门[2]，在上之所先。召民之路，在上之所好恶。故君求之，则臣得之。君嗜之，则臣食之。君好之，则臣服之。君恶之，则臣匿之。毋蔽汝恶，毋异汝度，贤者将不汝助。言室满室，言堂满堂，是谓圣王。城郭沟渠，不足以固守。兵甲强力，不足以应敌。

《韩非子·难三》："《管子》曰：'言于室满于室，言于堂满于堂，是谓天下王。'或曰：'管仲之所谓言室满室、言堂满堂者，非特谓游戏饮食之言也，必谓大物也。'"而《管子》犹曰：'言于室满室，言于堂满堂。'"证明战国时确曾广泛流传《管子》，韩非多次引用《管子》语段，看作"管仲之所谓"，即管仲之言。

博地多财，不足以有众。唯有道者能备患于未形也，故祸不萌[3]。

[注释]

[1]以下几句是说：驾驭百姓的要领，在于君主看重什么。引导百姓的门径，在于君主提倡什么。号召百姓的路途，在于君上好恶什么。君主追求，臣下想得。君主爱吃，臣下想尝。君主爱好，臣下紧跟。君主厌恶，臣下避匿。不要掩饰你的过错，不要轻改你的法度。不然，贤者将不帮助。在室内讲话，要使全室人都听到。在堂上讲话，要使满堂人都听到。开诚布公，才叫圣明的君王。城墙壕沟，不一定能固守。强大武力，不一定能御敌。地大物博财充足，不一定拥有群众。只有懂得道理的人，才能防患于未然，而避免灾祸萌生。辔（pèi），驾驭牲口用的嚼子和缰绳，引申为手段，要领。　[2]道：通"导"。　[3]萌：萌生，萌芽，萌发，发生。

天下不患无臣[1]，患无君以使之。天下不患无财，患无人以分之。故知时者，可立以为长。无私者，可置以为政。审于时而察于用，而能备官者，可奉以为君也。缓者后于事，吝于财者失所亲[2]，信小人者失士。

[注释]

[1]以下几句是说：天下不怕没有能臣，怕的是没有君主去

使用。天下不怕没有财富，怕的是没有人去分管。所以审知时势的人，可以立为官长。没有私心的人，可以安置为政长。审知时势，明察财用，又能备用官吏的人，可以奉为君上。处事迟缓的人，落后于时势。吝嗇于财富的人，失去亲近。偏信小人，失去贤士。　[2]嗇：同"吝"。

[**点评**]

本篇注重发展农业、振兴经济，与礼义廉耻意识形态、道德伦理教育相结合，是值得借鉴的经政哲学原理。原话说："务在四时，守在仓廪。""仓廪实则知礼节，衣食足则知荣辱。""四维（礼义廉耻）不张，国乃灭亡。"

"四维"指"礼义廉耻"四种基本道德伦理规范。"维"本指网上大绳，"四维"本指网上四角的大绳。纲举目张，拉起大绳张网眼，说明重要。这里用引申义，意译为治国四条基本纲领。名言警句含意深，历来史家所乐道，有重要的现实意义。

本篇突出的合理思想，首推执政者必须顺应民心，论述为政顺从民意的道理。最后一段论述"知时审时"："故知时者，可立以为长。""审于时而察于用。"本篇总论治国理民原则。"国颂"：段落标题。论述治国理民一般原则，散文有韵，如《诗》颂体，所以标题"国颂"。

"四顺"论述为政必须顺从人民心意的道理。列举人民四种欲望和四种厌恶，提出顺从人民四种欲望，则远人来亲。推行人民四种厌恶，则近人必叛。"士经"论述十一种治国根本措施。"六亲五法"论述为君之道和治国原则。

篇名"牧民",意即管治人民。"牧"本意指放牧牲畜,引申为官吏管治人民。"牧民"一词,古书常见。检索《四库全书》电子版,"牧民"匹配一千六百四十五次,分布在古书一千三百四十五卷。当今社会强调民本民主,以民为本,以民为主,人民是国家主体,国家管理宗旨是"为人民服务"。"牧民"一词,已不使用于形容当代社会官民关系。

形　势

　　山高而不崩[1]，则祈羊至矣[2]。渊深而不涸，则沈玉极矣[3]。天不变其常，地不易其则，春秋冬夏不更其节，古今一也。蛟龙得水，而神可立也。虎豹托幽[4]，而威可载也。风雨无乡[5]，而怨怒不及也。贵有以行令，贱有以忘卑。寿夭贫富，无徒归也[6]。

万事万物都有形态趋势，都有因果性和规律性。

[注释]

[1] 以下几句是说：山高而不崩颓，就有人烹羊设祭；渊深而不枯竭，就有人投玉求神。天不改变常规，地不改变法则，春秋冬夏不改变节令，从古到今都一样。蛟龙得水，才可以树立神灵；虎豹凭借深山幽谷，才可以保持威力。风雨没有既定方向，谁也不会埋怨它。位高的人发号令，位低的人忘卑贱。贫富寿夭，都

有原因。　[2]祈羊：祭羊。　[3]沈玉：祭祀璧玉被投沉水中。沈，同"沉"，没入水中。　[4]托幽：凭借深山幽谷，人迹罕至。　[5]无乡：没有固定的方向。乡，通"向"。　[6]徒归：徒然来归，无因而至。意指任何事情都有产生的原因。通篇讲事物的形态趋势，因果联系，规律性。

衔命者[1]，君之尊也；受辞者[2]，名之运也。上无事，则民自试[3]；抱蜀不言[4]，而庙堂既修。鸿鹄锵锵，唯民歌之。济济多士，殷民化之。飞蓬之问[5]，不在所宾[6]。燕雀之集，道行不顾。牺牷圭璧[7]，不足以飨鬼神，主功有素，宝币奚为？羿之道[8]，非射也。造父之术[9]，非驭也。奚仲之巧[10]，非斫削也。召远者使无为焉，亲近者言无事焉，唯夜行者独有也[11]。

[注释]

[1]以下几句是说：臣下奉行命令，是由于君主地位尊贵。臣下接受辞令，是由于君臣名分的作用。君主不亲自过问，人民就会听用。手执祭器不说话，朝政也会普遍修明。天鹅发出动听的声音，人们会齐声赞美。西周人才济济，殷遗民也会被感化。对于没根据的言论，不必听从。对于燕雀聚集的小事，行道者不屑一顾。用牛羊玉器供奉鬼神，不一定得到鬼神的保佑。只要君主功业有根基，何必使用珍贵祭品。后羿射箭的功夫，不在射箭的表面动作。造父驾车的技术，不在驾车的表面动作。奚仲的技巧，不在木材的砍削。

召来远方的人，单靠使者没用。亲近国内的人，说空话无济于事。只有内心认真行德的君主，才能获得治国的功效。衔命，受命，奉命。　[2]受辞：接受辞令。辞，言辞，文辞，辞令，政令。　[3]试：用，听用。　[4]蜀：祭器。　[5]飞蓬：根底不牢随风飞的蓬草。比喻没根据的言论。　[6]宾：服从，听从。　[7]圭璧：古代王侯朝聘祭祀时所持的玉器。　[8]羿：后羿，传说远古射箭的能手。　[9]造父：周代驾车驯马的能手。　[10]奚仲：传说造车的巧匠。　[11]夜行：暗里行德。

平原之陉[1]，奚有于高？大山之隈[2]，奚有于深？訾謷之人[3]，勿与任大。譕巨者可与远举[4]，顾忧者可与致道[5]。其计也速，而忧在近者，往而勿召也。举长者，可远见也。裁大者[6]，众之所比也[7]。欲人之怀，定服而勿厌也。必得之事，不足赖也。必诺之言，不足信也。小谨者不大立，饕食者不肥体[8]。有无弃之言者[9]，必参于天地也。坠岸三仞，人之所大难也，而猿猱饮焉[10]。故曰，伐矜好专，举事之祸也。

提倡大计谋大策略，要顾及整体顾大局。

[注释]

[1]以下几句是说：平原小坡，怎能算高？大山小沟，怎能算深？挑好人毛病，说坏人好话的人，不能托付重任。谋虑远大的人，可跟他共谋大事。顾及忧患的人，可跟他同道。贪图速效，

只顾眼前的人,走开就不要召他回来。注重长远利益的人,可以看得很远。才器伟大的人,博得众人依赖。要人感怀自己,定要行德,不可厌倦。不应得,而求必得的事情,不可靠。不应承诺,而完全承诺的言语,不可信。谨小慎微的人,不能成大事。挑拣食物的人,吃不胖。谨守这些格言,定能跟天地媲美。从三仞高崖岸跳下,人很难做到,猴子却轻易跳下喝水。所以说,骄傲自大,独断专行,是行事的祸患。陉,小坡。 [2]隈(wēi):小沟。 [3]訾讆(zī wèi):毁谤贤者,称誉恶人。訾,毁谤,非议。讆,吹捧坏人。《形势解》:"毁訾贤者之谓訾,推誉不肖之谓讆。" [4]谟(mó):通"谋",意为谋虑,谋划。 [5]顾忧:考虑忧患,顾及忧愁,防范不利后果。顾,顾及,考虑,防范。唐尹知章"其计也速,而忧在近"注:"小人之计,得之虽速,祸败寻至,则忧及之。"忧,忧愁,忧患。 [6]裁:通"材"。 [7]比:通"庇",庇护,庇荫,庇佑。 [8]飺(cí)食:挑食,吃饭挑拣。 [9]无弃之言:不弃此言。 [10]猿猱(náo):猿猴。

只给予而不索取,是效天法地自然律。天人合一有根据,天道人情可以两顾及。

不行其野[1],不违其马[2]。能予而无取也,天地之配也。怠倦者不及,无广者疑神[3]。拟神者在内,不及者在门。在内者将假[4],在门者将待[5]。曙戒勿怠[6],后稚逢殃[7]。朝忘其事,夕失其功。邪气袭内,正色乃衰。君不君,则臣不臣。父不父,则子不子。上失其位,则下逾其节。上下不和,令乃不行。衣冠不正,则宾者不肃[8]。进退无仪,则政令不行。且怀且威,则君道备矣。

莫乐之，则莫哀之。莫生之，则莫死之。往者不至，来者不极。

[注释]

[1]以下几句是说：即使不到野外跑路，也不要把马丢掉。能够做到只给予，而不强取，就跟天地一样伟大。懒惰的人落后，勤奋的人办事如神。办事如神的人，已进入室内。落后的人，还在门外。进入室内的人，从容不迫。在门外的人，急惰松懈。黎明玩忽怠惰，日暮就要遭殃。早上忘掉应做事，晚上功效就没有。一人邪气侵体内，正经体色要衰退。君主不像君主样，臣子不守臣身份。父亲不像父亲样，儿子不守儿身份。君主偏离君之位，臣子僭越不守规。上下不和令不行。君主衣冠不齐整，礼宾官员不严肃。君主举动不合仪，政策法令行不通。关怀臣民有威严，为君之道才具备。君主不使民安乐，民众不为君分忧。君主不使民生息，民众不会为君死。君主给民不兑现，民众不为君尽力。　[2]违：丢弃。　[3]广：通"旷"，荒废，耽误。疑：类似，好像。　[4]假：通"暇"，空暇。　[5]待：通"怠"。　[6]曙：黎明。戒：戒鼓。黎明敲戒鼓。勿：读作"忽"，怠意。　[7]后稚：日暮。　[8]宾者：礼宾官。宾，通"傧"。

道之所言者一也[1]，而用之者异。有闻道而好为家者，一家之人也。有闻道而好为乡者，一乡之人也。有闻道而好为国者，一国之人也。有闻道而好为天下者，天下之人也。有闻道而好定万物者，天下之配也。道往者其人莫来[2]，道来者其人莫往[3]。道之所设，身之化也。持满者与天[4]，安危者与人[5]。失天之度，虽满必涸。上下不和，虽安必危。欲王天下而失天之道，天下不可得而王也。得天之道，其事若自然。失天之道，虽立不安。其道既得，莫知其为之[6]。其功既成，莫知其释之[7]。藏之无形，天之道也。疑今者察之古，不知来者视之往。万事之生也[8]，异趋而同归[9]，古今一也。

[注释]

[1]以下几句是说：天下道理一致，运用各有不同。有人懂道能治家，是一家人才。有人懂道能治乡，是一乡人才。有人懂道能治国，是一国人才。有人懂道治天下，是天下人才。有人懂道定万物，就跟天下相匹配。失道者，人民不来归。得道者，人民不肯离。道之所在，身心投入为之化。能够保持强盛，是因顺从天道。能够转危为安，是因顺从人心。违背天的法度，虽然暂时丰满，最终必然枯竭。上下不和，虽然暂时安定，最终必然危殆。想称王于天下，却违背天道，不可能称王天下。掌握天道，做事成功如自然。违背天道，虽然成功不能保。已经掌握天道，往往不知天道是怎样起作用的。已经成功，往往又不知天道是怎样离开的。天道隐藏无形体。今日有疑察往古，不知未来看历史。万事本性，殊途同归，古今一理。　[2]道往者：失道者。　[3]道来者：得道者。　[4]与天：顺从天道。　[5]与

人：顺从人心。 [6]为：动作，作为，起作用。 [7]释：离开。 [8]生：通"性"。 [9]异趋而同归：殊途同归，途径不同目的同，表现不同本质同。

生栋覆屋[1]，怨怒不及。弱子下瓦[2]，慈母操棰[3]。天道之极，远者自亲。人事之起，近亲造怨。万物之于人也，无私近也，无私远也。巧者有余，而拙者不足。其功顺天者天助之，其功逆天者天违之。天之所助，虽小必大。天之所违，虽成必败。顺天者有其功，逆天者怀其凶，不可复振也[4]。

[注释]
[1]以下几句是说：用新伐未干的木材做屋柱，导致房屋倒塌，错误大，只好忍气吞声。小孩上房揭瓦，错误小，慈母却怒而操棍打（比喻君主对自身大错易原谅，对别人小错易严究）。顺应天道做事，远者自来亲近。坏事起于人为，近亲也要怨恨。万物对人，不分远近亲疏。智巧的人用天道绰绰有余，愚拙的人用天道力不从心。顺应天道天帮助，违逆天道天抵制。得天帮助小变大，遭天抵制成必败。顺应天道有成效，违逆天道招凶报，无力回天救不回。"生栋覆屋"四句：唐尹知章注"言人以生栋造舍，虽至覆屋，但自咎而已，不敢怨及他人。至弱子下瓦，所损不多，慈母便操棰而怒之。喻人主过由己作，虽大而吞声。过发他人，虽小而振怒也。" [2]弱子：幼子，小孩。 [3]棰：木棍。 [4]不

可复振：无法挽救。复，再。振，挽救。

乌鸟之狡[1]，虽善不亲。不重之结[2]，虽固必解。道之用也，贵其重也。毋与不可，毋强不能，毋告不知。与不可，强不能，告不知，谓之劳而无功。见与之交[3]，几于不亲。见爱之交，几于不结。见施之德，几于不报。四方所归，心行者也。独王之国[4]，劳而多祸。独国之君，卑而不威。自媒之女，丑而不信。未之见而亲焉，可以往矣。久而不忘焉，可以来矣。日月不明，天不易也。山高而不见，地不易也。言而不可复者[5]，君不言也。行而不可再者，君不行也。凡言而不可复，行而不可再者，有国者之大禁也。

[注释]

[1]以下几句是说：乌鸦般的交谊，看着友善不亲密。不重合的绳结，即使坚固定松开。道的运用贵慎重。不要结交不可靠的人，不要勉强做不到的人，不要告知不明事理的人。结交不可靠的人，勉强做不到的人，告知不明事理的人，叫劳而无功。表面显示友好，接近于不亲密。表面上显示亲爱的交谊，接近于不结好。表面上显示慷慨的恩赐，接近于不得所报。内心向德身行德，四面八方都来归。独断专横的国家，疲于奔命祸事多。独断专横的君主，卑劣而没有威望。自己做媒的女子，名声不好没人信。

未见面而仰慕的人，可以去亲近。久别而不忘的人，可以来交往。日月不明天不变，山高不见地不变。不可以说第二遍的话，君主不说。不可以做第二遍的事，君主不做。凡是不可以说第二遍的话、不可以做第二遍的事，是国君的大禁。乌鸟之狡，乌鸦一般的交往，乍合乍离不亲密。狡，通"交"。　[2]不重之结：打绳结不重合。　[3]见与：表现友好。见，同"现"。　[4]独王：独断专横。　[5]复：重复。

[点评]

　　篇名"形势"，唐尹知章解释："自天地以及万物，关诸人事，莫不有形势焉。夫势必因形而立，故形端者势必直，状危者势必倾。触类莫不然，可以一隅而反。"道出本篇题旨。通篇讲事物的形态趋势，认为任何事情都有其产生的原因、因果性、规律性。本篇是语言精练的哲理诗，汇聚名言警句、成语格言，可作为座右铭。如说："譕（谋）巨者可与远举，顾忧者可与致道。其计也速，而忧在近者，往而勿召也。"谋略巨大深远者，可与之共行远道。计较速效，贪图小利，走开，不要再叫他回来。赞赏深谋远虑、大智谋、大策略，贬斥顾小利而不顾大局、长远的小智术，有极强的现实应用价值。通篇充满智慧哲理，经转化创新，可作为今人的启迪借鉴。

七　法

此篇讲七种法则范畴，是对中国古代哲学法则规律范畴的总概括。

　　言是而不能立[1]，言非而不能废，有功而不能赏，有罪而不能诛，若是而能治民者，未之有也。是必立，非必废，有功必赏，有罪必诛，若是安治矣？未也。是何也？曰形势器械未具[2]，犹之不治也。形势器械具，四者备[3]，治矣。

[注释]

[1]以下几句是说：正确言论而不能确立，不正确言论而不能废止，有功劳而不能赏赐，有罪责而不能诛罚，像这样能治理民众，从来没有过。正确的言论必然确立，不正确言论必然废止，有功劳必然赏赐，有罪责必然诛罚，像这样，能治理好吗？还不能。为什么？因为形势器械不具备，还是治理不好。形势器

械具备，确立正确言论，废止不正确言论，赏赐有功，诛罚有罪，四者具备，就能治理好。　[2] 形势：客观存在的发展状况和趋势。　[3] 四者：指上文"立是""废非""赏功"和"诛罪"。

不能治其民[1]，而能强其兵者，未之有也。能治其民矣，而不明于为兵之数[2]，犹之不可。不能强其兵，而能必胜敌国者，未之有也。能强其兵，而不明于胜敌国之理，犹之不胜也。兵不必胜敌国，而能正天下者，未之有也。兵必胜敌国矣，而不明正天下之分[3]，犹之不可。故曰：治民有器，为兵有数，胜敌国有理，正天下有分。

[注释]
[1] 以下几句是说：不能治理民众，而能使其军队强大，从来没有过。能治理民众，而不明察用兵方法，仍然不行。不能使其军队强大，而能必然战胜敌国，从来没有过。能够使军队强大，而不明察战胜敌国的道理，还是不能打胜。军队不能必然战胜敌国，而能够匡正天下，从来没有过。军队能必然战胜敌国，而不明察匡正天下的纲领，还是不行。所以说，治理民众有器备，用兵有方法，战胜敌国有道理，匡正天下有纲领。　[2] 数：方法，策略。　[3] 分：条理，纲领。

[七法] 则[1]、象、法、化、决塞、心术、计数：根天地之气，寒暑之和，水土之性，人民、

鸟兽、草木之生，物虽甚多，皆有均焉[2]，而未尝变也，谓之则。义也[3]，名也，时也，似也，类也，比也，状也，谓之象。尺寸也，绳墨也，规矩也，衡石也[4]，斗斛也，角量也[5]，谓之法。渐也[6]，顺也，靡也[7]，久也[8]，服也，习也，谓之化。予夺也，险易也，利害也，难易也，开闭也，杀生也，谓之决塞。实也，诚也，厚也，施也，度也，恕也，谓之心术。刚柔也，轻重也，大小也，实虚也，远近也，多少也，谓之计数。

[注释]

[1] 以下几句是说：七种法则，根植于天地的元气，寒暑的协调，水土的性质，人民鸟兽草木的本性。事物虽然繁多，都有其均一性（齐一性，同一性），而不曾改变，叫作法则（规律）。事物的外表、名称、存在时间、相似性、类别、位置、状态，叫表象。尺寸，标准，规矩，秤衡量重量，石（dàn）斗斛和半斗斛的量具"角量"量容积，叫标准。渐进渗透，顺序增长，磨炼消弭，历久熏染，服从适应，习惯养成，叫变化。给予夺取，险恶平易，利益祸害，困难容易，开放闭合，诛杀新生，叫开决堵塞。求真务实，诚信如一，厚德载物，乐善好施，度量有节，宽恕包容，叫心思方术。刚柔相济，权衡轻重，大小合适，虚实兼顾，远近并举，多少相宜，叫计算运筹。则，法则。象，形象，事物存在的形态状貌。法，规范，样版。化，变化，质变，转变，转化，教化。决塞，开决堵塞，开放收拢。心术，思维方术，思

维方法。计数，计算，运筹。 [2]均：平均，均一，齐一，共同，同一。 [3]义：同"仪"，仪态，外表。 [4]衡石：衡器通称。衡即秤，石是重量单位。 [5]角量：平斗斛用具，标准量具。 [6]渐：渐进，量变，渗透。 [7]靡：磨炼消弭。 [8]久：历久熏染。

不明于则[1]，而欲出号令，犹立朝夕于运均之上[2]，摇竿而欲定其末。不明于象，而欲论材审用，犹绝长以为短，续短以为长。不明于法，而欲治民一众，犹左书而右息之。不明于化，而欲变俗易教，犹朝揉轮而夕欲乘车[3]。不明于决塞，而欲驱众移民，犹使水逆流。不明于心术，而欲行令于人，犹倍招而必拘之[4]。不明于计数，而欲举大事，犹无舟楫而欲经于水险也。故曰：错仪画制[5]，不知则不可。论材审用，不知象不可。和民一众，不知法不可。变俗易教，不知化不可。驱众移民，不知决塞不可。布令必行，不知心术不可。举事必成，不知计数不可。

[注释]
[1]以下几句是说：不明察法则，而想发号施令，好像在运转的陶轮，立测时标杆，摇动竹竿，而想稳定竹梢。不明察形象，

而想论材料，审用途，犹如长材短用，短材接长。不明察规范，而想治理人民，统一众生，犹如用左手写字，而用右手消除。不明察变化，而想移风易俗，改变教化，犹如早上造车轮，晚上想乘车。不明察开决堵塞，而想驱赶众人，迁移民众，犹如使水倒流。不明察心思方术，而想对人民发号施令，犹如放弃羁绊野兽的工具，而定要抓住猎物。不明察计算运筹，而想兴举大事，犹如没有船只，而想横渡水险。所以说，制定仪法，筹划制度，不知规则不行。论材料，审用途，不知形象不行。治理民众，统一众生，不知法规不行。移风易俗，改变教化，不知变化不行。驱赶众人，迁移民众，不知开决堵塞不行。发布命令，必须执行，不知心思方术不行。举大事，必成功，不知计算运筹不行。 [2]立朝夕：树立测日影的标杆，计时工具，可指示日照方位。运均：运动着的陶轮。运，运转。均，制陶转轮。 [3]揉轮：制作车轮。揉，使直木弯曲，以做轮材。 [4]招：用以羁绊野兽的工具。 [5]错仪画制：制定仪法等，筹划制度。错，通"措"。

［四伤］百匿伤上威[1]，奸吏伤官法，奸民伤俗教，贼盗伤国众。威伤，则重在下[2]。法伤，则货上流。教伤，则从令者不辑[3]。众伤，则百姓不安其居。重在下，则令不行。货上流，则官德毁。从令者不辑，则百事无功。百姓不安其居，则轻民处而重民散。轻民处，重民散，则地不辟。地不辟，则六畜不育。六畜不育，则国贫而用不足。国贫而用不足，则兵弱而士不厉。兵弱而士

不厉,则战不胜而守不固。战不胜而守不固,则国不安矣。故曰:常令不审,则百匿胜。官爵不审,则奸吏胜。符籍不审[4],则奸民胜。刑法不审,则盗贼胜。国之四经败[5],人君泄[6],见危。人君泄,则言实之士不进。言实之士不进,则国之情伪不竭于上[7]。

[注释]
[1]以下几句是说:各种坏人伤害君上的权威,奸邪官吏伤害官府的法制,奸邪民众伤害风俗教化,盗贼伤害国中民众。君上权威受伤害,则权重下移。法制受伤害,则财货上流。风俗教化受伤害,则听令者不和睦。民众受伤害,则百姓不能安居。君上的权重下移,则政令不行。财货上流,则官吏道德毁丧。听令者不和睦,则百事不成功。百姓不能安居,则闲人留处,而忙人离散。闲人留处,而忙人离散,则土地不辟。土地不辟,则六畜不旺。六畜不旺,则国家贫而财用不足。国家贫而财用不足,则兵力薄弱而士气不振。兵力薄弱而士气不振,则攻战不胜而守御不坚。攻战不胜而守御不坚,则国家不安。所以说政令不严明,则各种坏人得势。官爵制度不严明,则奸吏得势。凭证簿册不严明,则奸民得势。刑法不严明,则盗贼得势。国家政令、官爵、符籍、刑法四个纲领败坏,君主失控,则国家受到危害。君主失控,则说真话的人就不肯进言。说真话的人不肯进言,则国情真假,就不能让君上全部了解。百匿,各种坏人。匿,同"慝",邪恶。 [2]重在下:君主的权重下移。 [3]辑:和睦。 [4]符籍:凭证簿册。 [5]四经:指上文"常令""官爵""符籍"和"刑法"

四个纲领。　[6]泄：泄露，流出。借指失控。　[7]情伪：诚伪，真伪，真假。情，通"诚"，实情。

世主所贵者[1]，宝也。所亲者，戚也。所爱者，民也。所重者，爵禄也。明君则不然。致所贵[2]，非宝也。致所亲，非戚也。致所爱，非民也。致所重，非爵禄也。故不为重宝亏其命[3]，故曰令贵于宝。不为爱亲危其社稷，故曰社稷戚于亲。不为爱民枉其法，故曰法爱于民。不为重禄爵分其威，故曰威重于爵禄。不通此四者，则反于无有[4]。故曰治人如治水潦，养人如养六畜，用人如用草木。居身论道行理[5]，则群臣服教，百吏严断，莫敢开私焉。论功计劳，未尝失法律也。便辟[6]、左右、大族、尊贵、大臣不得增其功焉。疏远、卑贱、隐不知之人不忘其劳[7]。故有罪者不怨上，受赏者无贪心，则列陈之士皆轻其死而安难[8]，以要上事[9]，为兵之极也[10]。

[注释]

[1]以下几句是说：当世君主所看重的是珍宝，所亲的是亲戚，所爱的是属民，所重视的是爵禄。贤明的君主就不是这样。他最看重的不是珍宝，最亲的不是亲戚，最爱的不是属民，最重

视的不是爵禄。所以，他不会为重宝而损害政令，所以政令比珍宝贵重。不会因爱亲戚而危害国家，所以国家比亲戚更亲。不会为爱属民而枉法，所以爱法高于爱民。不为重视爵禄而削弱权威，所以威信重于爵禄。不懂这四点，君主就返回到一无所有。所以说，治人如治积水，养人如养六畜，用人如用草木。君主自身言行符合道理，则群臣服从教令，百官断事严明，不敢徇私舞弊。评论功劳，不曾违反法律。善于拍马逢迎的臣下、侍从、豪门大族、权贵和大臣，不能凭空加功。疏远、卑贱和隐身埋名的人不要忘记其功劳。所以有罪的人不埋怨上级，受赏的人没有贪心，临阵士卒，都不怕牺牲，安心赴难，以求得为完成君上的事业而立功。这是治军的根本原则。　[2]致：至，最，极。　[3]亏：损害。　[4]反于无有：回到一无所有。　[5]居身论道行理：处世讲道理，行道理，言论行动符合道理。　[6]便辟：善于阿谀奉承的人。　[7]隐不知之人：隐身埋名的人。　[8]安难：安心赴难。　[9]要上事：以求得为完成君上的事业而立功。要，求取。　[10]为兵之极：治军的最高原则。极，至，最。

［为兵之数］为兵之数[1]，存乎聚财，而财无敌。存乎论工[2]，而工无敌。存乎制器，而器无敌。存乎选士，而士无敌。存乎政教，而政教无敌。存乎服习[3]，而服习无敌。存乎遍知天下，而遍知天下无敌。存乎明于机数[4]，而明于机数无敌。故兵未出境，而无敌者八。是以欲正天下，财不盖天下[5]，不能正天下。财盖天下，而工不

盖天下，不能正天下。工盖天下，而器不盖天下，不能正天下。器盖天下，而士不盖天下，不能正天下。士盖天下，而教不盖天下，不能正天下。教盖天下，而习不盖天下，不能正天下。习盖天下，而不遍知天下，不能正天下。遍知天下，而不明于机数，不能正天下。故明于机数者，用兵之势也，大者时也，小者计也。

[注释]

[1]以下几句是说：用兵方法，在于积聚财富，而财富无敌于天下。在于讲究工艺技巧，而工艺技巧无敌于天下。在于制造器备，而器备无敌于天下。在于选练兵士，而兵士无敌于天下。在于管理教育，而管理教育无敌于天下。在于军事训练，而军事训练无敌于天下。在于普遍认知天下，而普遍认知天下无敌。在于明察时机策略，而时机策略无敌于天下。所以兵未出国境，而无敌于天下已经有八条。因此想匡正天下，财力不盖过天下，不能匡正天下。财力盖过天下，而制器工艺不盖过天下，不能匡正天下。制器工艺盖过天下，而器备不盖过天下，不能匡正天下。器备盖过天下，而兵士不盖过天下，不能匡正天下。兵士盖过天下，而管教不盖过天下，不能匡正天下。管教盖过天下，而军训不盖过天下，不能匡正天下。军训盖过天下，而不普遍认知天下，不能匡正天下。普遍认知天下，而不明察时机策略，不能匡正天下。所以明察时机策略，是用兵的大势。首先是把握时机，其次是制定计策。 [2]论工：讲究工艺技巧，主要指军事工艺。 [3]服习：

服从教习，服从训练，听从指挥。　[4]机数：时机策略。　[5]盖：超过。

　　王道非废也[1]，而天下莫敢窥者，王者之正也。衡库者[2]，天子之礼也。是故器成卒选[3]，则士知胜矣。遍知天下，审御机数，则独行而无敌矣。所爱之国而独利之[4]，所恶之国而独害之，则令行禁止，是以圣王贵之[5]。胜一而服百，则天下畏之矣。立少而观多，则天下怀之矣。罚有罪，赏有功，则天下从之矣。故聚天下之精材，论百工之锐器。春秋角试以练[6]，精锐为右[7]。成器不课不用，不试不藏。收天下之豪杰，有天下之骏雄。故举之如飞鸟，动之如雷电，发之如风雨，莫当其前，莫害其后，独出独入，莫敢禁圉[8]。成功立事，必顺于理义。故不理不胜天下，不义不胜人。故贤知之君必立于胜地，故正天下而莫之敢御也。

[注释]

[1]以下几句是说：王道并没有废弃，而天下之所以无人敢觊觎，是因为有王者来匡正它。武库是天子礼制中必备的。器备制成，士卒选练，则战士有必胜信心。普遍认知天下，审慎把握时

机策略，则所向无敌。对所爱之国给予特殊的利，对所恶之国给予特殊的害，就有令能行，有禁能止，因此圣王重视。胜一国而服百国，则天下畏惧。扶持少数，而影响多数，则天下怀德。惩罚有罪，奖赏有功，则天下服从。因此，要会聚天下的精材，研究百工的锐器。春秋两季比试训练，精锐为上。制成器备，不经检查不使用，不经试验不入库。收罗天下的豪杰，拥有天下的英雄。所以举兵如飞鸟之轻，动作如雷电之猛，发兵如风雨之速，无人能在前面挡，无人能从后面伤，纵横驰骋，无人抵御。成功举事，定合理义。所以无理不能胜天下，不义不能胜人。所以贤智的君主，定立于必胜之地，所以匡正天下，而无人敢抗拒。　[2]衡库：皇家的礼器重器宝库。　[3]器成卒选：器备制成，士卒选练。　[4]独：特别，格外。　[5]贵：重视。　[6]角试：角逐比试。　[7]右：尊贵，尊重，重视。　[8]圉：防御，抵抗。

[选阵]若夫曲制时举[1]，不失天时，毋圹地利[2]，其数多少，其要必出于计数。故凡攻伐之为道也，计必先定于内，然后兵出乎竟。计未定于内，而兵出乎竟，是则战之自败[3]，攻之自毁也。是故张军而不能战[4]，围邑而不能攻，得地而不能实[5]，三者见一焉，则可破毁也。故不明于敌人之政，不能加也。不明于敌人之情，不可约也。不明于敌人之将，不先军也。不明于敌人之士，不先阵也。是故以众击寡，以治击乱，

计谋策略，统率全局。

以富击贫，以能击不能，以教卒练士，击驱众白徒[6]，故十战十胜，百战百胜。

[注释]

[1]以下几句是说：军队及时举兵，不失时机，不废地利，兵力投入的数量多少，要点是必出于计划筹谋。举凡攻伐之道，计谋必先定于内，然后发兵出境。计谋未定于内，而发兵出境，这样战之必自败，攻之必自毁。所以张开军阵而不能攻战，围困城邑而不能攻陷，得到土地而不能久占。三者有一，就算破产。所以不明察敌人政治，战争不能发动。不明察敌人军情，战争不能相约。不明察敌人将领，不能率先进军。不明察敌人士兵，不能率先摆阵。所以以多打少，以齐整打混乱，以富裕打贫穷，以有才能打无能，以教练有素的士卒，打仓促驱赶而来，未经系统军事训练的乌合之众，则十战十胜，百战百胜。曲制，军队编制，指军队。时举，依时而举，把握时机举兵。 [2]圹：通"旷"，旷废。 [3]败：原作"胜"，据文义校改。 [4]张军：张开军阵。 [5]实：坚实，固守。 [6]白徒：白丁。临战征集，未经系统军事训练的徒役民夫。

故事无备[1]，兵无主，则不蚤知敌。野不辟，地无吏[2]，则无蓄积。官无常[3]，下怨上，而器械不功。朝无政[4]，则赏罚不明。赏罚不明，则民幸生[5]。故蚤知敌，则独行[6]。有蓄积，则久而不匮。器械功，则伐而不费。赏罚明，则民不幸。民不幸，则勇士劝矣。故兵也者，审于地图，谋于日官[7]，量蓄积，齐勇士，遍知天下，审御机数，兵主之事也。有风雨之行，故能不远道里矣。有飞鸟之举，故能不险山河矣。有雷电之战，故能独行而无敌矣。有水旱之功，故能攻国救邑矣。有金城之守[8]，故能定宗庙，育男女矣。有一体之治[9]，故能出号令，明宪法矣。风雨之行者，速也。飞鸟之举者，轻也。雷电之战者，士不齐也[10]。水旱之功者，野不收，耕不获也。金城之守者，用货财，设耳目也。一体之治者，去奇说[11]，禁雕俗也[12]。不远道里，故能威绝域之民[13]。不险山河，故能服恃固之国[14]。独行无敌，故令行而禁止。攻国救邑，不恃权与之国[15]，故所指必听。定宗庙，育男女，天下莫之能伤，然后可以有国。制仪法，出号令，莫不响应，然后可以治民一众矣。

[注释]

[1] 以下几句是说：战事无准备，士兵无主帅，则不能及早认知敌情。荒地没开垦，土地无官吏管理，则无粮草蓄积。官府没常规，下级怨恨上级，器械不精良。朝廷无明确政令，则赏罚不

明。赏罚不明，则民偷生。所以及早认知敌情，则所向无敌。有粮草蓄积，则久战而供应不匮乏。器械精良，则用而不费。赏罚严明，则民不偷生。民不偷生，则勇士得到勉励。所以用兵之事，详审地理知形势，谋于史官掌天时，计量蓄积备军需，训练勇士备技能，遍知天下心有数，把握战机用谋略，这都是领兵主帅分内事。行军之速如风雨，所以千里之路也不觉远。轻举如飞鸟，所以能不怕山河险阻。决战如雷电，所以能所向无敌。有像水旱灾难一样的摧毁效果，所以能攻人之国，救人之城。有像金属打造的坚固城防，所以能安定宗庙，繁育后代。有集权一体的政治，所以能发号施令，严明宪法。风雨之行是快速。飞鸟之举是轻捷。雷电般迅猛战斗，使敌方来不及列阵。像水旱灾难一般的摧毁效果，使敌方野无收，耕种无获。有金城般的固守，就可用货财买间谍，暗设耳目。集权一体的政治，可以清除邪说，禁止奢侈风俗。不怕路途遥远，所以能威慑偏僻遥远地区的民众。不怕山河险阻，所以能征服凭借天险固守的敌国。所向无敌，所以能令行而禁止。攻人之国，救人之城，而不靠盟国协助，就能所向披靡，无往不胜。安定宗庙，繁育后代，天下无人能伤害，然后就可以使国家永固。制定仪规法律，发号施令，莫不响应，然后可以治理民众，统一天下。　　[2]地无吏：土地无官吏管理。　　[3]官无常：官府没常规。　　[4]朝无政：朝廷无明确政令。　　[5]幸生：偷生。　　[6]独行：独立行动，独往独来，所向无敌，如入无人之境。　　[7]谋于日官：原作"谋十官日"，据文义校改。日官，史官，太史令，掌天文、计时日之官。　　[8]金城：比喻城墙坚固，如金属打造。　　[9]一体之治：集权一体，形成统一整体的政治。　　[10]齐：排列整齐。　　[11]去奇说：清除奇词怪说。　　[12]禁雕俗：禁止奢侈风俗。　　[13]绝域：指山河阻隔，极为僻远的地区。　　[14]恃固之国：依赖地势险恶和工事坚固的国家。　　[15]权与之国：盟国。

[点评]

《七法》讲七种法则范畴。"七法"是概括法则规律概念的一级范畴。从"七法"一级范畴，派生出其下属的二级范畴四十个。"则"下有"气、和、性、生"四范畴。"象"下有"义、名、时、似、类、比、状"七范畴。"法"下有"尺寸、绳墨、规矩、衡石、斗斛、角量"六范畴。"化"下有"渐、顺、靡、服、习"五范畴。"决塞"下有"予夺、险易、利害、难易、开闭、杀生"六范畴。"心术"下有"实、诚、厚、施、度、恕"六范畴。"计数"下有"刚柔、轻重、大小、实虚、远近、多少"六范畴。

《管子》概括法则规律的两级范畴，是对中国古代哲学法则规律范畴的总概括，是高度的哲学抽象，有丰富的实证材料支撑和深刻的理论应用价值，跟现代科学的宇宙观、方法论相融通，可为今人借鉴。

本文分四节。1."七法"：总论概说，分述"七法"各自的定义和意义。2."四伤"：指百匿、奸吏、奸民和贼盗四害。匿：同"慝"，邪恶、灾害。3."为兵之数"：用兵方法。4."选阵"：选择战阵。最后两节"为兵之数"和"选阵"，讲用兵方法，军事法则。

其中说，用兵方法的要点，是"必出于计数"，即计谋韬略。又说："故凡攻伐之为道也，计必先定于内，然后兵出乎竟。计未定于内，而兵出乎竟，是则战之自败，攻之自毁也。"说明打仗用计的重要意义。策略战术的要点是"以众击寡"，是当今"集中优势兵力，各个歼灭敌人"战术方针的渊源，其战略效果是"十战十胜，百战百胜"，渗透古代军事理论的精华。

本篇语言逻辑颇富特色。"四伤"一节说：1."百姓不安其居，则轻民处而重民散。"2."轻民处，重民散，则地不辟。"3."地不辟，则六畜不育。"4."六畜不育，则国贫而用不足。"5."国贫而用不足，则兵弱而士不厉。"6."兵弱而士不厉，则战不胜而守不固。"7."战不胜而守不固，则国不安矣。"这是以七个支命题为前提的多支连锁推理，省略结论是："百姓不安其居，则国不安矣。"

其结构形式是：如果A则B，如果B则C，如果C则D，如果D则E，如果E则F，如果F则G，如果G则H，所以，如果A则H。这是有效的科学演绎推论，有必然性。本篇多用演绎性连锁推理，讲道理，分析问题，揭示事物客观存在的普遍因果性和规律性，有重要的科学认知价值和思维启迪。

版　法

凡将做事，思想要先行。不忘初心，意识要端正。兼爱无遗，万民都向风。墨法渗透，版法有提醒。

凡将立事[1]，正彼天植[2]，风雨无违[3]，远近高下，各得其嗣。三经既饬[4]，君乃有国[5]。喜无以赏，怒无以杀。喜以赏，怒以杀，怨乃起，令乃废。骤令不行[6]，民心乃外。外之有徒，祸乃始牙[7]。众之所忿，寡不能图[8]。举所美必观其所终，废所恶必计其所穷[9]。庆勉敦敬以显之[10]，富禄有功以劝之，爵贵有名以休之[11]，兼爱无遗[12]，是谓君心。必先顺教[13]，万民乡风[14]。旦暮利之[15]，众乃胜任。

[注释]

[1]以下几句是说：凡是君主想做事，第一就是正心志，风

雨天时不违背，远近高下得其治。三经既饬办齐备，保有国家不丢失。不因喜欢给赏赐，不因恼怒动杀机。喜欢就赏怒就杀，民众起怨令乃废。政令多次行不通，民心就会向国外。民心向外结党徒，祸乃始芽不能治。众之所忿已激起，寡不能图是常事。荐举所美观其终，废其所恶计其穷。赏赐敦厚以表彰，禄富有功以勉之，加官进爵以誉之，兼爱无遗是君心。必先顺教以引导，万民趋向好风化。旦暮利之得民心，众乃胜任力竭尽。立事，莅事，临事，做事。　[2]天植：天心，比喻词，指君主天生根植的心，借为心志。《版法解》："天植者，心也。天植正，则不私近亲，不孽疏远。"下文："植固不动，倚邪乃恐。"　[3]风雨无违：不违背风雨天时，不违农时。　[4]三经：指上文的"正彼天植，风雨无违，远近高下"三件事。饬：整饬，整顿，整治。　[5]有国：保有其国，维持统治。　[6]骤：屡次，多次。　[7]牙：通"芽"，萌芽。　[8]图：图谋解决。　[9]穷：穷尽，后果。《版法解》："明君审察事理，慎观终始，为必知其所成，成必知其所用，用必知其所利害。为而不知所成，成而不知所用，用而不知所利害，谓之妄举。妄举者，其事不成，其功不立"，故曰："举所美必观其所终，废所恶必计其所穷。"　[10]庆勉：褒奖勉励。敦敬：敦厚恭敬。显：传扬，表彰。　[11]休：美善，喜庆。　[12]兼爱无遗：普遍相爱无遗漏。前五至前三世纪墨子墨家的政治伦理观，渗透《管子》。　[13]顺教：即训教，教训，指正面教育、教导。　[14]乡风：趋向风化教化。乡，通"向"。　[15]旦暮利之：始终坚持利民策。

取人以己[1]，成事以质[2]。审用财，慎施报，察称量[3]。故用财不可以啬，用力不可以苦。用

> 民本人本思想的贯彻。

财啬则费[4]，用力苦则劳。民不足，令乃辱[5]。民苦殃，令不行。施报不得，祸乃始昌。祸昌不寤[6]，民乃自图[7]。

[注释]
[1]以下几句是说：取用于人比自己，办事成功讲实际。斟酌用财慎施报，明察称量讲分际。君主用财不吝啬，征用民力不可苦。用财吝啬人不顺，用力过苦民劳顿。民众不足令乃辱，民众苦殃令不行。施予报赏不得当，祸乃始昌乱乃起。灾祸始昌君不寤，民众造反乃自图。取人以己：取用于人比自己。即取用于民，设身处地，推己及人，考虑其承受能力。 [2]质：质实，实际，求真务实。 [3]称量：计量轻重多寡的工具，指数量，分量，限度，分寸。 [4]费：通"拂"，违背。 [5]辱：侮辱，懈怠。 [6]寤：醒悟，觉悟。 [7]图：图谋造反，设法造反。唐尹知章注："谋为叛己。"

正法直度[1]，罪杀不赦。杀僇必信，民畏而惧。武威既明，令不再行。顿卒怠倦以辱之[2]，罚罪宥过以惩之，杀僇犯禁以振之。植固不动[3]，倚邪乃恐。倚革邪化，令往民移。法天合德[4]，象地无亲[5]。参于日月，伍于四时[6]。悦众在爱施[7]，有众在废私。召远在修近[8]，闭祸在除怨。修长在乎任贤[9]，安高在乎同利[10]。

[注释]

[1] 以下几句是说：法律公正制度明，罪杀不赦不宽恕。杀戮必信定执行，民众才会有畏惧。武威既明已形成，法令不必再重复。怠倦不勤以困辱，罚罪有过以惩处，杀戮犯禁以震慑。君主意志坚不动，异端邪说乃恐惧。改邪归正有变化，令往民移归法制。效法上天遍施德，模仿大地无偏私。参于日月照大地，不违季节顺四时。取悦民众在施爱，拥有民众在废私。招来远人修近邻，避祸除怨正当时。准备长远在任贤，安高在乎讲同利。 [2] 顿卒：困顿憔悴貌。唐尹知章注："顿卒，犹困苦。其有怠倦不勤，则困苦以辱。" [3] 植固不动：意志坚定，固守不动。唐尹知章注："言执法者必当深植而固守，则不可动移。" [4] 法天合德：效法上天，普遍施德。 [5] 象地无亲：法象大地，没有私亲。 [6] 伍于四时：与四时节气伍配合。 [7] 悦众在爱施：取悦民众在施爱。 [8] 召远在修近：招来远人在修好近人。 [9] 修长：谋求长远大计。 [10] 安高：安定高位。

[点评]

篇名"版法"，指写在木版竹简上的常规常法。"版"，写字用木板竹简。"法"，治理国政的常规常法。唐尹知章题解："选择政要，载之于版，以为常法。"本篇三百一十字，是写在一块板上的法规要点，以当时国君为主体，规定官员必读，要求常看，对照实行。

其中提到国君对民众要"兼爱无遗"，实行"旦暮利之"的利民政策，对民众"用力不可以苦"，警告说："用力苦则劳。民不足，令乃辱。民苦殃，令不行。"要求"悦众在爱施，有众在废私"，推崇"施爱废私"，正确处理人我关系的是非价值观。

其中说"兼爱无遗""旦暮利之""安高在乎同利""修长在乎任贤",渗透墨子"兼爱交利"和"尚贤"的思想,写作时间在战国中期墨学大行之后,稷下哲学大师所为。写作方式,为便诵读,文字凝练,多用排比,文辞押韵。如:"凡将立事,正彼天植,风雨无违,远近高下,各得其嗣。""参于日月,伍于四时,悦众在爱施,有众在废私。""事植治""时施私"押韵。其写作意图、内容和方法,有积极的借鉴意义。

宙 合

左操五音[1]，右执五味[2]。怀绳与准钩[3]，多备规轴[4]，减溜大成[5]。是唯时德之节[6]。春采生[7]，秋采蓏[8]，夏处阴，冬处阳，大贤之德长。明乃哲，哲乃明，奋乃苓[9]，明哲乃大行[10]。毒而无怒[11]，怨而无言，欲而无谋[12]。大揆度仪[13]，若觉卧[14]，若晦明[15]，若敖之在尧也[16]。毋访于佞[17]，毋蓄于谄[18]，毋育于凶[19]，毋监于谗[20]。不正，广其荒[21]。不用其区区[22]。鸟飞，准绳[23]。谞充，末衡[24]，易政利民[25]。毋犯其凶[26]，毋迩其求[27]，而远其忧。高为其居[28]，危颠莫之救。可浅可深，可浮可沈，

前经后解体例。这里是经，详细解释在下文。提纲挈领先列论题，展开论证在下文。

可曲可直，可言可默^[29]。天不一时，地不一利，人不一事。可正而视^[30]，定而履^[31]，深而迹^[32]。夫天地一险一易，若鼓之有桴^[33]，擿挡则击^[34]。天地万物之橐^[35]，宙合有橐天地^[36]。

[**注释**]

[1] 以下几句是说：君操五音协君道，臣持五味协臣道。把握准绳和钩具，规轴大小都备具，全面完备都合适，时机德望相结合，若合符节事功立。春天采摘鲜嫩叶，秋天采摘熟瓜果，夏天人们找阴凉，冬天人们晒太阳。根据时机定取舍，大贤之德长传扬。耳聪目明才圣哲，贤哲通圣才聪明。强盛狂放会衰落，聪明圣哲乃大行。心有厌恶勿动怒，心有怨恨勿吭声，心有企图勿泄谋。大谋略家有仪态，就像卧眠有觉醒，就像暗夜有明察，就像尧子被管控。不要举荐奸佞人，不要畜养谄媚人，不要养育凶险人，谗言勿听谬不经，不走正道大变轻。圣人之德参天地，区区小事勿看重。鸟飞路线有弯曲，大致方向合于中。政治平易民得利，心地充实耳目正。不要陷于凶险地，眼前小利勿看重，不图眼前虑重重。居高自满不谦虚，危险巅峰跌谷中。曲直言默随所宜，深浅沉浮可变通。天不一时利不一，人不一事各有中。你的事业定践履，你的看法要端正。一步一印走下去，你的足迹要端正。天地运行有险易，就像击鼓响叮咚。宇宙橐囊裹天地，万物包容天地中。左，比喻君道。吉尚左，左阳右阴，左君右臣。五音，指宫商角徵羽五种声音。五音协调，合成乐曲音调，比喻多样性统一，君主之道。　[2] 右：比喻臣道。五味：甘、苦、咸、辛、酸五种味道。五味协调，合成美食，比喻多样性统一，为臣

之道。　[3]怀：怀藏，把握。绳：取直工具。绳可定直，扶偏为正。准：取平工具。准可定平，破险为平。唐尹知章注："准必坏旧高峻，而后以为平也。"钩："入枉而出直"，可以进入弯曲而取出直线。唐尹知章注："工人用钩，则就枉取直也。"　[4]规轴：圆规之轴，比喻规度。唐尹知章注："规者正圆器，轴者转规。大小悉须备，故多备。方主严刚，圆主柔和。今用规者，施恩引物也。"　[5]减溜大成：全面完备合适。减，通"咸"。减溜，全面发挥。大成，完备。下文："减、尽也。溜，发也。言偏环毕善，莫不备得，故曰减溜大成。"　[6]时德之节：时机德望相结合，若合符节事必成。时，时机。德，德望、仁德。节，符节，符契。唐尹知章注："德既周，时又审，二者遇会，若合符契，则何功而不成也。"　[7]春采生：春天采食生鲜菜叶。　[8]秋采蓏：秋天采食成熟瓜果。蓏（luǒ）：瓜类植物的果实。　[9]奋乃苓：直译"兴盛就会衰落"，老子叫"正言若反"，现代叫悖论，佯谬，似非而是。寓意"物极必反"，向对立面转化。乃，于是，就。苓，"零"的借字，凋零，衰落。　[10]大行：伟大行为。《荀子·子道》："入孝出弟，人之小行也。上顺下笃，人之中行也。从道不从君，从义不从父，人之大行也。"跟从道义，而不是跟从君父，叫"大行"。　[11]毒而无怒：即使有厌恶，而不要愤怒，克制发怒。毒，厌恶。　[12]欲而无谋：即使有欲望企图，也不要轻谋于人，以免泄露谋略。　[13]大揆度仪：宏大谋划的仪态，深谋远虑的态度。仪，仪态，态度。　[14]觉卧：直译"以觉醒的状态卧眠"。字面上是悖论，"觉醒"和"卧眠"是对立概念，"觉醒"非"卧眠"，"卧眠"非"觉醒"。作者的语言艺术，是用悖论的夸张语句表达，比喻谨慎，戒慎恐惧，在卧眠时保持警觉，觉醒，像睁着眼睛睡觉。觉，警觉，觉醒。卧，睡眠。　[15]若晦明：如在暗夜保持明察，比喻警惕。晦，晦暗，暗夜。明，明察，看明白。　[16]敖之在尧：尧子丹朱受尧管教。比喻戒惧谨慎。唐尹知章注："敖，尧子丹朱，慢而不恭，故曰敖。敖在尧时，虽凡下材，但以圣人在上，贤人在下位，动而履规矩，常自礼法，竟以改邪为明，故宾虞朝，让德群后。《书》曰：'无若丹朱敖。'"　[17]毋访于佞：不要访问举荐奸佞之人。访，访荐。佞，奸邪之人。　[18]毋畜于谄：不要畜养谄佞之人。　[19]毋育于凶：不要养育凶险。　[20]毋监于谗：不要采纳谗言。监，通"鉴"，借鉴，采纳，听从。　[21]不正，广其荒：不走正道大变轻。虽然广大必败亡。荒，败亡。　[22]不用其区区：不干预区区小事。"圣人参于天地"（德配天地），观照万物，虚心广大，区区小事勿看重。　[23]鸟飞，准绳：讨论鸟飞路线的哲理，可以作为品评人物的准绳原则。鸟飞路线，容有曲折，方向正确。下文："苟大意得，不以小缺为伤。故圣人美而著之曰：千里之路，不可扶以绳。万家之都，不可平以准。"此乃品评人物的思维方法。　[24]谫充：疑当作"胸充"，心地充实。下文："心欲忠。"末衡：耳目平正。下文："耳目欲端。"　[25]易政利民：政治平易民得利。　[26]毋犯其凶：不要陷于凶险。　[27]毋迩其求：不要贪恋于眼前物质利益的追求。下文："'毋迩其求'，言上之败，常贪于金玉马女，而吝爱于粟米货财也，厚藉敛于百姓，则万民怼怨。"　[28]高为其居：居高自满。下文："'高为其居。危颠莫之救'，此言尊高满大，而好矜人以丽，主盛处贤，而自予雄也。故盛必失，而雄必败。"唐尹知章注："言君主豪盛，处己以贤，自许以为英雄。予，许也。"　[29]可言可默：可以说就说，不可以说，就保持沉默而不说。　[30]正而视：端正你的看法。而，同"尔"，汝。　[31]定而履：坚定你的步伐。　[32]深而迹：加深你的足迹。比喻做事一丝不苟，一步一个脚印。　[33]椁：当作"桴"，鼓槌。　[34]摛挡：鼓声。　[35]天地万物之橐（tuó）：

天地是包容万物的橐囊。橐，口袋，比喻包容。 [36]宙合有橐天地：宙合又橐囊包裹天地。下文："宙合之意，上通于天之上，下泉于地之下，外出于四海之外，合络天地，以为一裹。"有，读"又"，意同。

"左操五音[1]，右执五味。"此言君臣之分也[2]。君出令佚，故立于左。臣任力劳，故立于右。夫五音不同声而能调，此言君之所出令无妄也[3]，而无所不顺，顺而令行政成。五味不同物而能和，此言臣之所任力无妄也，而无所不得，得而力务财多。故君出令，正其国而无齐其欲[4]，一其爱而无独与是[5]。王施而无私，则海内来宾矣[6]。臣任力，同其忠而无争其利，不失其事而无有其名，分敬而无妒，则夫妇和勉矣。君失音则风律必流[7]，流则乱败。臣离味则百姓不养。百姓不养，则众散亡。君臣各能其分，则国宁矣，故名之曰不德[8]。

[注释]

[1]以下几句是说：君操五音协君道，臣持五味协臣道。君主发令安逸，所以位在左。臣下用力劳顿，所以位在右。五音不同声调，而能协调。这是比喻君主发令不离章法，从而无所

不顺。无所不顺，则法令推行，政事成功。五味不同物而能调和。这是比喻臣下用力不离章法，从而无所不得。无所不得，则力竭财多。所以君主发令，规范国政而不为满足私欲。跟民众爱恶一致，而不独行其是。君王施德而无私，则四海来归。臣下用力，同尽忠心，而不争私利。谨守本职，而不取虚名。敬事本职，而无所嫉妒，则男女夫妇和谐共勉。君主五音失调，则音律荡散。音律荡散，则国乱政败。臣下五味失调，则百姓无法供养。百姓无法供养，则众人离散逃亡。君臣各能胜任本分，则国家安宁，所以称之为大德。　[2]分：本分。　[3]妄：妄为，不合法，无章法。　[4]齐：通"济"。　[5]一其爱而无独与是：君主爱恶跟人民一致，而不独行其是。　[6]宾：宾服，归顺。　[7]失音：五音失去协调。　[8]不德，即大德。不，通"丕"。

"怀绳与准钩[1]，多备规轴，减溜大成，是唯时德之节。"夫绳扶拨以为正，准坏险以为平，钩入枉而出直，此言圣君贤佐之制举也[2]，博而不失[3]，因以备能而无遗。国犹是国也，民犹是民也，桀、纣以乱亡，汤、武以治昌。章道以教[4]，明法以期[5]，民之兴善也如此，汤、武之功是也。多备规轴者，成轴也。夫成轴之多也，其处大也不窕[6]，其入小也不塞[7]，犹迹求履之宪也[8]，夫焉有不适善？适善备也，僃也[9]，是

运用求异法科学归纳推理，探求因果联系。

以无乏。故谕教者取辟焉[10]。天淯养，无计量，地化生，无泮崖[11]。所谓是而无非，非而无是，是非有必交来[12]。苟信是，以有不可先规之[13]，必有不可识虑之[14]，然将卒而不戒[15]。故圣人博闻多见[16]，畜道以待物[17]，物至而对形[18]，曲均存矣[19]。减，尽也。溜，发也。言偏环毕善[20]，莫不备得，故曰减溜大成。成功之术，必有巨获[21]。必周于德，审于时。时德之遇，事之会也，若合符然。故曰："是唯时德之节。"

[注释]

[1] 以下几句是说：把握准绳和钩具，规轴大小都备具，全面完备都合适，时机德望相结合，若合符节事成立。绳可扶偏以为正，准可破险以为平，钩可入曲而取直。圣君贤相立法制，法度详备无遗失。国家还是那国家，人民还是那人民，在于桀纣以乱亡，在于汤武以治昌。彰明道理以相教，明确法规以相期。民众兴善如风化，彰道明法汤武功。所谓多备规轴，指的是成轴。成轴各种型号规格繁多，放在大处不松动，放在小处不堵塞，就像按照各种足迹做成鞋楦子，怎么能有不合适？很合适，在于很完备，因为各种型号规格齐备，变换使用，所以不会缺乏。宣传教育工作者可由此取譬，启迪借鉴。天养育万物，无法计量。地造化万物，没有边际。所谓"是"就不是"非"，"非"就不是"是"，"是非"又必同时存在。如果确认某一事物为"是"（正确），必有"不可"（非，错误）先被规定确立，必有"不可"被辨识

考虑,然而将往往仓促而无戒备。所以圣人见多识广,增加知识,储备道术认知(规律性认识,哲学原理),以等待事物出现,运用已知原理,核对型号规范,必有弯曲均平(差异同一,多样统一,异同)并存。"减"的意思是"尽"(全面),"溜"的意思是"发"(发展)。说的是部分(局部,偏)和整体(全局,环)都妥善(得宜,合适)。所以说全面发展集大成,完备无缺好应用。成功之术,必有规矩法度。必周遍修德,审时度势,时机跟德望相结合,就是成就大事的好机会,就像符契相合一样。所以说时机德望相结合,若合符节事必成。　　[2]制举:即举制,建立法制。　　[3]博而不失:法度详备无遗失。　　[4]章道以教:彰明道理以相教。章,同"彰"。　　[5]明法以期:明确法规以相期。期,期会,期遇,要求。　　[6]窕(tiǎo):细而不满,宽。细,未充满,有空隙,以小居大。《广雅》:"窕,宽也。"《左传》杜预注:"窕,细不满也。"《吕氏春秋》高诱注:"窕,不满密。"　　[7]塞:大而堵塞。以大入小。　　[8]犹迹求履之宪:就像根据足迹制备鞋楦子。宪,通"楥(xuàn)",同"楦"。《说文》:"楥,履法也。"做鞋用木制模型,用来使所做的鞋合脚型。　　[9]僊:同"遷",即迁,变化。　　[10]辟:同"譬"。　　[11]泮崖:即畔崖,边际。泮,读"畔"。　　[12]交:并,俱。　　[13]以有不可先规之:是因为有"不可"(非,错误)先被规定确立。　　[14]必有不可识虑之:必有"不可"(非,错误)被辨识考虑。　　[15]然将卒而不戒:然而将往往仓促而无戒备。卒,通"猝",仓促。戒,戒备,准备。　　[16]博闻多见:见多识广,增加知识储备。　　[17]畜道以待物:储备道术认知(规律性认识,哲学原理)以待物出现时应用。　　[18]物至而对形:事物出现,运用已知原理,核对形式规范。　　[19]曲均存:弯曲均平(差异同一,多样统一,异同)的道理存在。　　[20]偏环毕善:部分(局部,偏)和整体(全局,环)都妥善(得宜,合适)。 [21]必有巨蒦(yuē):必有规矩法度。屈原《离骚》:"求巨蒦之所同。"王逸注:"巨,法也。蒦,度也。"

"春采生[1],秋采蓏,夏处阴,冬处阳。"此言圣人之动静、开阖、诎信、浧儒、取与之必因于时也[2]。时则动,不时则静。是以古之士有意而未可阳也[3],故愁其治言[4],阴愁而藏之也[5]。贤人之处乱世也,知道之不可行,则沈抑以辟罚[6],静默以侔免,譬之也犹夏之就清[7],冬之就温焉,可以无及于寒暑之菑矣[8]。非为畏死而不忠也。夫强言以为僇,而功泽不加,进伤为人君严之义,退害为人臣者之生,其为不利弥甚。故退身不舍端[9],休业不息版[10],以待清明。故微子不与于纣之难[11],而封于宋,以为殷主,先祖不灭,后世不绝。故曰大贤之德长。

因时而动,与时俱进。

[注释]

[1]以下几句是说:春天采摘生嫩叶,秋天采摘熟果实,夏天人们找阴凉,冬天人们晒太阳。这是说圣人动静开合,屈伸取予,必定因时制宜。合于时则动,不合于时则止。所以,古代贤士有图谋而不可宣扬,所以收敛其治世言论,暗中收敛而

隐藏。贤人处乱世,知治世之道不可行,则沉抑以避罚,静默以免祸。譬如夏天就清凉,冬天就温暖,可以不陷于寒暑之灾。不是怕死而不忠。强言进谏被杀戮,功劳恩泽不加厚,往上说伤害人君尊严的义理,往下说伤害人臣的生命,其为不利太严重。所以退身下野不舍弃记事笏版,解职退休继续写版,以等待政治清明好形势。所以微子不参与纣王之难,而受封于宋国,充当殷遗民的首领,祖先不被湮灭,后世不断绝。所以说大贤之德长传扬。 [2]因于时:因时制宜,以时而动,把握时机,与时随化。开阖:开合。诎信:同"屈伸"。涅儒:盈缩。 [3]古之士有意而未可阳:古代贤士有图谋而不可宣扬。阳,同"扬",宣扬。 [4]愁:通"揫",收敛。 [5]阴愁:暗中收敛。 [6]辟:同"避"。 [7]清(qìng):凉。 [8]菑(zī):同"灾"。 [9]退身不舍端:退职不舍弃记事笏版。"端"读为"专",记事手板。《说文》:"专,六寸簿也。"清段玉裁注:"六寸簿,盖笏也。"《释名》:"笏,忽也。君有命则书其上,备忽忘也。"徐广注:"古者贵贱皆执笏,即今手版也。"《左传》杜预注:"玉笏也,若今吏之持簿。"《蜀志》"以簿击颊",裴松之注:"簿,手板也。" [10]休业不息版:停职继续写版。版,写字用竹简木牍。单称叫版,编连成册叫簿。 [11]微子启是商纣王庶兄,数次谏劝纣王不听,于是离国。周灭商,称臣于周,周公杀纣子武庚,命微子率殷族,封于宋,是宋国始祖。本段称颂微子,以他为"因时而动",灵活变通的典型。

留有余地,讲究分寸。

"明乃哲[1],哲乃明,奋乃苓[2],明哲乃大行。"此言擅美主盛自奋也,以琅汤凌轹人[3],人之败也常自此。是故圣人著之简笅[4],传以告后进曰："奋,盛。苓,落也。盛而不落者,未之有也。"故有道者不平其称[5],不满其量,不依其乐[6],不致其度[7]。爵尊则肃士[8],禄丰则务施[9],功大而不伐[10],业明而不矜。夫名实之相怨久矣,是故绝而无交[11]。惠者知其不可两守[12],乃取一焉,故安而无忧。

[注释]

[1]以下几句是说:耳聪目明才圣哲,贤哲通圣才聪明,强盛狂放会衰落,聪明圣哲乃大行。这是说独擅其美,自恃其盛,自奋其能,以放荡欺凌人,人的失败常从这里开始。所以圣人写在书里,传给后学:"奋是兴盛,苓是衰落。只兴盛而不衰落,从来没有。"所以有道者,不把自己的分量说得过满,不高兴过头,气度不盛到极点。爵位尊则敬贤士,俸禄厚则务施舍,功劳大而不自夸,事业盛而不骄傲。名称与实际互相矛盾由来已久,互相排斥,不能兼有。智慧者知道不能两者兼备,于是只取其一,弃名取实,所以才安定无忧。 [2]苓:通"零",零落。 [3]琅汤凌轹:放荡欺凌。琅汤,即"浪荡"。 [4]笑:同"策"。 [5]不平其称:不满其秤,不把自己的分量说得过满。称,同"秤"。 [6]不依其乐:不高兴过度,沾沾自喜。依,读"殷",盛大。 [7]不致其度:气度不要过满。致,同"至"。 [8]爵尊则肃士:爵位尊则敬贤士。肃,恭敬。 [9]禄丰则务施:禄丰厚则务施舍。 [10]功大而不伐:功劳大而不自夸。伐,夸耀。 [11]绝而无交:互相拒绝而不并有,势不两立。交,兼、并、俱。 [12]惠:通"慧"。

"毒而无怒[1]。"此言止忿速济也[2]。"怨而无言。"言不可不慎也。言不周密，反伤其身。故曰："欲而无谋。"言谋不可以泄，谋泄菑极。夫行忿速遂，没法贼发[3]。言轻谋泄，菑必及于身。故曰："毒而无怒，怨而无言，欲而无谋。"

[注释]

[1]"毒而无怒（心有厌恶勿动怒）。"这是说抑制忿怒能速成其事。"怨而无言（心有怨恨勿吭声）。"说的是不可不谨慎。言语不周密，反伤自身。"欲而无谋（心有企图勿泄谋）。"说的是谋略不可以泄露，谋略泄露灾来到。若是用激发忿怒的办法速成其事，用株连处死的法律发捕盗贼；言语轻率，谋略泄露，灾祸必累及自身。所以说："心有厌恶勿动怒，心有怨恨勿吭声，心有企图勿泄谋。"　[2]止忿速济：抑制忿怒能速成其事。　[3]没法贼发：用严酷的没命之法，发现缉捕盗贼。"没法"，没命之法。指隐藏盗贼的人没命的法律。《汉书·酷吏传》应劭注："敢匿盗贼者，没其命也。"

"大揆度仪[1]，若觉卧，若晦明。"言渊色以自诘也[2]，静默以审虑，依贤才，用仁良，既明通于可不利害之理，犹发蒙也[3]。故曰："若觉卧，若晦明，若敖之在尧也[4]。"

[注释]

[1]"大揆度仪,若觉卧,若晦明(大谋略家有仪态,就像卧眠有觉醒,就像暗夜有明察)。"说的是深沉以自我诘问,静默以深思熟虑,依从贤才,任用仁良,明通可否利害之理,犹如发蒙。所以说:"就像卧眠有觉醒,就像暗夜有明察,就像敖被尧管控。" [2]渊色以自诘:深沉以自我诘问。 [3]发蒙:启发蒙昧。 [4]敖:尧的儿子。

"毋访于佞[1]。"言毋用佞人也,用佞人则私多行。"毋蓄于谄。"言毋听谄,听谄则欺上。"毋育于凶。"言毋使暴,使暴则伤民。"毋监于谗。"言毋听谗,听谗则失士。夫行私、欺上、伤民、失士,此四者用[2],所以害君义失正也[3]。夫为君上者,既失其义正,而倚以为名誉。为臣者,不忠而邪以趋爵禄,乱俗败世以偷安怀乐[4],虽广其威可损也。故曰:"不正,广其荒。"是以古之人,阻其路[5],塞其遂[6],守而勿循。故著之简笑,传以告后世人曰:"其为怨也深,是以威尽焉。"

[注释]

[1]"毋访于佞(不要举荐奸佞人)",说的是不用奸佞人。若是使用奸佞人,私心必行多无穷。"毋蓄于谄(不要畜养谄媚

人）",说的是不可听从谄媚人,听从谄媚则欺上。"毋育于凶（不要养育凶险人）",说的是不要施暴行,施加暴行伤民众。"毋鉴于谗（谗言勿听谬不经）",说的是不要听信谗言,听信谗言则失士。私心必行多无穷；听从谄媚则欺上；施加暴行伤民众；听信谗言则失士：四者一旦被采用,危害君主失正义。作为君上失正义,沽名钓誉没德行。作为臣下,为国不忠走邪道,乱俗败世趋爵禄。苟且偷安怀其乐,虽广其威必可损。所以说："不正,广其荒（不走正道大变轻,虽然广大必败亡）。"所以,古先圣贤阻其道路塞其隧,严守正道勿循行。所以著之简策写在书,流传后世告后人："其为怨也深,是以威尽焉（造怨深重威将尽）。" [2]用：采用,施行,通行。 [3]害君义失正：危害君主,失去正义。 [4]乱俗败世：祸乱风俗,败坏世道。 [5]阻其路：阻断其道路。 [6]塞其遂：堵塞其通道。遂,同"隧"。

"不用其区区"者[1],虚也[2]。人而无长焉[3],故曰虚也。凡坚解而不动[4],㟅隁而不行[5],其于时必失,失则废而不济。天植之正而不谬[6],不可贤也。植而无能,不可善也。所贤美于圣人者,以其与变随化也[7]。渊泉而不尽,微约而流施。是以德之流润泽均加于万物。故曰："圣人参于天地[8]。"

[注释]

[1]"不用其区区（区区小事勿看重）。"说的是人君虚静之道。

人生没有久不变，虚静待物随自化。脑瓜冥顽不灵活，到处设限不许行，失去时机谬不经，失时废事不成功。心地正直而不谬，不可称贤有心胸。心地正直而无能，虚心不可称美圣。圣人被人誉贤美，与变随化是圣经。渊泉不尽永不竭，微约流施无止境。恩德流润泽均施，加于万物效无穷。所以说："圣人参于天地（圣人之德配天地）。" [2]虚：虚静。《心术上》说是"虚道"，虚静无为之道。 [3]人而无长：人无长久不变之道。 [4]坚解：坚结，坚硬。 [5]陼隄：堵堤，墙和堤坝。 [6]天植：指心。《版法》："天植者，心也。" [7]与变随化：人随事物变化而变化，与时俱进。 [8]参：比照，比配。

"鸟飞[1]，准绳。"此言大人之义也。夫鸟之飞也，必还山集谷。不还山则困，不集谷则死。山与谷之处也，不必正直，而还山集谷，曲则曲矣，而名绳焉[2]。以为鸟起于北，意南而至于南。起于南，意北而至于北。苟大意得，不以小缺为伤。故圣人美而著之曰[3]："千里之路，不可扶以绳。万家之都，不可平以准。言大人之行，不必以先常[4]，义立之谓贤。"故为上者之论其下也，不可以失此术也。

[注释]
[1]"鸟飞，准绳（鸟飞路线有弯曲，大致方向合准绳）。"这

是说大人的义理。鸟飞必然返还山上，会集山谷。不还山则疲困，不集谷则死亡。山谷之地，不必平正笔直，而还山集谷的路线，虽有曲折，而大方向是直。因为鸟从北方起飞，想到南方，就到南方。从南方飞起，想到北方，就到北方。如果大意对头，小缺无伤。所以圣人赞美鸟飞路线合乎准绳，写在书里说："千里之路，不用绳扶直。万家都城，不用准具取平。大人之行，不必拘泥先例常规，立义为贤。"所以上级考论下级，不能丢掉这个方法。　[2]绳：直。　[3]美而著之：认为美而写在著作里。唐尹知章注："美鸟飞之事，著之简策。"　[4]不必以先常：不必拘泥于先例常规。

"谗充[1]。"言心也，心欲忠。"末衡。"言耳目也，耳目欲端。中正者，治之本也。耳司听，听必顺闻[2]。闻审谓之聪。目司视，视必顺见。见察谓之明。心司虑，虑必顺言，言得谓之知[3]。聪明以知则博[4]，博而不惛，所以易政也。政易民利。利乃劝，劝则吉。听不审不聪，不审不聪则缪。视不察不明，不察不明则过。虑不得不知，不得不知则昏。缪过以昏则忧，忧则所以伎苟[5]，伎苟所以险政，政险民害，害乃怨，怨则凶。故曰："谗充，末衡。"言易政利民也。

[注释]

[1]"谨充(心地充实)。"说的是心,心求忠。"末衡(耳目正)。"说的是耳目,耳目求正。忠正是治理之本。耳管听,听必顺闻。听闻精审叫聪。目管看,看必顺见。清楚看见叫明。心管思虑,思虑必顺利言表,言表得宜叫智。聪明智慧则专精,专而不昏政安平。政治安平民得利,得利劝勉有吉庆。听闻不审叫不聪,不审不聪谬误生。视物不察叫不明,不察不明过错生。思虑不得叫不智,不得不智昏乱生。谬误昏乱生忧虑,忧虑忮苛生险政,政险民害生怨凶。所以说:"谨充(心地充实),末衡(耳目正)。"说的是"易政利民(政治安平利民生)。" [2]顺:顺利,通顺。 [3]知:同"智"。 [4]博:疑是"抟"字,同"专"。 [5]忮苛:嫉妒苛刻。忮,"忮"的借字,忌恨。

"毋犯其凶[1]。"言中正以蓄慎也[2]。"毋迩其求。"言上之败,常贪于金玉马女,而吝爱于粟米货财也。厚藉敛于百姓,则万民怼怨[3]。"远其忧。"言上之亡其国也。常迩其乐[4],立优美[5],而外淫于驰骋田猎,内纵于美色淫声,下乃解怠惰失[6],百吏皆失其端,则烦乱以亡其国家矣。"高为其居,危颠莫之救。"此言尊高满大而好矜人以丽,主盛处贤而自予雄也。故盛必失而雄必败。夫上既主盛处贤,以操士民,国家烦乱,万民心怨,此其必亡也。犹自万仞之山,播而入深

物极必反的辩证法。

渊，其死而不振也必矣。故曰："毋迩其求，而远其忧，高为其居，危颠莫之救也。"

[注释]

[1]"毋犯其凶（不要陷于凶险地）。"说的是忠正以保持谨慎。"毋迩其求（眼前小利勿看重）。"说的是君上的败亡，常因贪恋金玉马女，而不爱惜粟米货财。横征暴敛于百姓，则万民怨恨。"远其忧（远忧虑：不图眼前虑重重）。"说的是君上的亡国，经常沉溺享乐，设置倡优美女，外则沉溺于驰骋田猎，内则放纵于美色淫声，臣下懈怠懒惰安逸，百官都失其正，则烦乱以亡其国。"高为其居，危颠莫之救（居高自满不谦虚，危险巅峰跌谷中）。"这是说身居高位，自满自大，而好自我炫耀。自认其盛，自处其贤，而自封为英雄。所以其盛必失，其雄必败。君上既然自认其盛，自处其贤，以管理士民，国家烦乱，万民心怨，这是其必亡的原因。犹如从万仞山巅，堕入深渊，死而不振是必然。所以说："毋迩其求，而远其忧，高为其居，危颠莫之救也（眼前小利勿看重，不图眼前虑重重。居高自满不谦虚，危险巅峰跌谷中）。 [2]蓄慎：保持谨慎。 [3]怼怨：怨恨。 [4]迩其乐：近于享乐，沉溺于享乐。 [5]立优美：设倡优美女，供奢侈享乐。 [6]失，通"佚"。

"可浅可深[1]，可沈可浮，可曲可直，可言可默。"此言指意要功之谓也[2]。"天不一时，地不一利，人不一事。"是以著业不得不多分[3]，名位不得不殊方。明者察于事，故不官于物[4]，而旁通于道。道也者，通乎无上，详乎无穷，运乎诸生。是故辩于一言，察于一治[5]，攻于一事者，可以曲说[6]，而不可以广举[7]。圣人由此知言之不可兼也，故博为之治，而计其意。知事之不可兼也，故名为之说[8]，而况其功[9]。岁有春秋冬夏，月有上下中旬，日有朝暮，夜有昏晨，半星辰序[10]，各有其司，故曰："天不一时。"山陵岑岩[11]，渊泉闳流，泉逾瀷而不尽[12]，薄承瀷而不满[13]。高下肥垿[14]，物有所宜，故曰："地不一利。"乡有俗，国有法，食饮不同味，衣服异采，世用器械，规矩绳准，称量数度，品有所成，故曰："人不一事。"此各事之仪[15]，其详不可尽也。

[注释]

[1]"可浅可深，可沈可浮，可曲可直，可言可默（曲直言默随所宜，深浅沉浮可变通）。"这是说选择最佳主意，求取最佳效果。"天不一时，地不一利，人不一事（天不一时利不一，人不一事各有中）。"所以事业不能不分为多种，名位不能不分为多样。明智者审察事物，不专注一物，而旁通于大道。道，通达于无上高远，详审于无穷事物，运用于各种生命。所以专辩于一言，专察于一辞，专攻于一事的人，可以片面说理，而不能广泛列举。

圣人由此看到，一言不能兼顾全面，所以博为说辞，而比较其意图。圣人一事不能兼容全面，所以多为解说，比较功效。年有春秋冬夏四季，月有上下中三旬，日有早晚，夜有昏晨，中星辰序，各有其主。所以说："天不一时（天不是只有一个时辰）。"山陵岩石，渊泉洪流，支流小河无尽数，湖泊承水流不满。地有高下肥瘠，物品各有所宜。所以说："地不一利（土地不是只有一种物利）。"乡有习俗国有法，饮食各有不同味，衣服异世用器械，规矩准绳称量度，各有所成数不清。所以说："人不一事（人不是只有一件事）。"这是说各种事物，都有其所宜，详细内容说无穷。　[2]指意：选择意图。指（jì），同"计"，选择。要功：谋求功效。　[3]不多分：原作"不多人之"，据文义校改。　[4]官：专，主。　[5]治：同"辞"。　[6]曲说：片面学说。曲，部分，局部，片面，一面。　[7]广举：广泛列举。　[8]名：疑为"多"之误。　[9]况：比较。　[10]半星：中星。居天中的星。　[11]岑岩：山地。　[12]瀷：支流，小河。　[13]薄：同"泊"，浅水。　[14]垚：同"硗"，土壤坚硬贫瘠。　[15]仪：通"宜"。

"可正而视[1]。"言察美恶，别良苦[2]，不可以不审。操分不杂，故政治不悔[3]。"定而履。"言处其位，行其路，为其事，则民守其职而不乱，故葆统而好终。"深而迹。"言明墨章书，道德有常[4]，则后世人人修理而不迷，故名声不息。

[注释]

[1]"可正而视（你的看法要端正）。"说的是分清美丑，区别优劣，必须审慎。把握区分不混淆，政治治理无灾祸。"定而履（你的事业定践履）。"说的是在其位，走其路，做其事，则民众守职而不乱，确保国统而善终。"深而迹（一步一印走下去，你的足迹要端正）。"说的是光明磊落，像木工明确绳墨尺寸，显明地写出来，道德修养有素，则后代人人讲求道理而不迷惑，所以名声长久传扬。书，著，撰写。　[2]别良苦：区别优劣。　[3]悔：灾祸。　[4]常：经常，素常，素养。

"夫天地一险一易[1]，若鼓之有桴，摘挡则击。"言苟有唱之，必有和之，和之不差，因以尽天地之道。景不为曲物直[2]，响不为恶声美。是以圣人明乎物之性者[3]，必以其类来也[4]。故君子绳绳乎慎其所先[5]。

鉴往察来，温故知新。

[注释]

[1]"夫天地一险一易，若鼓之有桴，摘挡则击（天地运行有险易，就像击鼓响叮咚）。"说的是如有所唱，必有所和，所和不差，因为都合天地的规律。影子不可能替弯曲的物体表现为笔直，回响不可能替粗恶之声表现得更美。所以圣人明察事物的过去，必是以其类推未来。所以君子戒惧谨慎地行其所先导。　[2]景：通"影"。　[3]性：依文义应为"往"。　[4]类来：类推未来，预测未来。　[5]绳绳乎慎其所先：戒惧谨慎地实行其所先导。绳绳，戒慎貌。唐尹知章注："绳绳，戒慎。"先，先导，示范。

"天地[1]，万物之橐也。宙合有橐天地。"天地苴万物[2]，故曰"万物之橐"。"宙合"之意，上通于天之上，下泉于地之下，外出于四海之外，合络天地，以为一裹。散之至于无间[3]，不可名而出，是大之无外，小之无内，故曰"有橐天地"。其义不传，一典品之，不极一薄，然而典品无治也[4]。多内则富[5]，时出则当。而圣人之道，贵富以当。奚谓"当"？本乎无妄之治，运乎无方之事，应变不失之谓"当"。变无不至，无有应当[6]，本错不敢忿[7]。故言而名之曰"宙合"。

[注释]

[1] "天地，万物之橐也。宙合有橐天地（宇宙橐囊裹天地，万物包容天地中）。"天地包容万物，所以叫"万物的橐囊"。"宇宙"之意，上通于天空之上，下深于地泉之下，外出于四海之外，合笼天地，成为一个包裹。宇宙散开，可渗透到无间隙的无穷小之物，说不出其名字，是大到没什么在其外，小到没什么在其内，所以说"宇宙又包容天地"。"宇宙"之意不传，一旦整理出来，还写不满一块木板（《宙合》经文部分字数少，二百余字），然而还无人整理。概括多则宏富，及时发表则恰当。圣人之道，重视宏富和恰当。试问"恰当"是何意：本之于无妄之词，运用在无固定范围之事，顺应变化，而不失误，这个就叫作"恰当"。事物变化无不至，"宇宙"之意无不当，本末始终不离此，说出名

字叫"宇宙"。　[2]苴(jū)：包裹，包容。　[3]无间：无间隙。指无孔不入。可入于无间隙，无穷小（"小之无内"）之物。　[4]一典品之，不极一薄，然而典品无治："宇宙"之意，一旦整理，还写不满一块木板（《宙合》经文部分字数少，二百多字），然而还无人整理。　[5]内：同"纳"。　[6]无有应当：疑"无"下脱"不"字。　[7]本错：疑为"本镖"，即"本剽"，意为始末。忩："分心"二字误合为一字。

[点评]

　　本篇是齐国管仲学派哲学大师精彩的演讲词，讲解哲学宇宙观方法论，是《管子》全部议论最深刻的精神基础和思维依据。第一段是全篇的内容提要、关键词、关键命题，以下各段娓娓道来，仔细展开，发挥篇首的提要、关键词和关键命题。

　　本篇篇章架构是"前经后解"。前有"经"文二百多字，是全文纲领。后文分十三个纲目，相当于二级标题。一级标题是"宙合"即宇宙，后面是对这份纲领的详细解读、论证和发挥。

　　篇中语句，凝聚无数事例的经验教训，升华为凝练隽永的名言警句，值得咀嚼品味。如："有道者不平其秤，不满其量，不依其乐，不致其度"：有道者不把自己分量说得过满，不高兴过头，气度不盛到极点。"盛必失而雄必败"：壮盛极点必失落，雄强极点必衰败。认知规律务谨慎，胸怀宙合气不衰。

枢 言

枢言就是关键言，关键之言哲理深。揭示哲理讲悖论，似非而是惊世人。

管子曰[1]："道之在天者，日也。其在人者，心也。"故曰：有气则生，无气则死，生者以其气。有名则治，无名则乱，治者以其名。枢言曰：爱之，利之，益之，安之，四者道之出。帝王者用之，而天下治矣。帝王者审所先所后。先民与地则得矣，先贵与骄则失矣。是故先王慎所先所后。

[注释]

[1]管子说："道在天上像太阳，道在人体像心脏。"所以说，有气则有生，无气则死亡，生者靠其气。有名分则治理，无名分则混乱，治理靠其名分。《枢言》说：爱民，利民，有益于民，安民，四者都从道中出，帝王用之天下治，帝王精审事先后：先民重农得成功，先贵与骄必失败。所以先王慎先后。

人主不可以不慎贵[1]，不可以不慎民，不可以不慎富。慎贵在举贤，慎民在置官，慎富在务地。故人主之卑尊轻重在此三者，不可不慎。国有宝，有器，有用。城郭、险阻、蓄藏，宝也。圣智，器也。珠玉，末用也。先王重其宝器而轻其用，故能为天下。

[注释]

[1]以下几句是说：君主不能不慎贵，不能不慎民，不能不慎富。慎贵在于举贤人，慎民在于安置官，慎富在于种好地。所以，尊卑轻重在此三，君主不可不谨慎。国有宝贝有器用，城墙险阻储藏是宝贝，圣明智谋叫作器，珍珠玉器为末用。重其宝器轻末用，先王故能治天下。

生而不死者二[1]。亡而不立者四：喜也者，怒也者，恶也者，欲也者，天下之败也，而贤者寡之。为善者[2]，非善也，故善无以为也，故先王贵善。王主积于民，霸主积于将战士，衰主积于贵人，亡主积于妇女珠玉，故先王慎其所积。疾之疾之[3]，万物之师也[4]。为之为之，万物之时也。强之强之，万物之指也[5]。

[注释]

[1]以下几句是说:生存而不死灭,依靠两个因素(气和名分)。国亡而立的因素有四个:喜、怒、恶、欲,四者可导致天下败亡,但贤者不具有。伪善不是善,所以善无法造假,所以先王以善为贵。能称王的君主积聚人民,能称霸的君主积聚将军战士,衰败的君主积聚贵族,亡国的君主积聚妇女珠玉,所以先王谨慎对待其所积聚。快做,快做!万物师法。做吧,做吧!万物有时。强力,强力!万物宗旨。生而不死者二:指上文的"气"和"名"。 [2]为:通"伪",虚假。 [3]疾:快速,急速,急切从事。 [4]师:老师,效法榜样。 [5]指:同"旨"。

凡国有三制[1]:有制人者;有为人之所制者;有不能制人,人亦不能制者。何以知其然?德盛义尊,而不好加名于人[2]。人众兵强,而不以其国造难生患。天下有大事,而好以其国后[3]:如此者,制人者也。德不盛,义不尊,而好加名于人。人不众,兵不强,而好以其国造难生患。恃与国[4],幸名利:如此者,人之所制也。人进亦进,人退亦退,人劳亦劳,人佚亦佚,进退劳佚,与人相胥[5]:如此者,不能制人,人亦不能制也。

[注释]

[1]以下几句是说:举凡一国,有三种控制情况:有控制人者;

有被人控制者；有不能控制人，别人也不能控制者。何以知其如此？德盛义高，而不好把名位强加于他人之前。人众兵强，而不用本国实力制造患难。天下有大事变，而喜欢把本国名位放到别国之后：这样的国家，是控制人者。德不盛，义不高，而好把名位强加于他人之前；人不多，兵不强，而好用本国实力制造患难。依靠盟国，偷取名利：这样的国家，是被人控制者。人进也进，人退也退，人劳也劳，人逸也逸，进退劳逸，看人行事：这样的国家，是不能控制人，别人也不能控制者。　[2]加名于人：把本人名位加到别人之前。　[3]以其国后：把本国名位放到别国之后。　[4]与国：党与之国，盟国，友邦。　[5]与人相胥：看人行事。胥，看，观察。唐尹知章注："胥，视也，常视人与之俱进退劳佚也。"

　　爱人甚[1]，而不能利也。憎人甚，而不能害也。故先王贵当，贵周[2]。周者，不出于口，不见于色。一龙一蛇，一日五化之谓周。故先王不以一过二[3]，先王不独举[4]，不擅功[5]。先王不约束[6]，不结纽[7]。约束则解，结纽则绝。故亲不在约束结纽。先王不货交[8]，不列地[9]，以为天下。天下不可改也，而可以鞭箠使也[10]。时也义也，曲为之也[11]。余目不明，余耳不聪，是以能继天子之容，官职亦然。时者得天，义者得人。既时且义，故能得天与人。先王不以勇猛为边竟[12]，则边竟安。边竟安，则邻国亲。邻国亲,则举当矣。人故相憎也。人之心悍,故为之法。法出于礼,礼出于治。治、礼,道也。万物待治,礼而后定。

[注释]

[1]以下几句是说:爱人过头,反对其不利。恨人过头,反对其不能加害。所以先王重视恰当周密。所谓机密,就是不说出口,不形于色。就像龙蛇,一天五变,无人察觉,就叫周密。所以先王不把一说成超过二,先王不独自包办,不独居功劳。先王不打捆,不结扣。打捆则被解开,结扣则被断绝。所以亲密不在打捆结扣。先王治天下,不用财货贿买邦交,不用割让土地求取结交。天下秩序不可轻改,而可用马鞭驱使。合于天时,合于大义,都要做。多余视力不看,多余耳力不听,所以能保持天子的盛容,官职也如此。合时机者得天,有仁义者得人。既合时机,又有仁义,所以能得天和人。先王不用勇猛作为边境政策,则边境安定。边境安定,则邻国亲善。邻国亲善,则举事得当。人本互相憎恶。人心凶悍,所以颁布法律。法出于礼,礼出于言辞。言辞和礼合于道。万物依赖言辞表,礼而后定有条理。　[2]周:谋划周密莫测。唐尹知章注:"深密不测,则周也。"　[3]以一过二:把一说成超过二。唐尹知章注:"以少喻多,众所惊也。"　[4]独举:独自包办。　[5]擅功:独擅其功,独占功劳。　[6]约束:缠结成捆。比喻结盟结党。　[7]结纽:结成绳扣。比喻结盟结党。　[8]货交:用财货结交,贿买邦交。　[9]列地:割地结交,割让土地,求取结交。列,通"裂"。　[10]鞭箠使:用马鞭驱使。鞭箠,马鞭。　[11]曲:尽,全。　[12]竟:同"境"。

凡万物阴阳两生而参视[1]，先王因其参，而慎所入所出。以卑为卑，卑不可得；以尊为尊，尊不可得，桀、舜是也。先王之所以最重也，得之必生，失之必死者，何也？唯粟。得之，尧、舜、禹、汤、文、武、孝己[2]，斯待以成，天下必待以生。故先王重之。一日不食，比岁歉。三日不食，比岁饥。五日不食，比岁荒。七日不食，无国土。十日不食，无畴类[3]，尽死矣。先王贵诚信。诚信者，天下之结也[4]。贤大夫不恃宗室，士不恃外权[5]。坦坦之利不以功[6]，坦坦之备不为用。故存国家，定社稷，在卒谋之间耳[7]。

[注释]

[1]以下几句是说：凡万物都是由阴阳两面化生而存在的第三个事物，先王就是根据这第三个事物，而谨慎其所出入的正反两面。以卑下为卑下，卑下不可得。以尊贵为尊贵，尊贵不可得。尊贵卑下相互比较，才能识别真相，例如识别桀与舜，就是这样。这是先王之所以最重视相反相成道理的原因。得之必生，失之必死者是什么？唯有粮食。得到粮食，尧、舜、禹、汤、文、武和孝己，才赖以成功，天下人必依靠它成活。一天断食，等于过歉收年。三天断食，等于过饥年。五天断食，等于过荒年。七天断食，国土不保。十天断食，同类皆无，全都死光。先王重视诚信。有诚信，天下才能结好。贤大夫不依靠宗室门第，士

人不依靠别国同盟。平平小利不为功,平平小富不为用。所以存国家,定社稷,就在仓促筹谋之中。参,同"叁",三。视,生存。 [2]孝己:殷高宗太子,以孝闻名。 [3]畴类:同类。畴,通"俦"。 [4]结:结交,结好。唐尹知章注:"信诚者,所以结固天下之心也。" [5]不恃外权:不依靠外部同盟。 [6]坦坦:平平,平常。 [7]卒谋:仓促筹谋。

圣人用其心[1],沌沌乎博而圜[2],豚豚乎莫得其门[3],纷纷乎若乱丝,遗遗乎若有从治[4]。故曰,欲知者知之,欲利者利之,欲勇者勇之,欲贵者贵之。彼欲贵,我贵之,人谓我有礼。彼欲勇,我勇之,人谓我恭。彼欲利,我利之,人谓我仁。彼欲知,我知之,人谓我慭[5]。戒之戒之,微而异之[6],动作必思之,无令人识之,卒来者必备之。信之者仁也,不可欺者智也。既智且仁,是谓成人。

[注释]
[1]以下几句是说:圣人用心思,浑浑沌沌博大而圆通,隐隐约约摸不着门,纷纷然如乱丝,曲折有致又像经过整理。所以想知让他知,想得利让他得利,想有勇让他有勇,想尊贵让他尊贵。他想尊贵,我尊贵他,人说我有礼。他想有勇,我让他有勇,人说我恭敬。他想得利,我让他得利,人说我仁义。他想知,我

让他知，人说我聪敏。戒备，戒备，知、利、勇、贵差别微小而要仔细分辨，动作必深思，不叫人识透，不测事件必防备。信任叫仁，不可欺叫智，既智且仁，就叫成人。　[2]博而圆：博大而圆通。　[3]豚豚：隐隐约约。　[4]遗遗：逶迤貌。　[5]憨：即"敏"。　[6]异：分，分辨。

贱固事贵[1]，不肖固事贤。贵之所以能成其贵者，以其贵而事贱也，贤之所以能成其贤者，以其贤而事不肖也。恶者美之充也[2]，卑者尊之充也，贱者贵之充也。故先王贵之。天以时使，地以材使，人以德使，鬼神以祥使，禽兽以力使。所谓德者，先之之谓也。故德莫如先，应敌莫如后。

悖论式真理。似非而是，正言若反，佯谬。

[**注释**]

[1]以下几句是说：卑贱者固当服侍高贵者，不肖者固当服侍贤圣者。尊贵者之所以能成为尊贵者，是以其尊贵而服侍卑贱者。贤圣者之所以能成为贤圣者，是以其贤圣而服侍不肖者。丑恶是美丽的始基，卑是尊的始基，贱是贵的始基。所以先王贵重丑恶卑贱。天以时令被使用，地以物产被使用，人以德性被使用，鬼神以祥瑞被使用，禽兽以力役被使用。所谓德，就是率先引导的意思。所以行德最好是走在前头做向导，应敌以后发制人为好。　[2]充：本义充实，充满，充塞，借为"统"，本，始基，基础。

先王用一阴二阳者霸[1],尽以阳者王,以一阳二阴者削,尽以阴者亡。量之不以少多,称之不以轻重,度之不以短长。不审此三者,不可举大事。能戒乎?能敕乎[2]?能隐而伏乎?能而稷乎?能而麦乎?春不生而夏无得乎?众人之用其心也,爱者憎之始也,德者怨之本也。唯贤者不然。先王事以合交,德以合人。二者不合,则无成矣,无亲矣。

[注释]

[1]以下几句是说:先王占有一个不利条件和两个有利条件,成就霸业。占尽有利条件成王业。占有一个有利条件和两个不利条件,被削弱。占尽不利条件,被灭亡。计量不在乎多少,称量不在乎轻重,度量不在乎短长,不仔细审察这三者,不可以举大事。能够保持戒惧吗?能够保持谨慎吗?能隐伏不露吗?能做到种谷得谷吗?能做到种麦得麦吗?能设想春日不生长,夏日无所得吗?众人这样用其心:爱是恨的开始,恩是怨的根源。只有贤明者不这样。先王用服侍来聚合交往,用行德来聚合人民。两者都无所聚合,则无所成功,没有亲友。一阴二阳,一个负面、不利条件,二个正面、有利条件。 [2]敕:通"饬",整饬,谨慎。《释名》:"敕,饬也。使自警饬,不敢废慢也。"

凡国之亡也[1],以其长者也[2]。人之自失也,以其所长者也。故善游者死于梁池[3]，善射者死于中野。命属于食，治属于事。无善事而有善治者，自古及今，未尝之有。众胜寡，疾胜徐，勇胜怯，智胜愚，善胜恶，有义胜无义，有天道胜无天道。凡此七胜者贵众，用之终身者众矣。人主好佚欲，亡其身、失其国者殆。其德不足以怀其民者殆。明其刑而贱其士者殆。诸侯假之威，久而不知亟已者殆。身弥老，不知敬其嫡子者殆。蓄藏积，陈朽腐，不以与人者殆。

[注释]

[1] 以下几句是说：凡国家的败亡，在于其长处。人的自我失误，也在于其长处。所以善于游泳者死于有桥梁堤堰的湖池，善于射猎者死在荒野中。生命延续在于食，治理国家靠事功。没有优秀的事功而有良好的治理，自古及今不曾有。众能胜寡，快能胜慢，勇能胜怯，智能胜愚，善能胜恶，有义能胜无义，有天道能胜无天道。凡此七种胜利，贵在拥有众人，能够用之终身的，就是拥有众人。人君爱好安逸纵欲，胡作非为失其国者危殆。其德望不足以感怀其民众者危殆。繁为刑罚残其士者危殆。假借诸侯权威，久而不知急起直追者危殆。自身很老，不知敬重太子者危殆。蓄藏资财任腐朽，不肯施人者危殆。　[2] 长：长处，特长，专长。辩证法对立面转化："以其长"导致"国之亡"、"人之自失"。　[3] 梁池：有梁之池。梁，桥梁，堤坝，石堰。《尔雅·释地》："堤谓之梁。"

凡人之名三[1]：有治也者，有耻也者，有事也者。事之名二：正之，察之。五者而天下治矣[2]。名正则治，名倚则乱，无名则死，故先王贵名。先王取天下，远者以礼，近者以体[3]。体、礼者，所以取天下。远、近者，所以殊天下之际[4]。日益之而患少者惟忠，日损之而患多者惟欲。多忠少欲，智也，为人臣者之广道也。为人臣者，非有功劳于国也，家富而国贫，为人臣者之大罪也。为人臣者，非有功劳于国也，爵尊而主卑，为人臣者之大罪也。无功劳于国而贵富者，其唯尚贤乎？

[注释]

[1]以下几句是说：人的名分有三：有从事治理的，有懂得廉耻的，有建立事功的。事的名分有二：有纠正于事前的，有明察于事后的。五者完善，天下得治。名分正则天下治，名分不正天下乱，没有名分则死灭，所以先王贵重名分。先王谋取天下，远者施予礼，近者施予亲。亲和礼用来取天下，远近用来区分天下边际。每天增长唯恐少是忠心，每天减少唯恐多是欲望。多忠少欲是明智，作为人臣是广道。作为人臣，无功于国，家富国贫，是人臣的大罪。作为人臣，无功于国，爵尊主卑，是人臣的大罪。无功于国而富贵，谁还来崇尚贤人？ [2]而：能。 [3]体：亲近。 [4]际：边际。

众人之用其心也[1]，爱者，憎之始也；德者，怨之本也。其事亲也，妻子具则孝衰矣。其事君也，有好业，家室富足，则行衰矣。爵禄满，则忠衰矣。唯贤者不然，故先王不满也。釜鼓满则人概之[2]，人满则天概之，故先王不满也。人主操逆，人臣操顺。先王重荣辱，荣辱在为。天下无私爱也，无私憎也，为善者有福，为不善者有祸。祸福在为，故先王重为。明赏不费，明刑不暴。赏罚明，则德之至者也，故先王贵明。天道大而帝王者用爱恶爱恶[3]，天下可秘[4]，闭必固[5]。先王之书，心之敬执也[6]，而众人不知也。故有事事也[7]，毋事亦事也。吾畏事，不欲为事。吾畏言，不欲为言。故行年六十而老吃也[8]。

[注释]

[1]以下几句是说：众人用心思，爱是憎之始，德是怨之本。服侍双亲，有妻子则孝行衰。他们服侍国君，有产业，家室富足，则德行衰退。爵禄满足则忠心衰。只有贤人不这样，所以先王不使爵禄太满。釜鼓太满人刮平；人要太满天刮平：所以先王不使爵禄太满。人君执行"逆"政策，人臣反而顺着行。先王重视荣辱，荣辱在人为。天地无私爱，无私恨，行善有福，不善有祸，祸福在人为，所以先王重人为。公开行赏费用节，公开行刑刑杀少。

赏罚开明德之至，所以先王贵重赏罚明，天道伟大而帝王用爱恶。爱天下之所爱，恶天下之所恶，天下可控必巩固。衷心敬读先王书，众人不知待宣导。所以有事要敬读，闲来无事也敬读。我怕事不想做事，我怕言语不想言。所以行年六十而口吃。　[2]釜鼓：古量器。概：本指平量具，引申指刮平量具的动作："满则人概之。"　[3]爱恶爱恶：应作"爱爱恶恶"，即爱天下之所爱，恶天下之所恶。　[4]秘：通"闭"，控制。　[5]闭必固：控制必可巩固。　[6]敬执：敬读。　[7]有事事也：指有事就敬读"先王之书"。　[8]行年六十而老吃：历年六十岁而年老口吃。

[点评]

枢言，指重要的言论。枢，指中枢、中心、关键。本篇广泛列举一般道理，简洁精练，类似格言，聚集有劝诫教育意义的名言警句，哲理丰富，从实际生活提炼辩证哲学理论。如："恶者美之充也，卑者尊之充也，贱者贵之充也。故先王贵之。"出语惊人，惊世骇俗，有振聋发聩的达辞功效。有许多悖论式真理，似非而是，正言若反，佯谬，足以启人心智。管学创造性发挥道学的真理表达方式，是民族文化的精萃。

本篇特别强调发挥精神意志的主观能动作用。如："疾之疾之，万物之师也。为之为之，万物之时也。强之强之，万物之指也。"语句对仗，铿锵有力，道出强人的心灵强音、成功秘诀和人生哲理，有极强的号召鼓动作用，极具现实意义，值得传承发扬。

八　观

　　大城不可以不完[1]，郭周不可以外通[2]，里域不可以横通[3]，间闬不可以毋阖[4]，宫垣关闭不可以不修[5]。故大城不完，则乱贼之人谋。郭周外通，则奸遁逾越者作[6]。里域横通，则攘夺窃盗者不止。间闬无阖，外内交通，则男女无别。宫垣不备，关闭不固，虽有良货，不能守也。故形势不得为非[7]，则奸邪之人悫愿[8]。禁罚威严，则简慢之人整齐[9]。宪令著明，则蛮夷之人不敢犯。赏庆信必，则有功者劝。教训习俗者众，则君民化变而不自知也。是故明君在上位，刑省罚寡，非可刑而不刑，非可罪而不罪也。明君者，

高悬目标，摆出政见，对照调研，促其实现。

闭其门，塞其途，弇其迹[10]，使民毋由接于淫非之地[11]，是以民之道正行善也，若性然[12]，故罪罚寡，而民以治矣。

[注释]

[1]以下几句是说：内城墙必须完好，外城周围必须严控外通，里的边界必须严控横通，里门必须关闭，院墙和门闩必须整修。所以内城不完好，则作乱为害的人图谋不轨。外城周围不严控外通，奸邪偷越的人作乱兴事。里的边界不严控横通，则抢夺盗窃者就不停。里门不关闭，内外随意交通，则男女无别。院墙不完好，门闩不牢固，虽有精美货物，却不能守藏。所以客观形势不能为非作歹，则奸邪的人老实谨慎。禁律刑罚威严，则怠惰轻慢之人整齐守法。法令严明，则蛮夷之人不敢进犯。奖赏信实，则有功者得到鼓励。接受教育、遵守习俗者众，则君主和人民潜移默化不知不觉。所以明君执政，刑法轻，惩罚少，不是该用刑就不用刑，不是该治罪就不治罪。明君关闭犯罪之门，堵塞犯罪之途，清除犯罪影响，使民众无法接触为非作歹的环境，所以民众走正道，行善事，就像出自本性，所以犯罪惩罚少，而民众得治理。大城，内城墙。　[2]郭周：外城周围。郭，外城墙。　[3]里域：里的边界。二十五家为一里。　[4]闾闬：里门。闬：关闭。　[5]关闭：门闩。　[6]作：兴起。　[7]形势：客观环境。　[8]悫（què）愿：老实谨慎。　[9]简慢：怠慢，怠惰轻慢。　[10]弇：通"掩"，掩没。此处引申为清除。　[11]淫非：为非作歹。　[12]性：本性。

行其田野[1]，视其耕芸[2]，计其农事，而饥饱之国可以知也。其耕之不深，芸之不谨[3]，地宜不任[4]，草田多秽[5]，耕者不必肥，荒者不必墝，以人猥计其野[6]，草田多而辟田少者[7]，虽不水旱，饥国之野也。若是而民寡，则不足以守其地，若是而民众，则国贫民饥。以此遇水旱，则众散而不收。彼民不足以守者，其城不固。民饥者不可以使战。众散而不收，则国为丘墟[8]。故曰，有地君国，而不务耕芸，寄生之君也。故曰，行其田野，视其耕芸，计其农事，而饥饱之国可知也。

农为基础，需要先调研。

[注释]

[1]以下几句是说：巡行田野观耕耘，计其农业是否勤，饥饱之国可认知。其耕地不深，锄草不勤，土地适宜耕种，却没有充分利用，草田未垦多杂草，已耕土地不必肥，荒芜土地不必贫，按人统计其田野，荒地多而熟地少，即使没有水旱灾，饥饿之国可认知。若是民众人寡少，则不能够守其地，若是民众人口多，国贫民饥可认知。若是以此遇水旱，民众逃散收不回。彼民不足以守城，其城不固可认知。民饥不可以使战，民众逃散收不回，国为丘墟可认知。所以有地君国不耕耘，寄生之君可认知。所以说："巡行田野观耕耘，计其农业是否勤，饥饱之国可认知。" [2]耕芸：同"耕耘"。芸，除草。 [3]谨：

勤。　[4]任：任用，利用，使用。　[5]秽：杂草多，荒芜。　[6]狠：总括。　[7]辟田：已开辟开垦之田。　[8]丘墟：荒芜，废墟。

想方设法，脱贫致富。

行其山泽[1]，观其桑麻，计其六畜之产，而贫富之国可知也。夫山泽广大，则草木易多也。壤地肥饶，则桑麻易植也。荐草多衍[2]，则六畜易繁也。山泽虽广，草木毋禁。壤地虽肥，桑麻毋数[3]。荐草虽多，六畜有征[4]：闭货之门也。故曰，时货不遂[5]，金玉虽多，谓之贫国也。故曰，行其山泽，观其桑麻，计其六畜之产，而贫富之国可知也。

[注释]

[1]以下几句是说：巡行山泽观桑麻，计其六畜是否繁，国之贫富可了解。山泽广大草木多，土壤肥饶桑麻易，荐草盛多六畜繁。山泽虽广大，草木不禁伐；土壤虽肥沃，桑麻不会种；荐草虽盛多，六畜要征税：则是堵塞货物门。所以说，时鲜货品不顺畅，金玉虽多叫作贫。所以说："巡行山泽观桑麻，计其六畜是否繁，国之贫富可了解。"　[2]荐草：一种牧草。衍：漫延，盛多。　[3]数：通"术"，方术，方法。　[4]征：征税。　[5]遂：顺利，成就。

入国邑[1]，视宫室，观车马衣服，而侈俭之国可知也。夫国城大而田野浅狭者，其野不足以养其民。城域大而人民寡者，其民不足以守其城。宫营大而室屋寡者[2]，其室不足以实其宫。室屋众而人徒寡者[3]，其人不足以处其室。囷仓寡而台榭繁者[4]，其藏不足以共其费[5]。故曰，主上无积而宫室美，氓家无积而衣服修[6]，乘车者饰观望，步行者杂文采，本资少而末用多者，侈国之俗也。国侈则用费，用费则民贫，民贫则奸智生，奸智生则邪巧作。故奸邪之所生，生于匮不足[7]。匮不足之所生，生于侈。侈之所生，生于毋度。故曰，审度量，节衣服，俭财用，禁侈泰，为国之急也。不通于若计者，不可使用国[8]。故曰，入国邑，视宫室，观车马衣服，而侈俭之国可知也。

俭节用财，禁止奢侈。

[注释]

[1]以下几句是说：进入都城观宫室，观察车马和衣服，侈俭之国可认知。城市大而农田少，农田不足养其民。城区大而人民少，人民不足以守其城。院落大而室屋少，其室不足满院落。室屋众而仆役少，仆役不足满其室。粮仓少而台榭多，藏粮

不足供其费。所以说,君主无积宫室美,民家无积衣服艳,乘车美饰为观望,步行穿衣杂文采,资本少而奢侈多,侈国之俗会亡国。国家奢侈用费多,用费多则民贫困,民贫困则奸智生,奸智生则邪恶作。所以奸邪所生因贮藏不足,贮藏不足因奢侈。奢侈所生因过度。所以说,审察度量节衣服,俭节用财禁奢侈,为国之急莫轻忽。俭节之计不明通,不能治国管人民。所以说,进入都城观宫室,观察车马和衣服,侈俭之国可认知。国邑,泛指城市。 [2]宫营:院落。 [3]人徒:奴仆,仆役。 [4]囷(qūn)仓:一种圆形粮仓。 [5]共:通"供"。 [6]氓:民。 [7]匮:通"柜",贮藏。《说文》:"匮,匣也。" [8]用国:用事于国,掌管国家大权。

振兴经济,民富国强。

课凶饥[1],计师役[2],观台榭,量国费,而实虚之国可知也。凡田野,万家之众,可食之地方五十里,可以为足矣。万家以下,则就山泽可矣[3]。万家以上,则去山泽可矣[4]。彼野悉辟而民无积者,国地小而食地浅也。田半垦,而民有余食,而粟米多者,国地大,而食地博也。国地大而野不辟者,君好货而臣好利者也。辟地广而民不足者,上赋重,流其藏者也[5]。故曰,粟行于三百里,则国毋一年之积。粟行于四百里,则国毋二年之积。粟行于五百里,则众有饥色。其稼亡三之一者,命曰小凶。小凶三年而大凶，大凶，则众有遗苞矣[6]。什一之师，什三毋事[7]，则稼亡三之一[8]。稼亡三之一，而非有故盖积也[9]，则道有损瘠矣[10]。什一之师，三年不解[11]，非有余食也，则民有鬻子矣。故曰：山林虽近，草木虽美，宫室必有度，禁发必有时，是何也？曰：大木不可独伐也，大木不可独举也，大木不可独运也，大木不可加之薄墙之上。故曰：山林虽广，草木虽美，禁发必有时。国虽充盈，金玉虽多，宫室必有度。江海虽广，池泽虽博，鱼鳖虽多，罔罟必有正[12]，船网不可一财而成也[13]。非私草木、爱鱼鳖也，恶废民于生谷也。故曰，先王之禁山泽之作者，博民于生谷也[14]。彼民非谷不食，谷非地不生，地非民不动，民非作力，毋以致财。天下之所生，生于用力。力之所生，生于劳身。是故主上用财毋已[15]，是民用力毋休也。故曰：台榭相望者，其上下相怨也。民毋余积者，其禁不必止。众有遗苞者，其战不必胜。道有损瘠者，其守不必固。故令不必行，禁不必止，战不必胜，守不必固，则危亡随其后矣。故曰，课凶饥，计师役，观台榭，量国费，实虚之国可知也。

[注释]

[1] 以下几句是说：考查凶年饥馑，计算服兵役的人数和比例，观察亭台楼阁，计量国家费用，国家虚实可认知。凡农村，万户之众，可耕地方圆五十里足够。万户以下，山泽地计算在内。万户以上，山泽地除外。某地土地都已开垦，而民众无积蓄，是因地方小，而耕地少。土地开垦半数，而民有余食，粟米多，是因地方大，而耕地多。地方大，而荒地没开垦，是因君主追求财货，而臣下好利。土地开垦多，而民众不足，是因上级税款重，卖粮交税粮外流。所以说，粮食外运三百里，国无二年之积。粮食外运四百里，国无二年之积。粮食外运五百里，则民众面有饥色。庄稼歉收三分之一，叫小凶年。小凶三年等于一个大凶年。大凶年，则民众饿死在路上。十分之一人从军，十分之三人脱离农业生产，则庄稼歉收三分之一。庄稼歉收三分之一，而没有隔年存粮，则道路有瘦骨嶙峋的人。十分之一人从军，三年不解除，没有余粮，则民众有卖儿女的。所以说，山林虽近草木美，兴建宫室必有度，封山育林必有时，请问这是何原因？回答是：大木材不可一人伐，大木材不可一人举，大木材不可一人运，大木材不可放薄墙。所以说，山林虽近草木美，封山育林必有时。国虽充盈金玉多，兴建宫室必有度。江海虽广池泽大，鱼鳖虽多有管控，罔罟捕鱼有管理，船民也要兼务农。非私草木爱鱼鳖，不废民众多务农。所以说，山泽之作先王禁，使民众广泛务农。民众无粮没饭吃，粮食没地不能生，有地无民没人种，民不用力财不生，生财在于民用力，力量产生在劳动。所以君主用财无节制，民众劳而不得息。所以说，亭台楼阁远相望，上下相怨无休止。民无蓄积禁不止，民众道死战不胜。道有弃尸守不

固。令不行而禁不止，战不胜而守不固，危亡随后可认知。所以说，考查凶年饥馑，计算服兵役的人数和比例，观察亭台楼阁，计量国家费用，国家虚实可认知。课，考核，考查，衡量，估量。 [2]计师役：计算服兵役的人数和比例。 [3]就山泽：把山林草泽的数目计算在内。 [4]去山泽：不把山林草泽的数目计算在内。 [5]上赋重，流其藏：上级货币税过重，民变卖储备粮交税，则藏粮外流。 [6]苞：同"殍"，饿死，饿死的人。 [7]什一之师，什三毋事：十人有一人当兵，另有二人供应军需和服劳役，则十人有三人不能务农事。 [8]稼亡：庄稼亡失，视同歉收。 [9]非有故盖积：没有隔年积存的粮食。"盖"字衍。 [10]损瘠：瘦损。 [11]解：解除，结束。 [12]正：长官。 [13]船网不可一财而成：船网之民不能靠捕鱼一种财路生存，尚须务农种谷。 [14]博民于生谷：使民众广泛地从事农业生产。博，广泛。 [15]毋已：无休止。

入州里[1]，观习俗，听民之所以化其上，而治乱之国可知也。州里不鬲[2]，闾闬不设，出入毋时，早晏不禁，则攘夺、窃盗、攻击、残贼之民毋自胜矣[3]。食谷水，巷凿井，场圃接，树木茂，宫墙毁坏，门户不闭，外内交通，则男女之别毋自正矣。乡毋长游[4]，里毋士舍[5]，时无会同[6]，丧烝不聚[7]，禁罚不严，则齿长辑睦毋自生矣[8]。故昏礼不谨[9]，则民不修廉[10]。论贤不乡举[11]，则士不及行[12]。货财行于国[13]，则法令毁于官。请谒得于上[14]，则党与成于下[15]。乡官毋法制，百姓群徒不从，此亡国弑君之所自生也。故曰，入州里，观习俗，听民之所以化其上者，而治乱之国可知也。

[注释]

[1] 以下几句是说：进入州里观习俗，听取民众被教化，国家治乱可认知。州里之间没间隔，里门没有设门闩，随意出入没定时，早晚不禁没秩序，攘夺窃盗疏管控，攻击残贼无自胜。食谷水，巷凿井，场圃接，树木茂，宫墙毁坏，门户不闭，外内交通，则男女之别毋自正矣。共饮一条山谷水，同喝一巷井里水，麦场菜园相连接，树木茂密院墙毁，门户不闭内外通，男女无别不自正。乡里长官有短缺，乡里学堂不健全，按时聚会无制度，丧礼祭祀不相聚，禁令刑罚不严格，长幼和睦无以生。所以婚礼不谨民不廉。选贤不由乡举荐，士人不急修品行。财货贿赂行于国，法律政令毁于官。请托说情行于上，结党营私成于下。乡官法制不实行，百姓群徒不从令，亡国弑君自发生。所以说进入州里观习俗，听取民众被教化，国家治乱可认知。州里，民众聚居地。《立政》："分乡以为五州。""分州以为十里。" [2] 鬲：通"隔"。 [3] 毋自胜：不能克制自己，为所欲为。 [4] 长游：伍长、什长和游宗。乡的基层官吏。《立政》："分国以为五乡，乡为之师。分乡以为五州，州为之长。分州以为十里，里为之尉。分里以为十游，游为之宗。十家为什，伍家为伍，什伍皆有长焉。" [5] 士舍：乡里学堂。 [6] 会同：聚会。唐尹知章注："乡里每时当有会同，所以结恩好也。" [7] 丧烝：丧礼和冬季的祭祀

活动。　[8]齿长：以年龄长幼所定的人伦之礼。唐尹知章注："乡里长弟当以齿也。"辑睦：和睦。　[9]昏：同"婚"。　[10]修廉：品行廉洁。　[11]乡举：乡里举荐。　[12]不及行：不急于品行修养。　[13]货财：指贿赂。　[14]请谒：请求谒告，求人托情告诉。　[15]党与：结党。与，结交，亲附。

入朝廷[1]，观左右，求本朝之臣，论上下之所贵贱者，而强弱之国可知也。功多为上，禄赏为下，则积劳之臣不务尽力[2]。治行为上[3]，爵列为下，则豪杰材臣不务竭能。便辟左右，不论功能而有爵禄，则百姓疾怨非上，贱爵轻禄。金玉货财[4]，商贾之人不论志行而在爵禄[5]，则上令轻，法制毁。权重之人，不论才能而得尊位，则民倍本行而求外势[6]。彼积劳之人，不务尽力，则兵士不战矣。豪杰材人不务竭能，则内治不别矣[7]。百姓疾怨非上，贱爵轻禄，则上毋以劝众矣。上令轻，法制毁，则君毋以使臣，臣毋以事君矣。民倍本行而求外势，则国之情伪竭在敌国矣[8]。故曰，入朝廷，观左右，求本朝之臣，论上下之所贵贱者，而强弱之国可知也。

[注释]

[1]以下几句是说：进入朝廷观朝臣，上下贵贱强弱知。功劳盛多禄赏下，积劳之臣不尽力。政绩优秀爵列下，豪杰能臣不竭能。便辟左右有爵禄，百姓疾怨爵禄轻。商贾行贿有爵禄，上令贬值法制毁。权重之人得尊位，民众背本求外势。积劳之臣不尽力，士兵不战军力穷。豪杰能臣不竭能，内政无别不清明。百姓疾怨爵禄轻，君主无法劝民众。上令贬值法制毁，君主非君臣非臣。民背本行求外势，国之虚实敌尽知。所以说，进入朝廷观朝臣，上下贵贱强弱知。 [2]积劳：屡建劳绩。 [3]治行：政绩。 [4]金玉货财：指以金玉财货行贿。 [5]在：存，恤问。 [6]倍：同"背"，背弃。本行：个人长期从事的熟悉行业。 [7]内治不别：内政无条理。 [8]情伪：即诚伪，真假，虚实。竭：尽，全，俱。

置法出令[1]，临众用民，计其威严宽惠，行于其民，与不行于其民，可知也。法虚立而害疏远，令一布而不听者存，贱爵禄而毋功者富，然则众必轻令，而上位危。故曰，良田不在战士，三年而兵弱。赏罚不信，五年而破。上卖官爵，七年而亡。倍人伦而禽兽行，十年而灭。战不胜，弱也。地四削，入诸侯，破也。离本国，徙都邑，亡也。有者异姓[2]，灭也。故曰，置法出令，临众用民，计其威严宽惠，行于其民,不行于其民,可知也。

[注释]

[1] 以下几句是说:立法出令治民众,衡量威严与宽惠,能否推行便可知。法律虚设害疏远,命令公布众不听。无功受禄爵位贱,众必轻令上位危。所以说,良田不赏征战士,三年兵弱军力穷。赏罚不信五年破,上卖官爵七年亡。违背伦常禽兽行,十年覆灭国沦亡。出战不胜叫衰弱,国土沦亡叫破败,离国迁都叫危亡,异姓窃国叫覆灭。所以说,立法出令治民众,衡量威严与宽惠,能否推行便可知。 [2] 有者异姓:指政权被异姓人掌握。

计敌与[1],量上意[2],察国本[3],观民产之所有余不足,而存亡之国可知也。敌国强而与国弱,谏臣死而谀臣尊,私情行而公法毁,然则与国不恃其亲,而敌国不畏其强,豪杰不安其位,而积劳之人不怀其禄。悦商贩而不务本货,则民偷处而不事积聚[4]。豪杰不安其位,则良臣出。积劳之人不怀其禄,则兵士不用。民偷处而不事积聚,则囷仓空虚。如是而君不为变[5],然则攘夺、窃盗、残贼、进取之人起矣[6]。内者廷无良臣,兵士不用,囷仓空虚,而外有强敌之忧,则国居而自毁矣[7]。故曰,计敌与，量上意，察国本，观民产之所有余不足，而存亡之国可知也。故以此八者，观人主之国，而人主毋所匿其情矣。

[注释]

[1] 以下几句是说：估量敌国和盟国，估量君主意志，考察立国之本农业生产，观察民众财产有余不足，国之存亡可认知。敌国强大盟国弱，谏臣死亡谀臣尊，私情风行公法毁，盟国不依仗亲情，敌国不怕其强大，豪杰不安其职位，积劳者不怀其禄。喜商贩不爱农产，民众苟且不务农，不事积聚粮仓空。君主不为变政治，攘夺窃盗风不止，残贼篡权大兴起。内者朝廷无良臣，兵士不用仓空虚，外有强敌国之忧，国家自毁是主因。所以说估量敌国和盟国，估量君主意志，考察立国之本农业生产，观察民众财产有余不足，国之存亡可认知。以此八者观人主，人主不能瞒真情。计敌与，估量敌国和盟国。　[2] 量上意：估量君主意志。　[3] 察国本：考察立国之本农业生产。　[4] 偷处：苟且偷生。　[5] 变：变革，改革，革新。　[6] 进取：特指谋取篡夺政权。　[7] 居而自毁：坐而自毁。居，坐。

[点评]

《八观》讲实施八种观察调研，一国真实情况昭然若揭。论述有现代科学方法论的因素和借鉴价值。表达方式凝聚格言警句，展开连锁推论，对偶排比，读来饶有兴味，余韵无穷。

法　禁

　　法制不议[1]，则民不相私。刑杀毋赦，则民不偷于为善。爵禄毋假[2]，则下不乱其上。三者藏于官则为法，施于国则成俗，其余不强而治矣。君一置其仪[3]，则百官守其法。上明陈其制，则下皆会其度矣。君之置其仪也不一，则下之倍法而立私理者必多矣。是以人用其私，废上之制而道其所闻，故下与官列法，而上与君分威[4]，国家之危，必自此始矣。昔者圣王之治其民也不然，废上之法制者，必负以耻。财厚博惠以私亲于民者，正经而自正矣[5]。乱国之道，易国之常，赐赏恣于己者，圣王之禁也。圣王既殁，受之者衰，

国家立法必有禁，令行禁止聚人心。圣王之禁有目的，熔古铸今待创新。

君人而不能知立君之道，以为国本，则大臣之赘下而射人心者必多矣[6]。君不能审立其法，以为下制，则百姓之立私理而径于利者必众矣[7]。

[注释]

[1]以下几句是说：法制不容私议，则民众不互相营私。刑杀不容宽赦，则民众不忽于为善。授爵赐禄之权不假借他人，则臣下不犯上作乱。这三事掌握在官府就成法，施行于国则成风俗，其余不勉力，就得到治理。君主统一立法，则百官守其法。上面公开宣布制度，则下面都能合于制度。如果国君立法不统一，则下面违法，而另立私理者必然增多。所以人行其私理，废弃上级法制，而宣导其见解，所以下级跟官法对立，大臣跟君主争权，国家危险必从这里开始。从前圣王治民不是这样，废弃上级法制，必定让他蒙受耻辱。厚施财物，博施恩惠，收揽民心者，只要整顿法规就能自我矫正。扰乱国家纲纪，改变国家常法，封赏随心所欲，是圣王要禁止的。圣王既死，后继者衰，做人君而不能知立君之道，并以此为立国根本，则大臣拉拢臣下，而收罗人心者必多。君主不能审定立法，以此为下面规范，则百姓自立私理，而走捷径谋取私利者必多。　[2]毋假：专于君主，不假借他人。　[3]一置其仪：统一立法。一，集中统一。置，设置，设立。仪，仪法，法律，法度。　[4]上：指大臣。唐尹知章注："上谓权臣。"　[5]正经：整顿法规。自正：自我矫正。　[6]赘下而射人心：收买臣下，而笼络人心。赘，用物品作抵押来挣钱，此指收买。射，猎取，笼络。　[7]径于利：走捷径图私利。径，小路，引申为邪行捷径。唐尹知章注："径，谓邪行以趋疾也。"

昔者圣王之治人也[1]，不贵其人博学也，欲其人之和同以听令也。《泰誓》曰[2]："纣有臣亿万人，亦有亿万之心。武王有臣三千而一心。"故纣以亿万之心亡，武王以一心存。故有国之君，苟不能同人心，一国威，齐士义，通上之治以为下法，则虽有广地众民，犹不能以为安也。君失其道，则大臣比权重以相举于国[3]，小臣必徇利以相就也。故举国士以为亡党，行公道以为私惠，进则相推于君，退则相誉于民，各便其身，而忘社稷，以广其居，聚徒成群，上以蔽君，下以索民，此皆弱君乱国之道也，故国之危也。

纣为无道，必失人心，武王有道，汇聚人心。失道寡助，得道多助。

[注释]

[1]以下几句是说：从前圣王治理人才，不看重他的博学，希望他能和同一致而听令。《泰誓》说："殷纣王有臣亿万人，也有亿万条心。周武王有臣三千人而一心。"纣王因亿万条心而亡，武王因一心存。治国之君，如不能统一人心，统一国威，整齐士义，把上面的治理贯彻为下面的法度，则虽然地广民众，还不能安国。君主失道，则大臣联合权势，在国中互相抬举，小臣必徇私利而趋就。举用国士，又要让人以为不结党，利用公法谋取私利，在君前则互相推崇，在民间则互相吹捧，各图己便，忘掉国家，以扩张地盘，聚结同党，上以蒙蔽国君，下以搜刮民众，这都是削弱君主，祸乱国家之道，是国家的危险。　[2]泰誓：《尚

书》篇名。今本《尚书·泰誓上》:"受(纣)有臣亿万,惟亿万心。予有臣三千,惟一心。" [3]比权重:联合权势。比,比附,勾结。

擅国权以深索于民者[1],圣王之禁也。其身毋任于上者[2],圣王之禁也。进则受禄于君,退则藏禄于室,毋事治职,但力事属,私王官,私君事,去非其人而人私行者,圣王之禁也。修行则不以亲为本[3],治事则不以官为主,举毋能,进毋功者,圣王之禁也。交人则以为己赐,举人则以为己劳,仕人则与分其禄者,圣王之禁也。交于利通而获于贫穷[4],轻取于其民,而重致于其君,削上以附下,枉法以求于民者,圣王之禁也。

[注释]

[1]以下几句是说:独擅国权,严重搜刮民众,是圣王之禁。不肯担任上级职事,是圣王之禁。进朝廷领受君主俸禄,退回家室积藏俸禄,不尽力于治国的职事,只努力经营部属,私用国家官吏,私决君主大事,弃人不当,而私自行事,是圣王之禁。修养德行不以事亲行孝为本,治理职事不以奉公为主,举荐无能无功者,是圣王之禁。结交人才认为是自己恩赐,推荐人才作为自己功劳,用人则分取其俸禄,是圣王之禁。结交权利亨通的人,而收揽获取穷人心,轻取于民而重求于其君,削弱上级,以亲附

下级，枉法以收买民心，是圣王之禁。深索于民：深重索取搜刮民众。　[2]毋任于上：不担任上级职事。约指退隐不仕之士。《立政九败解》："退静隐伏，窟穴就山，非世间上，轻爵禄，而贱有司。"　[3]修行：修养德行。　[4]交于利通而获于贫穷：结交仕途顺利官运亨通者，收揽获取穷人心。

用不称其人[1]，家富于其列[2]，其禄甚寡而资财甚多者，圣王之禁也。拂世以为行[3]，非上以为名，常反上之法制，以成群于国者，圣王之禁也。饰于贫穷，而发于勤劳[4]，权于贫贱，身无职事，家无常姓[5]，列上下之间，议言为民者，圣王之禁也。壶士以为亡资[6]，修甲以为亡本[7]，则生之养私不死[8]，然后失矫以深与上为市者[9]，圣王之禁也。审饰小节以示民，时言大事以动上，远交以逾群，假爵以临朝者[10]，圣王之禁也。

[注释]
[1]以下几句是说：享用跟身份不相称，家庭财富超过其爵位等级，俸禄寡少，而财产甚多，是圣王之禁。违背当世以为行动，靠非议上级猎取名声，经常反对上级法制，以在国内聚徒成群，是圣王之禁。粉饰贫穷，而废弃勤劳，权且安于贫贱，身无正当职事，家无恒产，位列于上下之间，空口说为民众，是圣王之禁。供养游士谓无资，制备兵甲谓无本，自身奉养就无穷尽，然后放

纵矫诬，深重要挟君主，向君主讨价还价，是圣王之禁。修饰小节招人看，时言大事惊国君，广泛结交以超群，仗恃高爵以临朝，是圣王之禁。　[2] 列：爵位排列的等级。　[3] 拂：违背。　[4] 发：通"废"。　[5] 常姓：常生，恒产，产业。姓，通"生"。　[6] 壶士：供养游士。　[7] 修甲：制备兵甲。　[8] 死：穷尽。　[9] 失矫：放纵矫诬。以深与上为市：深重要挟君主，跟君主讨价还价。畜养私士者有所恃，强直不让，因以深入要挟，使所求必得。　[10] 假爵以临朝：假借高贵的爵位，以威临挟持朝廷。

卑身杂处[1]，隐行辟倚[2]，侧入迎远，遁上而遁民者，圣王之禁也。诡俗异礼，大言法行，难其所为，而高自错者，圣王之禁也。守委闲居[3]，博分以致众[4]，勤身遂行，说人以货财，济人以买誉，其身甚静，而使人求者，圣王之禁也。行辟而坚[5]，言诡而辩[6]，术非而博，顺恶而泽者，圣王之禁也。以朋党为友，以蔽恶为仁，以数变为智，以重敛为忠，以遂忿为勇者，圣王之禁也。固国之本[7]，其身务往于上[8]，深附于诸侯者，圣王之禁也。

[注释]

[1] 以下几句是说：卑身杂处于人群，隐行邪僻在暗中，遁上而遁民。偷渡外国迎外奸，既骗上级又骗民，是圣王之禁。诡

异习俗反常礼,言语行为太夸张,夸其所为自抬高,是圣王之禁。坐守积蓄以闲居,博分财物招徕人,殷勤行事顺人意,收买人心用货财,沽名钓誉接济人,其身甚静使人求,是圣王之禁。行为邪僻而顽固,言论诡异而狡辩,方术错谬而繁多,纵容邪恶而辩护,是圣王之禁。结交朋党当朋友,隐蔽罪恶当仁慈,投机善变当智慧,横征暴敛当忠心,发泄私忿当勇敢,是圣王之禁。堵塞国家之根本,做事都为骗国君,深附诸侯求外援,是圣王之禁。　[2]辟倚:邪僻不正。　[3]守委:坐守积蓄。　[4]博分以致众:广分财物以罗致民众。　[5]行辟而坚:行为邪僻而顽固。　[6]言诡而辩:言论诡异而狡辩。把诡辩言辞,说得头头是道。以上语句被用作诛杀少正卯和邓析等异见人士的托词。　[7]固:同"锢"。　[8]往:同"迕"。

圣王之身[1],治世之时,德行必有所是,道义必有所明。故士莫敢诡俗异礼以自见于国。莫敢布惠缓行,修上下之交,以和亲于民。故莫敢超等逾官,渔利苏功[2],以取顺其君。圣王之治民也,进则使无由得其所利,退则使无由避其所害,必使反乎安其位,乐其群,务其职,荣其名,而后止矣。故逾其官而离其群者,必使有害;不能其事而失其职者,必使有耻。是故圣王之教民也,以仁错之,以耻使之,修其能,致其所成而止。故曰,绝而定[3],静而治,安而尊,举错而不变者，圣王之道也。

[注释]

[1] 以下几句是说：圣王之身处治世，讲德行必立标准，讲道义必有准则。士人不敢诡异习俗反常礼，以在国内自我表现。不敢布施小惠，缓行公法，修好上下以亲民。不敢超越等级，非法牟利以媚君。圣王治民，向上爬使他无法得利，卸责任使他无法避罚，一定要让人返回正道，安其位，乐处其群，尽职尽责，博得美名而后停下。超越职权离其群，必定使其有害；不能任事失其职，必使有耻受指责。圣王教民，用仁爱措置，用廉耻心驱使，修好其能，使其成功而后止。所以说，坚决而镇定，安静而治理，举措而不改，是圣王之道。 [2] 渔利苏功：非法牟利，攫取功绩。苏，取草，借为取、拿之意。 [3] 绝而定：坚决而镇定。绝，根绝，截断。

[点评]

篇名"法禁"，指建立国家统一法律，禁绝各种违法现象。篇中列举十八种"圣王之禁"，逐一批判分析，主张用统一立法禁止，目的是巩固中央集权。本篇主张和同人心，引证《尚书·泰誓》，比较殷纣王和周武王两个正反案例的差别说：" '纣有臣亿万人，亦有亿万之心。武王有臣三千而一心。'故纣以亿万之心亡，武王以一心存。"颇有人文科学的深刻意涵。

所举"圣王之禁"第十七种"行辟而坚，言诡而辩，术非而博，顺恶而泽"等语，在先秦两汉著作中被多次移植变形，作为诛杀激进改革派少正卯和最早民间律师邓析的罪状。从今日更为宽容的历史评价标准看，这是排斥异见的狭隘政法观，不利于历史的进步向上。激进改革派少正卯和最早民间律师邓析（战国辩者，名家学派的前驱），是具有非凡洞见的智者代表，惨遭诛杀，给历史留下凝重的遗憾，适足表明杀人者的非理性、情绪性和局限性。

重 令

国之重器最重法令。依法治国,法令先行。

　　凡君国之重器[1],莫重于令。令重则君尊,君尊则国安。令轻则君卑,君卑则国危。故安国在乎尊君,尊君在乎行令,行令在乎严罚。罚严令行,则百吏皆恐。罚不严,令不行,则百吏皆喜[2]。故明君察于治民之本,本莫要于令。故曰:亏令者死,益令者死,不行令者死,留令者死,不从令者死。五者死而无赦,唯令是视。故曰令重而下恐。

[注释]

[1] 以下几句是说:治国手段是重令。法令重则君尊贵,君尊贵则国家安。法令轻则君卑贱,君卑贱则国家危。安国在于尊

君主，尊君在于行法令，行法令在严刑罚。罚严令行百官恐。罚不严厉令不行，百官玩忽轻法令。明君察于治民本，根本最要是法令。删减法令要处死，增添法令要处死，不行法令要处死，滞留法令要处死，不从令者要处死。五者处死而无赦，唯令是视不敢轻。尊重法令下畏恐。君：君临，作动词用。重器：重要工具。　[2]喜：同"嬉"，嬉戏，轻忽，不当回事。

　　为上者不明[1]，令出虽自上，而论可与不可者在下。夫倍上令以为威，则行恣于己以为私[2]，百吏奚不喜之有？且夫令出虽自上，而论可与不可者在下，是威下系于民也。威下系于民，而求上之毋危，不可得也。令出而留者无罪，则是教民不敬也。令出而不行者毋罪，行之者有罪，是皆教民不听也。令出而论可与不可者在官，是威下分也。益损者毋罪，则是教民邪途也。如此，则巧佞之人[3]，将以此成私为交。比周之人[4]，将以此阿党取与[5]。贪利之人，将以此收货聚财。懦弱之人，将以此阿贵事富[6]。便辟伐矜之人[7]，将以此买誉成名。故令一出，示民邪途五衢[8]，而求上之毋危，下之毋乱，不可得也。

[注释]

[1] 以下几句是说：如若君上昏不明，法令虽然自上出，是否可行下面定。违背上令算威风，恣意妄为私利行，百官都会轻法令。法令虽然自上出，是否可行下面定，国君权威坠基层。国君权威坠基层，求上无危不可能。滞留法令算无罪，教民对法不恭敬。令出不行算无罪，施行法令算有罪，是皆教民不听令。国君法令一发出，是否可行百官定，君权下分不集中。增删法令算无罪，则是教民走邪径。如果这样走下去，乖巧谗佞私交行。比周之人将借机，勾连帮派结同盟。贪利之人有机会，收货聚财贿赂行。儒弱之人阿贵富，君侧小臣被逢迎。谄媚伐矜将自夸，沽名钓誉买虚名。所以国君令一出，示人邪途五路通，如此而求上无危，下面无乱不可能。 [2] 恣：恣意，肆意，放纵。 [3] 巧佞：乖巧谗佞。 [4] 比周：勾连帮派。 [5] 阿党取与：迎合同党，争取同盟。与，结交，亲附。 [6] 阿贵事富：逢迎侍奉富贵者。 [7] 便辟：谄媚逢迎。伐矜：骄傲自夸。 [8] 衢：道路。

菽粟不足[1]，末生不禁[2]，民必有饥饿之色，而工以雕文刻镂相稚也[3]，谓之逆[4]。布帛不足，衣服毋度，民必有冻寒之伤，而女以美衣锦绣纂组相稚也[5]，谓之逆。万乘藏兵之国，卒不能野战应敌，社稷必有危亡之患，而士以毋分役相稚也[6]，谓之逆。爵人不论能，禄人不论功，则士无为行制死节[7]，而群臣必通外请谒[8]，取权道，行事便辟，以贵富为荣华以相稚也，谓之逆。

[注释]

[1]以下几句是说：粮食不足事末业，民众必有饥饿色，雕文刻镂相夸饰，这叫不干正经事。布帛不足制衣服，衣服无度没节制，民众必有冻寒伤，美衣锦绣相夸饰，这叫不干正经事。万乘藏兵号大国，野战应敌卒不能，社稷必有危亡患，武士争相逃兵役，这叫不干正经事。予爵不论人能力，给禄不论人功绩，武士不肯为国死，群臣通外走后门，好取权道善投机，行事便辟结小臣，贵富荣华相夸饰，这叫不干正经事。 [2]末生：末业，奢侈品生产。 [3]相稚：相互轻视，夸耀。 [4]逆：逆反，相反，抵触，违背。《管子》重农，以农为本，视奢侈品生产为末，意译为"不干正经事"。 [5]纂组：华丽彩带。 [6]分役：承担兵役。 [7]行制：执行命令。 [8]通外：私通外国。请谒：请托拜见。

朝有经臣[1]，国有经俗，民有经产。何谓朝之经臣？察身能而受官，不诬于上。谨于法令以治，不阿党。竭能尽力而不尚得[2]，犯难离患而不辞死[3]。受禄不过其功，服位不侈其能[4]。不以毋实虚受者，朝之经臣也。何谓国之经俗？所好恶不违于上，所贵贱不逆于令。毋上拂之事[5]，毋下比之说[6]。毋侈泰之养[7]，毋逾等之服[8]。谨于乡里之行，而不逆于本朝之事者，国之经俗也。何谓民之经产？畜长树艺[9]，务时殖谷，力农垦草，禁止末事者，民

务时殖谷重视农事，力农垦草粮食满仓。

之经产也。故曰，朝不贵经臣，则便辟得进，毋功虚取，奸邪得行，毋能上通。国不服经俗，则臣下不顺，而上令难行。民不务经产，则仓廪空虚，财用不足。便辟得进，毋功虚取，奸邪得行，毋能上通，则大臣不和。臣下不顺，上令难行，则应难不捷[10]。仓廪空虚，财用不足，则国毋以固守。三者见一焉，则敌国制之矣。

[注释]

[1]以下几句是说：朝廷要有正经臣，国家要有正经俗，民众要有正经产。朝有经臣是何意：按照能力受官职，不骗上级是原则。谨守法令以治国，结党营私要禁止。竭尽能力不谋私，遭遇患难不怕死。量功受禄不越级，按照能力给待遇。无功不能骗奖赏，朝之经臣有模样。国有经俗是何意：所好所恶不违上，所贵所贱不逆令。做事不能抗上级，勾结下级要禁止。奢侈生活要禁绝，逾等服用要放弃。乡里之行要谨慎，本朝之事不违逆，国之经俗这就是。民有经产是何意：饲养牲畜种好地，不误农时种佳谷，力农垦草禁末事，民有经产这就是。朝廷不贵正经臣，君侧小臣得进用，无功虚取高俸禄，奸邪得行不上通。国家不习正经俗，臣下不顺令难行。民众不务正经产，仓廪空虚无财用。君侧小臣得进用，无功虚取高俸禄，奸邪得行不上通，大臣不和臣不顺，上级命令难推行，要是打仗不能胜。仓廪空虚无财用，国防难守容易攻。仓廪空虚财不足，国家无法以固守。三种情况现一种，敌国控制国不宁。经，正经，正当，正常。　[2]不尚得：不

以"得"为上，即不计较得失。　[3]犯难离患：遭遇困难祸患。离，遭受。　[4]侈：超过。　[5]上拂：拂上，违背上级。拂，违背。　[6]下比：比下，勾结下级。比，勾结，顺从，和顺。　[7]侈泰：奢侈。　[8]逾等之服：超越等级的服用待遇。　[9]畜长树艺：饲养牲畜，种植果蔬。　[10]应难不捷：应对危难不能取胜。

故国不虚重[1]，兵不虚胜，民不虚用，令不虚行。凡国之重也，必待兵之胜也，而国乃重。凡兵之胜也，必待民之用也，而兵乃胜。凡民之用也，必待令之行也，而民乃用。凡令之行也，必待近者之胜也，而令乃行。故禁不胜于亲贵，罚不行于便辟，法禁不诛于严重而害于疏远，庆赏不施于卑贱而求令之必行，不可得也。能不通于官[2]，受禄赏不当于功，号令逆于民心，动静诡于时变[3]，有功不必赏，有罪不必诛，令焉不必行，禁焉不必止，在上位无以使下，而求民之必用，不可得也。将帅不严威，民心不专一，陈士不死制[4]，卒士不轻敌[5]，而求兵之必胜，不可得也。内守不能完，外攻不能服，野战不能制敌，侵伐不能威四邻，而求国之重，不可得也。德不加于弱小，威不信于强大，征伐不能服天下，而求霸诸侯，不可得也。威有与两立[6]，兵有与分争[7]，德不能怀远国，令不能一诸侯，而求王天下，不可得也。

[注释]

[1]以下几句是说：国家不会凭空强，兵阵不会凭空胜，民众不会凭空用，法令不会凭空行。国家强大待兵胜，凡兵取胜待民用，凡民被用待令行，凡令推行待亲守。禁令不制服亲贵，惩罚不加君侧臣，法禁不诛罪行重，而只加害疏远者，庆赏不施卑贱者，而求法令之必行，这是不可能办到。能人不能进官府，禄赏不符其功绩，号令违逆民众心，举止不能与时进，有功不一定加赏，有罪不一定加诛，法令必然不能行，禁令必然不能止，上级不能使下级，而求民众必被用，这是不可能办到。将帅不能有威严，民心必然不专一，战士必然不死令，士卒对敌不藐视，而求兵阵必取胜，这是不可能办到。内守城池不能坚，对外攻伐不能服，野战不能制服敌，侵伐不能威四邻，而求国家必强盛，这是不可能办到。德惠不能加弱小，威望不能信大国，征伐不能服天下，而求称霸于诸侯，这是不可能办到。国威有与并立者，兵力有与抗争者，德惠不能怀远国，号令不能一诸侯，而求称王于天下，这是不可能办到。　[2]能不通于官：能人不能进入官府。　[3]动静：举止。诡于时变：违反时势变化，不能与时俱进。　[4]陈士：军阵中的士兵，战士。陈，同"阵"。死制：死于军令。　[5]轻敌：指在战略上整体上藐视敌人，非指战术上局部上轻敌盲动。　[6]威有与两立：在国威上有与之并列的国家。　[7]兵有与分争：在兵力上有与之抗争的军队。

地大国富[1]，人众兵强，此霸王之本也，然而与危亡为邻矣。天道之数，人心之变。天道之数，至则反[2]，盛则衰。人心之变，有余则骄，骄则缓怠。夫骄者，骄诸侯，骄诸侯者，诸侯失于外。缓怠者，民乱于内。诸侯失于外，民乱于内，天道也，此危亡之时也。若夫地虽大，而不并兼，不攘夺；人虽众，不缓怠，不傲下；国虽富，不侈泰，不纵欲；兵虽强，不轻侮诸侯，动众用兵，必为天下政理[3]。此正天下之本，而霸王之主也。

国富兵强，危亡为邻。对立转化，天道人心。

[注释]

[1] 以下几句是说：土地广大国家富，人民众多兵力强，称霸称王的根本，然而危亡以为邻。天道之数有规律，人心之变有遵循。天道之数的规律：事物发展到极点，走向反面是必然；事物发展到极盛，走向衰亡是必然。人心之变有遵循：富贵有余则骄傲，骄傲自大则慢怠。所谓骄傲骄诸侯，骄诸侯者失于外。所谓慢怠慢人民，慢怠人民民乱内。骄诸侯者失于外，慢怠人民民乱内，这是天道盛则衰，危亡时刻就到来。国土虽大不兼并，国土虽大不抢夺；人口虽多不慢怠，人口虽多不傲下；国家虽富不奢侈，国家虽富不纵欲。兵虽强不轻诸侯，兵虽强大不侮辱。兴师动众用兵力，必为天下正经理。匡正天下有根本，称霸称王有宗旨。　[2] 至则反：物极必反。事物发展到尽头，必向相反方向转

化。至，到极点，到尽头。　[3]政：同"正"。

凡先王治国之器三[1]，攻而毁之者六。明王能胜其攻，故不益于三者，而自有国，正天下。乱王不能胜其攻，故亦不损于三者，而自有天下而亡。三器者何也？曰：号令也，斧钺也，禄赏也。六攻者何也？曰：亲也，贵也，货也，色也，巧佞也，玩好也。三器之用何也？曰：非号令毋以使下，非斧钺毋以威众，非禄赏毋以劝民。

[注释]

[1]以下几句是说：先王治国之器三，攻而毁之有六种。圣明君王胜其攻，治国手段不过三，保有国家正天下。乱王不能胜其攻，手段也不少于三，本有天下而败亡。治国之器哪三种？号令、刑罚和禄赏。败亡原因哪六种？亲贵货色前四种，巧佞玩好后两种。治国三器有何用：借助号令以使下，仰仗刑罚以威众，依靠禄赏以劝民。

六攻之败何也[1]？曰：虽不听而可以得存者，虽犯禁而可以得免者，虽毋功而可以得富者。凡国有不听而可以得存者，则号令不足以使下。有犯禁而可以得免者，则斧钺不足以威众。有毋功而可以得富者，则禄赏不足以劝民。号令不足以使下，斧钺不足以威众，禄赏不足以劝民，若此，则民毋为自用。民毋为自用，则战不胜。战不胜，而守不固。守不固，则敌国制之矣。然则先王将若之何？曰，不为六者变更于号令，不为六者疑错于斧钺[2]，不为六者益损于禄赏。若此，则远近一心。远近一心，则众寡同力。众寡同力，则战可以必胜，而守可以必固。非以并兼攘夺也，以为天下政治也[3]，此正天下之道也。

[注释]

[1]以下几句是说：败亡六因是什么：不听君令可得存，虽然犯禁可得免，虽然毋功可得富。国有不听可得存，则号令不足以使下。有犯禁可得以免，刑罚不足以威众。无功而可以得富，禄赏不足以劝民。号令不足以使下，刑罚不足以威众，禄赏不足以劝民，民众不为君效力。民众不为君效力，征战不能得胜利。征战不能得胜利，防守必然不坚固。防守必然不坚固，敌国制之必败亡。然则先王怎么办：不为六者变号令，不为六者弃刑罚，不为六者改禄赏，这样则远近一心，远近一心则同力，众寡同力则战胜，防守必然可坚固。不用并兼和抢夺，天下正治可实现，匡正天下有正道。　[2]疑错：犹豫实行，不坚持实行。错，通"措"。　[3]政：通"正"。

[点评]

篇名"重令",意即重视法令。本篇开宗明义说:"凡君国之重器,莫重于令。""明君察于治民之本,本莫要于令。"要求做到"唯令是视",提倡依法治国,法治为先,抽象概括一般哲学原理,是杰出的法哲学论文。如说:"地大国富,人众兵强,此霸王之本也,然而与危亡为邻矣。天道之数,人心之变。天道之数,至则反,盛则衰。人心之变,有余则骄,骄则缓怠。"利害福祸,富强危亡,对立统一,互相转化。"至则反,盛则衰",是"物极必反""对立转化"的一般哲学原理。"有余则骄,骄则缓怠",是一般生活哲学原理。

法　法

不法法^[1]，则事毋常。法不法^[2]，则令不行。令而不行，则令不法也。法而不行，则修令者不审也^[3]。审而不行，则赏罚轻也。重而不行，则赏罚不信也。信而不行，则不以身先之也。故曰禁胜于身^[4]，则令行于民矣。

> 管学的法概念，有不同层次："法法"指用法的手段推行法；"法不法"指不用法的手段推行法。把握管学法概念的不同层次，抽象表述有确解，意义探明味无穷。

[注释]

[1] 以下几句是说：不用法制手段推行法令，则国事无常规。法令不用法制的手段推行，则法令不能贯彻。法令不能推行，则是因为法令没有成为强制性的法律。成为强制性的法律，而不能推行，则是因为审修法令者不够审慎周密。审修法令者足够审慎周密，而不能贯彻，则是因为赏罚轻。赏罚重，而不能推行，则是因为赏罚不信实。赏罚信实，而不能贯彻，则是因为君主不以

身作则。所以说，用法律禁令制胜管控君主自身，君主以身作则，率先守法，则法令能够推行于民众。法法，用法的手段推行法。第一个"法"指用"法"的手段，第二个"法"指法律，法令，法度，法制。　[2]法不法：对象"法"（第一层次，法律，法令，法度，法制）不用"法"（第二层次，元，后设）的手段推行。　[3]修令者不审：审修法令者不审慎周密。如法令的宽严繁简，语义含混等，足以影响法令推行，应承担责任。　[4]禁胜于身：用法律禁令制胜管控君主自身。要求君主以身作则，率先遵从法律禁令。唐尹知章注："身从禁也。"

闻贤而不举[1]，殆。闻善而不索[2]，殆。见能而不使，殆。亲人而不固，殆。同谋而离，殆。危人而不能，殆。废人而复起，殆。可而不为，殆。足而不施，殆。几而不密[3]，殆。人主不周密，则正言直行之士危。正言直行之士危，则人主孤而毋内[4]。人主孤而毋内，则人臣党而成群。使人主孤而毋内，人臣党而成群者，此非人臣之罪也，人主之过也。

[注释]

[1]以下几句是说：得知贤才而不举用，要失败。得知善事而不访查，要失败。发现能人而不使用，要失败。亲近人而不坚定，要失败。共同谋划而疏离，要失败。想陷人于危而不能办到，要失败。废黜之人而再起用，要失败。事可为而不为，要失败。富

足而不施舍，要失败。机要而不能保密，要失败。君主行事不周密，则正言直行的人危险。正言直行的人危险，则君主孤立无亲。君主孤立无亲，则臣下结党成群。使君主孤立无亲，臣下结党成群，罪过不在臣下，而在君主。　[2]索：搜索，访查，寻找。　[3]几：隐微。　[4]内：亲近，亲信。

民毋重罪[1]，过不大也。民毋大过，上毋赦也。上赦小过，则民多重罪，积之所生也。故曰，赦出，则民不敬[2]。惠行，则过日益。惠赦加于民，而囹圄虽实，杀戮虽繁，奸不胜矣。故曰：邪莫如早禁之。凡赦者，小利而大害者也，故久而不胜其祸。毋赦者，小害而大利者也，故久而不胜其福。故赦者，奔马之委辔[3]。毋赦者，痤疽之砭石也[4]。文有三宥[5]，武毋一赦。惠者，多赦者也，先易而后难，久而不胜其祸。法者，先难而后易，久而不胜其福。故惠者，民之仇雠也。法者，民之父母也。太上以制制度，其次失而能追之，虽有过，亦不甚矣。赦过遗善，则民不励。有过不赦，有善不积，励民之道，于此乎用之矣。故曰，明君者，事断者也。

[**注释**]

[1] 以下几句是说：民无重罪，是因为过失不大。民无大过，是因为君主不随意赦免。君上赦小过，则民多重罪，这是逐渐积累所生成。所以说，赦令出，则民众不警惕。恩惠行，则过失日益增多。恩惠宽赦加于民，而监狱虽满，杀戮虽多，奸邪不能制止。所以说邪恶不如早禁。凡行宽赦，得小利而有大害，所以积久而不胜其祸。不宽赦，有小害而得大利，所以积久而不胜其福。所以宽赦，好比驾驭奔马而舍弃缰绳。不宽赦，好比痤疮痈疽得医治。文的一手有三宥，武的一手无一赦。所谓惠，就是多赦，先易后难，积久而不胜其祸。所谓法，先难后易，积久而不胜其福。所以惠，是民之仇敌。法，是民之父母。最佳选项，是"以制制度"：用法制控制行为的度量界限。第二等选项，是有过失尚能追正，这样虽有过失，也不严重。赦免过失，遗忘善事，则民众得不到劝勉。有过不赦，有善不积而赏，是励众之道的巧妙运用。所以说明君善断。　　[2] 敬：同"儆"，警戒，警醒。　　[3] 委：抛弃，舍弃。綪：缰绳。　　[4] 痤疽：痤疮痈疽。砭石：用石针扎刺医病。　　[5] 宥：宽宥，宽容，饶恕。

君有三欲于民[1]。三欲不节，则上位危。三欲者何也？一曰求，二曰禁，三曰令。求必欲得，禁必欲止，令必欲行。求多者，其得寡。禁多者，其止寡。令多者，其行寡。求而不得，则威日损。禁而不止，则刑罚侮。令而不行，则下凌上。故未有能多求而多得者也，未有能多禁而多止者也，未有能多令而多行者也。故曰，上苛则下不听，下不听而强以刑罚，则为人上者众谋矣。为人上而众谋之，虽欲毋危，不可得也。号令已出又易之，礼义已行又止之，度量已制又迁之，刑法已错又移之。如是，则庆赏虽重，民不劝也。杀戮虽繁，民不畏也。故曰，上无固植[2]，下有疑心。国无常经，民力必竭，数也[3]。

[注释]

[1]以下几句是说：君对民有三种欲求。三种欲求不节制，则上位危险。三种欲求是什么？求取、禁止和命令。求取一定想得到，禁止一定想落实，命令一定想推行。求取过多所得寡，制止过多难落实，命令过多行者寡。求而不得威日损，禁而不止刑罚侮，令而不行下凌上。所以从来没有多求能多得，没有多禁能多止，没有多令能多行。所以说上面过于苛刻，下面就不会听，下面不听而强加刑罚，君上就会被众人谋。君上而被众人谋，虽想无危办不到。号令已出又改变，礼仪已行又废止，度量已定又变迁，刑法已行又移动，赏赐虽重民不勉，杀戮虽多民不怕。所以说上级意志不坚定，下级必然有疑心。国无常经和常法，民众不肯尽全力，此乃必然有规律。 [2]植：通"志"，心志。 [3]数：规律，必然性，道，理。

明君在上位[1]，民毋敢立私议自贵者[2]。国毋怪严，毋杂俗，毋异礼，士毋私议。倨傲易道家哲学有辩证法，随手拈来证明管学。道法合流成为趋势，管仲法学融汇道学。

令^[3]，错仪画制^[4]，作议者尽诛。故强者折，锐者挫，坚者破。引之以绳墨，绳之以诛僇，故万民之心皆服而从上，推之而往，引之而来。彼下有立其私议自贵，分争而退者，则令自此不行矣。故曰，私议立则主道卑矣，况夫偪傲易令，错仪画制，变易风俗，诡服殊说犹立^[5]。上不行君令，下不合于乡里，变更自为，易国之成俗者，命之曰不牧之民。不牧之民，绳之外也，绳之外诛。使贤者食于能，斗士食于功。贤者食于能，则上尊而民从。斗士食于功，则卒轻患而傲敌。上尊而民从，卒轻患而傲敌，二者设于国，则天下治而主安矣。

[注释]

[1] 以下几句是说：如果明君在上位，谁敢私议自尊贵。国无怪厉无杂俗，没有异礼没私议。傲慢改令自立制，作议肇事尽诛罚。强者易折锐者挫，坚者易破有深意。引来绳墨定曲直，绳以诛戮行法律，万民心服皆从上，推之而往建功业，引之而来好梦成。私立异说自尊贵，纷然争论避罪责，君令自此行不通。私议成立主道卑，傲慢改令自立制，变易风俗着奇装，假语怪说犹树立。权臣不行君主令，下级不合众乡里，变更法制恣意为，易国成俗好标新，名叫不服管之民。不服管控之民众，逃到法度准绳外，逃越法度受诛罚。贤者吃饭靠能力，斗士吃饭靠战功。贤者

吃饭靠能力,君上尊贵民服从。斗士吃饭靠战功,士卒轻患而傲敌。君上尊贵民服从,士卒轻患而傲敌。二者设立于国家,天下得治君主安。 [2]私议自贵:私自乱议,妄自尊大。 [3]倨傲易令:傲慢不恭,私改法令。 [4]错仪画制:臣民自行立法定制。错,同"措"。 [5]诡服:心口不一,与心志相违。

爵不尊[1],禄不重者,不与图难犯危,以其道为未可以求之也。是故先王制轩冕[2],所以著贵贱,不求其美。设爵禄,所以守其服[3],不求其观也。使君子食于道,小人食于力。君子食于道,则上尊而民顺。小人食于力,则财厚而养足。上尊而民顺,财厚而养足,四者备体,则胥时而王不难矣[4]。

[注释]

[1]以下几句是说:爵位不尊,俸禄不重,就没有人愿意赴难冒险,因为他的办法不足以让人为他这样做。所以先王制轩冕,用来显示贵贱,不求美丽。设爵禄,是用来确定其待遇,不求外观好看。使君子吃饭靠道术,小人吃饭靠劳力。使君子吃饭靠道术,则君主尊严,民众顺从。小人吃饭靠劳力,财物丰富奉养足。君主尊严,民众顺从,财物丰富,奉养充足,四者齐备,不难待时而称王。 [2]轩冕:卿大夫的乘车礼帽,有等级差别。 [3]守:保守,规定,确定。服:衣服车马等待遇享受。 [4]胥时:待时。"胥"通"须",等待。《君臣上》:"须令而动也。"

> 提倡节俭是墨子之道，墨法合流汇为江河。

明君制宗庙[1]，足以设宾祀，不求其美。为宫室台榭，足以避燥湿寒暑，不求其大。为雕文刻镂，足以辨贵贱，不求其观。故农夫不失其时，百工不失其功，商无废利，民无游日，财无砥墆[2]。故曰：俭其道乎！

[注释]

[1]以下几句是说：明君建宗庙，足以设祭祀，不求美观。修宫室台榭，足以防避燥湿寒暑，不求广大。雕饰刻镂，足以区别贵贱，不求观看。农夫不误季节，工匠不误功效，商人不误营利，民众不闲游，财货无积压。所以节俭是正道。 [2]砥墆：积压不通。

令未布[1]，而民或为之，而赏从之，则是上妄予也。上妄予，则功臣怨。功臣怨，而愚民操事于妄作。愚民操事于妄作，则大乱之本也。令未布而罚及之，则是上妄诛也。上妄诛，则民轻生。民轻生，则暴人兴，曹党起，而乱贼作矣。令已布而赏不从，则是使民不劝勉，不行制，不死节。民不劝勉，不行制，不死节，则战不胜而守不固。战不胜而守不固，则国不安矣。令已布而罚不及，则是教民不听。民不听，则强者立。

强者立，则主位危矣。故曰，宪律制度必法道，号令必著明，赏罚信必，此正民之经也[2]。

[注释]

[1]以下几句是说：法令没公布，而民众偶然做到，就给赏，则是君上乱赏。君上乱赏，则功臣埋怨。功臣埋怨，而愚民胡作非为。愚民胡作非为，则是大乱的根源。法令没公布，就给予惩罚，则是君主乱罚。君主乱罚，则民众轻生。民众轻生，则暴徒兴，朋党起，而乱贼发作。法令已公布，而赏不兑现，则民众得不到鼓励，不行令，不为国死节。民众得不到鼓励，不执行规章，不为国死节，则战不能胜，守不能固。战不能胜，守不能固，则国不安。法令已公布，罚不兑现，则是叫民众不听从法令。人民不听从法令，则强人兴。强人兴，则君主地位危险。法律制度必须遵从治国之道，号令必须严明，赏罚必须信实，这是引导民众的规范。　[2]经：规范，准则。

凡大国之君尊[1]，小国之君卑。大国之君所以尊者，何也？曰：为之用者众也。小国之君所以卑者，何也？曰：为之用者寡也。然则为之用者众则尊，为之用者寡则卑，则人主安能不欲民之众为己用也？使民众为己用，奈何？曰：法立令行，则民之用者众矣。法不立，令不行，则民之用者寡矣。故法之所立，令之所行者多，而所废者寡，则民不诽议。民不诽议，则听从矣。法之所立，令之所行，与其所废者钧，则国毋常经。国毋常经，则民妄行矣。法之所立、令之所行者寡，而所废者多，则民不听。民不听，则暴人起而奸邪作矣。

[注释]

[1] 以下几句是说：凡是大国的君主地位高，小国的君主地位低。为什么大国君主地位高？回答是：被他使用的民众多。为什么小国君主地位低？回答是：被他使用的民众少。既然被他使用的民众多，则地位高，被他使用的民众少，则地位低，则君主怎能不想有更多民众为己所用？怎样才能使民众多为己用？回答是：制订法律，推行命令，则民众服用者多。法律不制订，命令不推行，则民众服用者少。所以，法能成立，令能行者多，而所废弃者少，则民不非议。民不非议，则听从。能制订的法律、能推行的命令，跟所废弃的均等，则国家没有稳定的法律。国家没有稳定的法律，则民肆意妄行。能制订的法律、能推行的命令少，而所废弃者多，则民不听从。民不听从，则暴徒兴起，而奸邪作乱。

计上之所以爱民者[1]，为用之爱之也。为爱民之故，不难毁法亏令，则是失所谓爱民矣。夫以爱民用民，则民之不用明矣。夫善用民者，杀之危之，劳之苦之，饥之渴之。用民者将致之此极也,而民毋可与虑害己者,明王在上,道法行于国,民皆舍所好而行所恶。故善用民者,轩冕不下儗[2],而斧钺不上因。如是,则贤者劝而暴人止。贤者劝而暴人止,则功名立其后矣。蹈白刃,受矢石,入水火,以听上令。上令尽行,禁尽止。引而使之,民不敢转其力。推而战之,民不敢爱其死。不敢转其力,然后有功。不敢爱其死,然后无敌。进无敌,退有功,是以三军之众,皆得保其首领,父母妻子完安于内。故民未尝可与虑始,而可与乐成功。是故仁者、知者、有道者,不与人虑始。

[注释]

[1] 以下几句是说:考察君上之所以爱民,是为用而爱。为了爱民的缘故,不怕毁坏削减法令,则是失去所谓爱民的意义。单从"爱民"的观点出发来用民,则民众不被用,道理明显。最会用民者,可用杀戮、危害、劳苦、饥渴等方法。用民者把这种方法推行到极点,而民众没有考虑到是害己,是因为明王在上,道术法制通行全国,民众都能舍弃所爱,而行所恶。所以善用民的,赏赐不降等,而惩罚不加严,则贤人受鼓励,而暴徒止息。贤人受鼓励,而暴徒止息,则功成名就。踏白刃,披矢石,赴汤蹈火,以听君令。君令都能推行,要禁都能禁止。引导而使用,民众不敢转移力量。送去打仗,民众不敢爱惜生命。不敢转移力量,然

后有功。不敢爱惜生命,然后无敌。进无敌,退有功,于是三军之众,都能保全生命,父母妻子在国内完好安居。民众不可以跟他谋划开始,而可以跟他乐享成功。仁者,智者,有道者,不跟人谋划开始。　[2]下儳:向下降等。

国无以小与不幸而削亡者[1],必主与大臣之德行失于身也,官职、法制、政教失于国也,诸侯之谋虑失于外也,故地削而国危矣。国无以大与幸而有功名者,必主与大臣之德行得于身也。官职、法制、政教得于国也,诸侯之谋虑得于外也,然后功立而名成。然则国何可无道?人何可无求?得道而导之,得贤而使之,将有所大期于兴利除害。期于兴利除害,莫急于身,而君独甚。伤也,必先令之失。人主失令而蔽[2],已蔽而劫,已劫而弑。

[**注释**]

[1]以下几句是说:国没有因为小和不幸而削弱危亡的,必定是因为君主和大臣自身丧失德行,国内官职、法制、政教有失误,国外对诸侯国的谋虑有失误,所以领土减少,国家陷于危险境地。国家没有因为大和侥幸而功成名就的,必定是因为君主和大臣自身具有德行,国内官职、法制、政教有得,国外对诸侯国的谋虑有得,然后功成名就。既然如此,治国怎能无正道?人怎能不用

贤？得正道而引导，得贤人而使用，兴利除害将大可期待。期待兴利除害，亟须以身作则，而国君为甚。伤害，必先起因于法令的失误。君主法令失误，会受蒙蔽。已受蒙蔽，会被劫制。已受劫制，会被杀。　[2]蔽：蒙蔽。

凡人君之所以为君者[1]，势也。故人君失势，则臣制之矣。势在下，则君制于臣矣。势在上，则臣制于君矣。故君臣之易位，势在下也。在臣期年[2]，臣虽不忠，君不能夺也。在子期年，子虽不孝，父不能服也。故《春秋》之记，臣有弑其君，子有弑其父者矣。故曰，堂上远于百里，堂下远于千里，门庭远于万里。今步者一日，百里之情通矣。堂上有事，十日而君不闻，此所谓远于百里也。步者十日，千里之情通矣。堂下有事，一月而君不闻，此所谓远于千里也。步者百日，万里之情通矣。门庭有事，期年而君不闻，此所谓远于万里也。故情入而不出，谓之灭。出而不入，谓之绝。入而不至，谓之侵。出而道止，谓之壅。灭、绝、侵、壅之君者，非杜其门而守其户也，为政之有所不行也。故曰，令重于宝，社稷先于亲戚[3]，法重于民，威权贵于爵禄。故不为重宝轻号令，不为亲戚后社稷，不为爱民枉法律，不为爵禄分威权。故曰：势非所以予人也。

[注释]

[1]以下几句是说：凡君主之所以成为君主，是因有权势。所以君主失权势，则被臣下控制。权势在下，君主被臣下控制。权势在上，臣下由君主控制。所以君臣地位颠倒，是因权势在下。臣下得权势一年，臣虽不忠，君主不能夺权。儿子得权势一年，子虽不孝，父亲不能制服。所以《春秋》记载，有臣杀君，有子杀父。所以说，堂上可以比百里还远，堂下可以比千里还远，门庭可以比万里还远。现在步行一天，百里内的情况都可以了解。堂上有事，十天君不知，这叫比百里还远。步行十天，千里内的情况都可以了解。堂下有事，一月君不知，这叫比千里还远。步行百天，万里内的情况都可以了解。门庭有事，一年君不知，这叫比万里还远。所以，报告情况进而不出，叫"灭"（湮灭）。情况出而不进，叫"绝"（断绝）。情况上报，不达君主，叫"侵"（侵夺）。情况下达，中途停止，叫"壅"（壅塞）。有"灭"（湮灭）、"绝"（断绝）、"侵"（侵夺）和"壅"（壅塞）问题的国君，并不是杜绝封守其门户，而是因为政令有所不行。所以说法令重于珍宝，社稷先于至亲，法度重于民众，威权贵于爵禄。所以不可因为重视珍宝，而轻视号令。不可因为重视至亲，而轻视社稷。不可因为爱民，而违背法律。不可因为重视爵禄，而分散威权。所以说权势不能给予人。　[2]期年：整年。　[3]亲戚：父母至亲。

所谓正即正合适，恰到好处就是正。法律就是合乎标准，侵害法律是不正。合理合法才是正确，合理合法才是政治。政的定义谐音正，法哲原理定盘星。

政者[1]，正也[2]。正也者，所以正定万物之命也[3]。是故圣人精德立中以生正，明正以治国。

故正者，所以止过而逮不及也。过与不及也，皆非正也。非正，则伤国一也。勇而不义，伤兵；仁而不法，伤正。故军之败也，生于不义；法之侵也，生于不正。故言有辩而非务者，行有难而非善者[4]。故言必中务，不苟为辩；行必思善，不苟为难。

[注释]

[1]以下几句是说：政的定义就是正。正是正定万物命。圣人精德立中正，显明正道治国政。矫正过头补不及，过头不及都非正。过头不及都非正，伤害国家效均等。勇敢不义伤兵阵，仁而违法伤其正。军队之败因不义，法度侵蚀因不正。辩不务正成诡辩，行而非善为邪行。言必务正合道理，不苟为辩言归正。行必思善行善意，不苟敬慎行归正。政，政治。　[2]正：规正，纠正，匡正。　[3]命：性命，命运。　[4]难：敬慎。

规矩者[1]，方圜之正也。虽有巧目利手，不如拙规矩之正方圜也。故巧者能生规矩，不能废规矩而正方圜。虽圣人能生法，不能废法而治国。故虽有明智高行，倍法而治，是废规矩而正方圜也。

正圆的标准是圆规，治国的标准是法律。不能正圆废掉圆规，不能治国废除法律。

[**注释**]

[1] 以下几句是说：规矩是用来矫正方圆的。虽有巧目和利手，不如简陋的规矩来矫正方圆。巧匠虽能造规矩，但不能抛弃规矩来矫正方圆。圣人虽能定法制，但不能抛弃法律来治国。虽然有明澈的智慧和高深的修养，违背法律而治国，等于抛开规矩来矫正方圆。

一曰[1]，凡人君之德行威严，非独能尽贤于人也。曰人君也，故从而贵之，不敢论其德行之高卑有故。为其杀生，急于司命也。富人贫人，使人相畜也。良人贱人，使人相臣也。人主操此六者以畜其臣，人臣亦望此六者以事其君。君臣之会，六者为之谋[2]。六者在臣期年，臣不忠，君不能夺。在子期年，子不孝，父不能夺。故《春秋》之记，臣有弑其君，子有弑其父者，得此六者，而君父不智也[3]。六者在臣，则主蔽矣。主蔽者，失其令也。故曰：令入而不出谓之蔽，令出而不入谓之壅，令出而不行谓之牵，令入而不至谓之瑕。牵、瑕、蔽、壅之事君者，非敢杜其门而守其户也，为令之有所不行也。此其所以然者，由贤人不至，而忠臣不用也。故人主不可以不慎其令。令者，人主之大宝也。

[注释]
[1]以下几句是说：有种说法，凡君主的德行威严，并非都比别人强。说他是君主，所以尊崇他，不敢计较其德行的高尚卑贱。因为他有生杀大权，比掌握命运的神还厉害。他有使人贫富，使之互相供养的大权。有使人贵贱，使之互相服从的大权。君主掌握这六点来管理其臣，臣下看此六点事奉其君。君臣会合，靠这六点为媒介。六点在臣一年，臣虽不忠，君不能夺；在子一年，子虽不孝，父不能夺。《春秋》记载，有臣杀君，有子杀父，就因得此六点而君父不知道的缘故。六者在臣君主蔽，君主蒙蔽则失令。令入不出叫作蔽，令出不入叫作壅，令出不行叫作牵，令入受阻叫作瑕。牵瑕蔽壅俱在君，不因封门堵窗户，而因有令不能行。这种情况会出现，贤人不至忠不用。君主不可不重令，令是君主聚宝瓶。　[2]谋：通"媒"。　[3]智：同"知"。

一曰[1]，贤人不至谓之蔽，忠臣不用谓之塞，令而不行谓之障，禁而不止谓之逆。蔽、塞、障、逆之君者，不敢杜其门而守其户也，为贤者之不至、令之不行也。

[注释]
[1]以下几句是说：有种说法，贤人不至叫作蔽（蒙蔽），忠臣不用叫作塞（堵塞），令而不行叫作障（障碍），禁而不止叫作逆（违逆）。蔽（堵塞）、塞（堵塞）、障（障碍）、逆（违逆）俱

在君，并非封门堵窗户，而因贤者之不至，君主有令不能行。

凡民从上也[1]，不从口之所言，从情之所好者也。上好勇，则民轻死。上好仁，则民轻财。故上之所好，民必甚焉。是故明君知民之必以上为心也，故置法以自治，立仪以自正也。故上不行，则民不从。彼民不服法死制，则国必乱矣。是以有道之君，行法修制，先民服也。

[**注释**]
[1]以下几句是说：凡是民众听上层，不是听从空口说，而是因为情所好。上层好勇民轻死，上层好仁民轻财。凡是上层有所好，民必追随更增强。明君知民必听上，确立法制治自己，树立礼仪以自正。上级不以身作则，下面民众不服从。如果民众不服法，不死军制国必乱。是以君主若有道，精修制度行法令。以身作则先民众，树立典范靠躬行。

凡论人有要[1]，矜物之人，无大士焉。彼矜者满也，满者虚也。满虚在物，在物为制也。矜者，细之属也。凡论人而远古者，无高士焉。既不知古而易其功者，无智士焉。德行未成于身而远古，卑人也。事无资[2]，遇时而简其业者[3]，愚士也。钓名之人，无贤士焉。钓利之君，无王主焉。贤人之行其身也，忘其有名也。王主之行其道也，忘其成功也。贤人之行，王主之道，其所不能已也[4]。

[注释]
[1]以下几句是说：凡评论人有要领，骄傲之人无伟人。骄傲之人是自满，自满之人是空虚。有了自满和空虚，为物所制受局限，骄矜傲慢细之属，骄傲不能成伟人。论人离古无高士，不知古道轻其功，骄傲自满无智士。德行未成而离古，背弃先王是卑人。事无根底轻其业，一事无成是愚人。钓名之人无贤士，钓利之君无王主。贤人行事忘其名，王主行道忘其功。贤人之行王主道，行道正直不能停。 [2]资：资本，本钱，基础。 [3]简：简慢，轻忽，忽视。 [4]已：停止，终结。

明君公国一民，以听于世[1]；忠臣直进，以论其能。明君不以禄爵私所爱，忠臣不诬能以干爵禄[2]。君不私国，臣不诬能。行此道者，虽未大治，正民之经也。今以诬能之臣，事私国之君，而能济功名者，古今无之。诬能之人易知也。臣度之先王者，舜之有天下也，禹为司空，契为司徒，皋陶为李，后稷为田。此四士者，天下之贤人也，犹尚精一德，以事其君。今诬能之人，服事任官，皆兼四贤之能。自此观之，功名之不立，亦易知也。故列尊禄重，无以不受也。势利官大，无以不从也。以此事君，此所谓诬能篡利之臣者也。世无公国之君，则无直进之士。无论能之主，则无成功之臣。昔者三代之相授也，安得二天下而私之。

[注释]

[1]以下几句是说：明君公心以治世，忠臣直进以尽能。明君不把禄爵私授给自己喜爱的人，忠臣不冒充有才能来猎取爵禄。君主不以私治国，大臣不冒充有能。行此道者未大治，正民之经有准则。冒充有才能的臣，事奉以私治国的君，功成名就古今无。冒充有才能的臣，很容易被识破。揣度先王虞舜贤，禹为司空，契为司徒，皋陶就是治狱官，后稷为官管农田。四者都是大贤人，尚专一能以事君。今之大臣喜欢冒充有才能，服侍任官爱欺骗。胡说皆兼四贤能，一专多能多益善。功名不立自此观，谎言骗局易拆穿。列尊禄重无不受，势利官大无不从。以此事君不信实，都是诬能篡利臣。世无君主出公心，则无直进忠正臣。君主无能识真假，则无成功正直臣。三代相授夏商周，安得二世而独占。　[2]诬：诬枉，欺骗，造假。

贫民伤财[1]，莫大于兵。危国忧主，莫速于兵。此四患者明矣，古今莫之能废也。兵当废而不废，则古今惑也。不废而欲废之，则亦惑也。此二者伤国一也。黄帝、唐、虞，帝之隆也，资有天下，制在一人。当此之时也，兵不废。今德不及三帝，天下不顺，而求废兵，不亦难乎？故明君知所擅，知所患。国治而民务积[2]，此所谓擅也[3]。动与静，此所患也[4]。是故明君审其所擅，以备其所患也。

[注释]

[1]以下几句是说：劳民伤财兵最烈，危国伤君兵更速。四种祸患很明显，古今莫之能废除。兵当废除而不废，古今迷惑不能除。兵不当废而欲废，也是迷惑犯错误。废和不废两错误，为害国家在一处。黄帝唐虞帝业隆，资有天下在一人，当此之时兵不除。现今德业有不及，天下不顺不太平，而求废兵太糊涂。明君心里有盘算，知所专擅知所患。君主专擅是治国，知其所患是备战。民众专擅务积蓄，国富民强靠积储。动静失宜祸患生，防患未然是所宜。明君审其所专擅，备其所患防未然。　[2]务积：专事积储。　[3]擅：专擅。君专擅治国，民专擅积储。　[4]动与静，此所患也：唐尹知章注"动静失宜，则患生也。"

猛毅之君[1]，不免于外难。懦弱之君，不免于内乱。猛毅之君者轻诛，轻诛之流，道正者不安。道正者不安，则材能之臣去亡矣。彼智者知吾诚伪，为敌谋我，则外难自是至矣。故曰，猛毅之君不免于外难。懦弱之君者重诛，重诛之过，行邪者不革。行邪者久而不革，则群臣比周。群臣比周，则蔽美扬恶。蔽美扬恶，则内乱自是起矣。故曰懦弱之君，不免于内乱。明君不为亲戚危其社稷，社稷戚于亲[2]；不为君欲变其令，令尊于君。不为重宝分其威，威贵于宝；不为爱民亏其法，法爱于民。

[注释]

[1]以下几句是说：猛君不免于外患，弱君不免于内乱。猛毅君主轻杀人，轻杀道正者不安。如若道正者不安，才能之臣出国门。本国虚实彼尽知，为敌谋我有外患。所以说猛君不免于外患。懦弱君主惜诛罚，姑息诛罚有过错，行邪道者不改邪。行邪道者不改邪，群臣比周朋党结。群臣比周朋党结，蔽美扬恶爱行邪。蔽美扬恶爱行邪，内乱发生从此起。所以说弱君不免于内乱。明君不为至亲危害其社稷，社稷重于亲；不为私欲变法令，法令尊于君；不为重宝分威权，威权重于宝；不为爱民害法度，爱法甚于民。 [2]戚：亲近。

[点评]

篇名"法法"，意指"以法行法"，即用法律的手段推行法律。"法法"概念，前一"法"，指用"法"的手段。这"法"属于"元"（后设）的层次。后一"法"，指"法"

的对象，是属于"对象"的层次。篇中开宗明义："不法法，则事毋常。法不法，则令不行。"不用"法"的手段推行法度，国事无常规。对象"法"（法律，法令，法度，法制）不用"法"（元，后设）的手段推行，则"令"（法令，政令，命令）不能贯彻。本篇既重视立法，即设置创立法（对象法律，法令，法度，法制），又重视"以法行法"，即用"法"（元，后设）的手段推行"法"（对象法律，法令，法度，法制）。

篇中说："规矩者，方圜之正也。虽有巧目利手，不如拙规矩之正方圜也。故巧者能生规矩，不能废规矩而正方圜。虽圣人能生法，不能废法而治国。故虽有明智高行，倍法而治，是废规矩而正方圜也。"借用这个比喻来说，"法法"概念，前一"法"，相当于"正方圜"的"规矩"（准则），后一"法"，相当于为规矩所纠正的"方圜"（对象）。这是现今"依法治国"命题的渊源，是"以法行法"命题的开端。本篇从元法学角度，深刻论证"以法治国"和"以法行法"的命题，蕴含"对象法"和"元法"（后设）二分的意谓，这是创造性诠释学的层次分析法。

本篇从法哲学角度，提升一般哲学的命题和原理。如从日常法律现象，概括提升一般哲学的命题和原理说："故强者折，锐者挫，坚者破。"体现"物极必反""向对立面转化"的辩证法精髓。

篇中说："政者，正也。正也者，所以正定万物之命也。是故圣人精德立中以生正，明正以治国。故正者，所以止过而逮不及也。过与不及也，皆非正也。非正，则伤国一也。"其中部分命题:"正也者,所以正定万物之命也。""故正者,所以止过而逮不及也。过与不及也,皆非正也。"是属于一般哲学或纯哲学命题,具有普遍广泛的应用价值。

　　正即正确,正确是把握事物质和量的界限范围,即事物质的规定性,而纠正"过"(过分,过度)与"不及"(不足量,亏欠)两种偏向,属于存在论、本体论、本质论、辩证法和方法论的范畴。篇中说:"故言有辩而非务者。""故言必中务,不苟为辩。"包含中国古代辩论术(逻辑学)的规则规范,是法哲学和逻辑学的结合。

兵 法

明一者皇[1]，察道者帝，通德者王，谋得兵胜者霸。故夫兵，虽非备道至德也，然而所以辅王成霸。今代之用兵者不然，不知兵权者也[2]。故举兵之日而境内贫，战不必胜，胜则多死，得地而国败。此四者，用兵之祸者也。四祸其国，而无不危矣。

法家管仲确有兵法，兵法之中融汇道学。

[注释]

[1] 以下几句是说：探明万物终极本原的人成皇业，察知治道的人成帝业，通达德政的人成王业，谋略当而决战胜的人成霸业。所以兵战，虽非最高道德的典范，然而可以辅助王业，成就霸业。现代用兵的人则不这样，都是不知用兵要权衡利弊的人。所以发

兵之日国内穷,打仗不一定胜利,胜则多死,得地而国败。这四点,是用兵的祸患。四祸俱在,国无不危。一:万物终极本原。《老子》三十九章:"万物得一以生。" [2]权:本义秤锤,引申为秤量,衡量,权衡。

《大度》之书曰[1],举兵之日而境内不贫,战而必胜,胜而不死,得地而国不败。为此四者若何?举兵之日而境内不贫者,计数得也[2]。战而必胜者,法度审也。胜而不死者,教器备利,而敌不敢校也。得地而国不败者,因其民也[3]。因其民,则号制有发也。教器备利,则有制也[4]。法度审,则有守也。计数得,则有明也。治众有数,胜敌有理。察数而知理,审器而识胜,明理而胜敌。定宗庙,遂男女,官四分[5],则可以定威德,制法仪,出号令,然后可以一众治民。

[注释]
[1]以下几句是说:《大度》书说,举兵之日国内不穷,战而必胜,胜而不死,得地而国不败。怎么做到这四点?举兵之日国内不穷,是因为筹算得当。战而必胜,是因为法度严明。胜而不死,是因为教练有素,器械锐利,而敌人不敢较量。得地而国不败,是因为顺应其民众。顺应其民众,则号令制度可以发出。教练有素,器械锐利,则有控制能力。法度严明,则有所遵循。筹

算得当，则有先见之明。治理兵众有术数，战胜敌国有道理。审察术数而知道理，审知器械而识胜理，明察道理而必胜敌。安定宗庙，养育儿女，士农工商四种职事分业尽责，则可以树威立德，制定仪法，发布号令，然后可以统一治理民众。《大度》：古佚书篇名。　[2]计数：计算，筹算。　[3]因：顺应。　[4]制：节制，控制。　[5]官四分：指士农工商四种职事分业尽责。官，官能，职事，职业。

兵无主[1]，则不蚤知敌。野无吏，则无蓄积。官无常[2]，则下怨上。器械不巧，则朝无定[3]。赏罚不明，则民轻其产。故曰，早知敌，则独行[4]。有蓄积，则久而不匮[5]。器械巧，则伐而不费[6]。赏罚明，则勇士劝也。

[注释]

[1]以下几句是说：兵无主帅，则不能早知敌情。田野无官吏管理，则无粮草蓄积。官府无常法，则下级埋怨上级。器械不巧，朝廷不安定。赏罚不明，则民众轻视生产。所以说早知敌情，则独立行动无人敌。有蓄积，则经久而不匮乏。器械巧，则攻伐顺利。赏罚分明，则勇士劝勉。　[2]常：常规，常法。　[3]定：安定。　[4]独行：独立行动，所向无敌，如入无人之境。　[5]匮：匮乏，缺乏。　[6]费：同"拂"，违背，不顺。

三官不缪[1]，五教不乱，九章著明，则危危而无害，穷穷而无难。故能致远以数，纵强以制[2]。三官：一曰鼓。鼓所以任也，所以起也，所以进也。二曰金。金所以坐也，所以退也，所以免也。三曰旗。旗所以立兵也，所以利兵也，所以偃兵也[3]。此之谓三官。有三令而兵法治也。五教：一曰教其目以形色之旗。二曰教其耳以号令之数。三曰教其足以进退之度。四曰教其手以长短之利。五曰教其心以赏罚之诚。五教各习，而士负以勇矣。九章：一曰举日章则昼行。二曰举月章则夜行。三曰举龙章则行水。四曰举虎章则行林。五曰举鸟章则行陂。六曰举蛇章则行泽。七曰举鹊章则行陆。八曰举狼章则行山。九曰举韟章则载食而驾[4]。九章既定，而动静不过。

[注释]

[1]以下几句是说："三官"不误，"五教"整齐，"九章"彰明，则虽处极度危险之境而无害，虽处极度穷困之境而无难。所以能有术以行远，有能力以总控众强。"三官"是什么？第一是鼓，鼓是为了鼓动作战，为了发起，为了进攻。第二是金，金是为了防守，为了退兵，为了免战。第三是旗，旗是为了树立兵阵，为了有利于战斗，为了停战息兵。这叫作"三官"。有这"三官"之令，则兵法得用。"五教"是什么？第一是教练战士用眼，看

清各种形色旗帜。第二是教练战士用耳，听清各种号令的数目。第三是教练战士用足，赶上进退的脚步。第四是教练战士用手，把握长短不等的利器。第五是教练战士用心，认知赏罚的诚信。"五教"全都熟习，而士卒逞勇拼搏。"九章"是什么？第一是举日章，则白日行军。第二是举月章，则夜里行军。第三是举龙章，则水里行军。第四是举虎章，则林木行军。第五是举鸟章，则丘陵行军。第六是举蛇章，则草泽行军。第七是举鹊章，则陆路行军。第八是举狼章，则山间行军。第九是举韬章，则载食驾车。"九章"既定，则行止有序。　[2]纵强以制：以制度总领强国。纵，总。　[3]偃：停止，停息。　[4]韬（gāo）：通"橐"，弓箭兵器套，举此旗标志退兵。

三官[1]、五教、九章，始乎无端，卒乎无穷。始乎无端者，道也。卒乎无穷者，德也。道不可量，德不可数也。故不可量，则众强不能图。不可数，则伪诈不敢向。两者备施，则动静有功。径乎不知，发乎不意。径乎不知，故莫之能御也。发乎不意，故莫之能应也。故全胜而无害。因便而教，准利而行。教无常，行无常。两者备施，动乃有功。

[注释]
[1]以下几句是说：运用三官、五教和九章，开始没有起点，结束没有终点。开始没有起点是道，结束没有终点是德。道不能

量，德不能数。所以不能量，则众强不能图谋算计我。不能数，则诈伪不敢来犯。两者兼施，则动止有效。走别人不知道的路，发兵出其不意。走别人不知道的路，所以不能抵御。发兵出其不意，所以不能应付，全胜而无害。根据权变而教练，按照利益而行动，教练和行动不拘常规，两者兼施，动乃有效。

> 为兵要活用辩证法，指挥若定如有神。胸有成竹心中有数，稳操胜券具匠心。

器成教施[1]，追亡逐遁若飘风，击刺若雷电。绝地不守[2]，恃固不拔[3]，中处而无敌[4]，令行而不留。器成教施，散之无方，聚之不可计。教器备利，进退若雷电，而无所疑匮[5]。一气专定，则傍通而不疑。厉士利械，则涉难而不匮。进无所疑，退无所匮，敌乃为用。凌山阬，不待钩梯。历水谷，不须舟楫。径于绝地，攻于恃固，独出独入而莫之能止。实不独入，故莫之能止。实不独见，故莫之能敛[6]。无名之至尽，尽而不意，故不能疑神[7]。

[注释]

[1]以下几句是说：器械制成，教练实施，追逐逃兵遁卒，犹如飘风凌厉，击刺冲杀，犹如雷电猛烈。绝地不能守，险固不能支，保持主动而无敌，令行不滞留。器械制成，教练实施，分散无定位，聚兵不能测。教练有素，器械锐利，进退如雷电，而没有停滞。精神专一，四出无阻。强兵利器，则遇危而不乱。进兵

无阻碍,退兵不停止,敌乃为我所用。过山谷不用钩梯,经水沟不用船只。绝地开出人行路,依险固守可攻陷,独出独入不能阻。攻陷敌阵莫能止,大队兵马无敛束。没有语言能说尽,说尽反而非原意,所以说,伟大堪能比神灵。 [2]绝地:极险恶无出路之地。 [3]恃固不拔:仰仗险固不能支持。拔,"枝"之误,同"支",支持。 [4]中处:处于可否之中,而能保持主动。 [5]疑匿:停止,止息。疑,滞留。 [6]敛:收敛,约束。 [7]不:通"丕",大。疑神:比拟神灵。疑,通"拟",比拟。

畜之以道[1],则民和。养之以德,则民合。和合故能谐,谐故能辑[2],谐辑以悉[3],莫之能伤。定一至[4],行二要[5],纵三权[6],施四机[7],发五教[8],设六行[9],论七数[10],守八应[11],审九章[12],章十号。故能全胜大胜。

[**注释**]

[1]以下几句是说:积蓄治道,则民众和睦。培育仁德,则民众合作。和睦合作则能协调,协调则能一致,协调一致全做到,没人能伤。定于"一至",实行"两要",总揽"三权",实施"四机",发动"五教",设立"六行",讲论"七数",坚守"八应",慎用"九章",彰明"十号"。所以能全胜大胜。 [2]辑:和睦。 [3]悉:全,尽。 [4]一至:见下文"破大胜强,一之至也。" [5]二要:见上文"教无常,行无常,两者备施,动乃有功。" [6]三权:指上文"三官"(鼓、金、旗)之权。 [7]四机:四种军事机要,即敌情、敌将、敌政、敌士。 [8]五教:指上

文五种教育(教、目、耳、足、手、心)。 [9]六行:指《七法》中的六种行军作战方法(风雨之行、飞鸟之举、雷电之战、水旱之功、金城之守、一体之治)。 [10]七数:指《七法》中的"则、象、法、化、决塞、心术、计数"七个范畴。 [11]八应:指《七法》中的"聚财、论工、制器、选士、政教、服习、遍知天下和审御机数"八种应做的事。 [12]九章:指九种徽章(日、月、龙、虎、鸟、蛇、鹊、狼、韩章)。

用道学语言表述兵法,正言若反是特点。

无守也[1],故能守胜。数战则士罢,数胜则君骄,夫以骄君使罢民,则国安得无危?故至善不战,其次一之[2]。破大胜强,一之至也。乱之不以变,乘之不以诡,胜之不以诈,一之实也。近则用实,远则施号。力不可量,强不可度,气不可极,德不可测[3],一之原也。众若时雨[4],寡若飘风[5],一之终也。

[注释]

[1]以下几句是说:不消极防守,所以能以守取胜。频繁战斗则士疲,多次得胜则君骄,假如骄君使疲民,国家怎能不危险?所以至善选择是不战,其次一战而定局。打破大国胜强敌,一战定局成典范。乱敌不用多权变,乘敌不用诡计算,胜敌不用邪诈谋,一战定局靠实战,近则实战远施号。力不可量有余地,强不可度有蔽掩,气不可极有基底,意不可测有权变,一战定局有根源。增兵密集如时雨,减兵迅捷如飘风,一战定局可终战。无守,不消极防守。

道学语言正言若反。 [2]一之:一战定局。 [3]德:心意。《诗·卫风·氓》:"二三其德。"指变心。成语有"同心同德"。 [4]众若时雨:增兵密集如时雨。 [5]寡若飘风:减兵迅捷如飘风。

制适[1],器之至也。用适,教之尽也。不能致器者不能制适,不能尽教者不能用适。不能用适者穷,不能致器者困。速用兵[2],则可以必胜。出入异途,则伤其敌。深入危之,则士自修[3]。士自修,则同心同力。善者之为兵也,使敌若据虚[4],若搏景[5]。无设无形焉,无不可以成也。无形无为焉,无不可以化也,此之谓道矣。若亡而存,若后而先,威不足以命之。

[注释]
[1]以下几句是说:制敌,是器备精良的结果。使敌为我用,是教练有素的结果。不能发挥器备的效能,不能制敌。不能发挥教练的效果,不能使敌为我用。不能使敌为我用,穷于应对。不能发挥器备的效能,陷于困境。用兵神速可必胜,出入异途则伤敌。深入敌境致其危,则士自修有警惕。士自修而有警惕,同心同力共对敌。善用兵者致敌虚,敌在空虚没主意,捕风捉影像搏虚。无设无形善隐蔽,无不成功有谋虑。无形无为无形迹,无不可化有神力,此之谓道妙无比。若亡而存有实力,若后而先善择

机。神威实存难形容，无以名状有深意。适：即"敌"。　[2] 速用兵：兵贵神速。　[3] 自修：自我戒备。　[4] 若据虚：像盘踞在空虚无人处。　[5] 若搏景：像跟影子搏斗一样，抓不住，摸不透。

[点评]

篇名"兵法"，讲用兵方法，重视权衡战争整体的利弊得失，探索战略决胜之道。本篇是杰出的军事哲学论文，涉及战略、战术、器备、训练，以及战争的主动性、灵活性、机动性等精妙绝伦的军事哲学范畴，语言生动，富哲理诗意。文末归结："善者之为兵也，使敌若据虚，若搏景。无设无形焉，无不可以成也。无形无为焉，无不可以化也，此之谓道矣。若亡而存，若后而先，威不足以命之。"对用兵之道的描述和战争规律的概括，活用老庄道家哲学精华，渗透对战争规律的深刻理解，是军事哲学的精言妙道，现代将帅必知晓。

霸　形

桓公在位[1]，管仲、隰朋见。立有间，有二鸿飞而过之。桓公叹曰："仲父，今彼鸿鹄有时而南，有时而北，有时而往，有时而来，四方无远，所欲至而至焉，非唯有羽翼之故，是以能通其意于天下乎？"管仲、隰朋不对。桓公曰："二子何故不对？"管子对曰："君有霸王之心，而夷吾非霸王之臣也，是以不敢对。"桓公曰："仲父胡为然？盍不当言[2]，寡人其有乡乎[3]？寡人之有仲父也，犹飞鸿之有羽翼也，若济大水有舟楫也。仲父不一言教寡人，寡人之有耳，将安闻道而得度哉？"

管仲之谋促成齐桓公霸业，犹如飞鸿有羽翼，济水有舟楫。

[注释]

[1] 以下几句是说：桓公端坐君位，管仲、隰朋进见，站立一会，有两只天鹅飞过。桓公叹息说："仲父，您看天鹅，时而南来北往，不论四方多远，愿到哪，就到哪，是不是因为有翅膀的缘故，所以才能意向通达天下？"管仲、隰朋没回答。桓公说："两位为什么不回答？"管子回答："君有霸王之心，我不是霸王之臣，所以不敢回答。"桓公说："仲父何必这样，何不直言，寡人好有个方向？寡人有仲父，像天鹅有翅膀，过河有船只。仲父不发一言，教导寡人，寡人虽有两耳，怎么听到道理，得到法度？" [2] 当言：直言，直截了当说。 [3] 乡：通"向"。

民本人本是管学的总原则，历史哲学意涵深。

管子对曰[1]："君若将欲霸王，举大事乎？则必从其本事矣。"桓公变躬迁席，拱手而问曰："敢问何谓其本？"管子对曰："齐国百姓，公之本也。人甚忧饥，而税敛重。人甚惧死，而刑政险。人甚伤劳，而上举事不时。公轻其税敛，则人不忧饥。缓其刑政，则人不惧死。举事以时，则人不伤劳。"桓公曰："寡人闻仲父之言此三者，闻命矣，不敢擅也，将荐之先君。"于是令百官有司，削方墨笔[2]。明日，皆朝于太庙之门，朝定令于百吏[3]。使税者百一钟[4]，孤幼不刑，泽梁时纵[5]，关讥而不征[6]，市书而不赋[7]，近者示之以忠信，远者示之以礼义。行此数年，而民归之如流水。

[注释]

[1] 以下几句是说：管子回答说："君要想成霸王，举大事吗？则必须从根本做起。"桓公移动身体，离开席位，拱手发问说："敢问什么叫根本？"管子回答："齐国百姓，是您的根本。人怕饥饿，而税敛重。人怕死罪，而刑政严。人怕过劳，而君上举事不时。您若能轻征赋税，则人不怕饥饿。宽缓刑政，则人不怕死罪。按时举事，则人不怕过劳。"桓公说："我听到仲父说这三点，听懂了，不敢独自专听，我要举荐给先君。"于是命令百官有司，削好木板，备好墨笔。第二天，全体都在太庙门前朝见，早上为百官确定法令。使纳税者交税百分之一，孤幼不处刑，水泽捕鱼按季节，关卡检查不征税，市场登记不收税，近处示以忠信，远处示以礼义。实行几年，民众归附如流水。　[2] 削方墨笔：削平书写方版，准备墨笔伺候。　[3] 朝：早晨。　[4] 税者百一钟：收获百钟，纳税一钟。税率百分之一。钟，容量单位。　[5] 泽梁：水流中用石筑成拦水捕鱼的堰。　[6] 关讥而不征：关卡检查不征税。讥，检查，查看，查问。　[7] 市书而不赋：市场登记不收税。

此其后[1]，宋伐杞，狄伐邢、卫，桓公不救，裸体纫胸称疾[2]。召管仲曰："寡人有千岁之食，而无百岁之寿，今有疾病，姑乐乎！"管子曰："诺。"于是令之县钟磬之榬[3]，陈歌舞竽瑟之乐，日杀数十牛者数旬。群臣进谏曰："宋伐杞，狄伐邢、卫，君不可不救。"桓公曰："寡人有千岁之食，而无百岁之寿，今又疾病，姑乐乎！且彼非伐寡人之国也，伐邻国也，子无事焉。"

[**注释**]

[1]以下几句是说：此后，宋国攻伐杞国，狄人攻伐邢国和卫国，桓公不救，裸体裹胸称病。召见管仲说："我有千年食品，而无百年寿命，现有疾病，姑且行乐吧！"管子说："好。"于是下令悬挂钟磬，陈设歌舞吹竽鼓瑟音乐，每天杀牛数十头，连续几十天。群臣进谏说："宋国伐杞，狄国伐邢、卫，君不能不救。"桓公说："我有千年食品，而无百年寿命，现在有病，姑且行乐吧。而且他们没攻我的国家，是伐邻国，你们无事。" [2]纫胸：包扎胸部，表示有病。 [3]县：同"悬"。楥：假为"环"。

宋已取杞[1]，狄已拔邢、卫矣。桓公起，行筍虡之间[2]，管子从。至大钟之西，桓公南面而立，管仲北乡对之，大钟鸣。桓公亲管仲曰[3]："乐夫，仲父！"管子对曰："此臣之所谓哀，非乐也。臣闻之，古者之言乐于钟磬之间者不如此。言脱于口，而令行乎天下。游钟磬之间，而无四面兵革之忧。今君之事，言脱于口，令不得行于天下，在钟磬之间，而有四面兵革之忧。此臣之所谓哀,非乐也。"桓公曰:"善。"于是伐钟磬之县,并歌舞之乐[4],宫中虚无人。

[注释]

[1]以下几句是说:宋国已攻取杞国,狄国已攻下邢、卫。桓公起身,盘桓在钟磬行间,管子跟从,到大钟西侧,桓公面南站立,管仲北向对站,大钟轰鸣。桓公靠近管仲说:"快乐吗,仲父?"管子回答说:"我把这叫作悲哀,不是快乐。据我所知,古人说钟磬之乐不是这样。言出于口,而命令能通行于天下。游乐于钟磬之间,而无四境兵革之忧。现在君上的情况是,言出于口,命令不能通行于天下。游乐于钟磬之间,有四境兵革之忧。我把这叫作悲哀,不是快乐。"桓公说:"好。"于是砍断钟磬的悬环,屏除歌舞音乐,宫中空虚无人。　[2]笱虡:悬钟磬架,横梁为笱,立柱为虡。　[3]亲:近,接近。　[4]并:通"屏",屏除,摈弃。

桓公曰[1]:"寡人以伐钟磬之县,并歌舞之乐矣,请问所始于国,将为何行?"管子对曰:"宋伐杞,狄伐邢、卫,而君之不救也,臣请以庆。臣闻之,诸侯争于强者,勿与分于强。今君何不定三君之处哉?"于是桓公曰:"诺。"因命以车百乘,卒千人,以缘陵封杞。车百乘,卒千人,以夷仪封邢。车五百乘、卒五千人,以楚丘封卫。

[注释]

[1]桓公说:"我已经砍断钟磬的悬环,屏除歌舞音乐,请问国事开始做什么?"管子回答:"宋伐杞,狄伐邢、卫,而君不救,我请为您庆幸。据我所知,诸侯争强时,不与其分强。现在您何不安定三国君主的居处?"桓公说:"好。"于是命令以车百乘,士卒千人,把缘陵封给杞国。以车百乘,士卒千人,把夷仪封给邢国。以车五百乘,士卒五千人,把楚丘封给卫国。

桓公曰[1]:"寡人以定三君之居处矣,今又将何行?"管子对曰:"臣闻诸侯贪于利,勿与分于利。君何不发虎豹之皮、文锦以使诸侯,令诸侯以缦帛、鹿皮报?"桓公曰:"诺。"于是以虎豹皮、文锦、使诸侯,诸侯以缦帛、鹿皮报。则令固始行于天下矣。

[注释]

[1]桓公说:"我已经安下三国君主的居处,现在还要做什么?"管子回答说:"据我所知,诸侯贪利时,不与其分利。君何不送虎豹皮和花锦,出使诸侯国,叫诸侯国用素帛、鹿皮回报?"桓公说:"好。"于是带着虎豹皮和花锦出使诸侯国,诸侯国用素帛和鹿皮回报,齐国命令开始通行天下。

此其后[1],楚人攻宋、郑。烧焫熯焚郑

地[2]，使城坏者不得复筑也，屋之烧者不得复葺也。令其人有丧雌雄，居室如鸟鼠处穴。要宋田，夹塞两川，使水不得东流，东山之西，水深灭垝[3]，四百里而后可田也。楚欲吞宋、郑而畏齐，日思人众兵强能害己者[4]，必齐也。于是乎楚王号令于国中曰："寡人之所明于人君者，莫如桓公。所贤于人臣者，莫如管仲。明其君而贤其臣，寡人愿事之。谁能为我交齐者，寡人不爱封侯之君焉。"于是楚国之贤士皆抱其重宝币帛以事齐。桓公之左右，无不受重宝币帛者。

[注释]

[1]以下几句是说：此后，楚国攻伐宋国和郑国。火烧郑地，破坏郑国城池，不堪重建，房屋烧毁，不能修复。使男女丧偶，屋室如鸟巢鼠洞。拦截宋国农田，从两侧堵塞两条河水，使水不能东流。东山西面，水深没墙，四百里以外才能种地。楚国想吞并宋、郑，而害怕齐国，天天寻思人众兵强，能加害于己，必是齐国。于是楚王在国内发令说："我在诸侯国君中称其为明的，莫如桓公。在人臣中称其为贤的，莫如管仲。称明其君，称贤其臣，我愿意侍奉。谁能替我交好齐国，我不吝惜给予封君的称号。"于是楚国贤士，都怀抱重宝币帛侍奉齐国。桓公左右，无不接受其重宝币帛。 [2]烧炳爇（ruò hàn）焚：烧，火攻。 [3]垝

（guǐ）：倒塌的墙。　[4]日：原作"曰"，应为"日"字。

于是桓公召管仲曰[1]："寡人闻之，善人者人亦善之。今楚王之善寡人一甚矣，寡人不善，将拂于道。仲父何不遂交楚哉？"管子对曰："不可。楚人攻宋、郑，烧熯焚郑地，使城坏者不得复筑也，屋之烧者不得复葺也，令人有丧雌雄，居室如鸟鼠处穴。要宋田，夹塞两川，使水不得东流，东山之西，水深灭垝，四百里而后可田也。楚欲吞宋、郑，思人众兵强而能害己者必齐也。是欲以文克齐，而以武取宋、郑也。楚取宋、郑而不止禁，是失宋、郑也。禁之，则是又不信于楚也。知失于内，兵困于外，非善举也。"桓公曰："善。然则若何？"管子对曰："请兴兵而南存宋、郑，而令曰：'无攻楚，言与楚王遇。'至于遇上，而以郑城与宋水为请。楚若许，则是我以文令也。楚若不许，则遂以武令焉。"桓公曰："善。"

[注释]

[1]以下几句是说：桓公召见管仲说："我听说，你对人好，人也对你好。现在楚王对我好，我不修好，不合道理。仲父何不

跟楚国交好？"管子回答："不可。楚人攻伐宋国和郑国，火烧郑地，使城坏不堪重建，屋毁不可复修，使男女丧偶，居室如鸟巢鼠洞，拦截宋国农田，从两旁堵塞两道河流，使水不得东流。结果东山西面，水深没墙，四百里以外才能种地。楚国要吞并宋国和郑国，寻思人众兵强，能加害于己，必是齐国。这是想用文的一手胜齐，用武的一手取宋、郑。楚国取宋、郑，不予禁止，是失去宋国和郑国。禁止，则又失信于楚国。智慧失误于国内，兵众被困于国外，不是好办法。"桓公说："好。那怎样办？"管子回答："请兴兵南下，保全宋、郑，下令说：'不要反攻楚国，我将与楚王相遇。'到相遇地方，就提出郑城和宋水的问题。楚国若答应，等于我们用文的一手命令楚国。楚国若不答应，就用武力命令。"桓公说："好。"

于是遂兴兵而南存宋、郑[1]，与楚王遇于召陵之上，而令于遇上曰："毋贮粟，毋曲堤，无擅废適子，无置妾以为妻。"因以郑城与宋水为请于楚，楚人不许。遂退七十里而舍[2]。使军人城郑南之地，立百代城焉。曰："自此而北，至于河者，郑自城之。"而楚不敢隳也[3]。东发宋田，夹两川，使水复东流，而楚不敢塞也。遂南伐，及逾方城，济于汝水，望汶山，南致楚、越之君。而西伐秦，北伐狄，东存晋公于南，北伐孤竹，还存燕公。兵车之会六，乘车之会三，九合诸侯，反位已霸。修钟磬而复乐。管子曰："此臣之所谓乐也。"

[注释]

[1] 以下几句是说：于是便兴兵南下，保全宋国和郑国，跟楚王相遇在召陵地方，桓公在相遇处下令说："不准囤集粮食，不准到处修筑堤坝，不准擅自废除嫡子，不准立妾为妻。"同时提出郑城与宋水问题，质问楚国。楚国没同意。遂退七十里屯驻军队。命令军队在郑国南边筑城，立百代城。说："从此处往北到黄河，由郑国自己建立城郭。"楚国不敢拆毁。东面开放宋国田地，从两面疏通两条河流，使水向东流，楚国没敢堵塞。于是向南讨伐，等到越过方城，渡过汝水，奔向汶山，南进而召见吴、越国君。西伐秦国，北伐狄国，东面保全晋公于南部，北伐孤竹，回程保全燕公。兵车会集诸侯六次，乘车会集诸侯三次，共九次会集诸侯，桓公返位，已成霸业，修治钟磬再宴乐。管子说："这才是我所说的快乐。" [2] 舍：休息，驻扎。 [3] 隳：毁坏。

[点评]

篇名"霸形"，唐尹知章题解："陈霸言之形容。"即陈述称霸之言的形容，主题词霸言，即图谋称霸之言。篇中记："管子对曰：'君若将欲霸王，举大事乎？则必从其本事矣。'桓公变躬迁席，拱手而问曰：'敢问何谓其本？'管子对曰：'齐国百姓，公之本也。人甚忧饥，而税敛重。人甚惧死，而刑政险。人甚伤劳，而上举事不时。公轻其税敛，则人不忧饥。缓其刑政，则人不惧死。举事以时，则人不伤劳。'"明确提出民本的概念命题。下篇说："夫霸王之所始也，以人为本。本治则国固，本乱则国危。"桓管坚持人为本，霸王之梦终得圆。

霸　言

"霸言"就是能使齐国成霸的言辞理论，明确提出"以人为本"的哲学命题，说明其对治国理政的重要意义。

霸王之形[1]，象天则地，化人易代，创制天下，等列诸侯，宾属四海，时匡天下。大国小之，曲国正之，强国弱之，重国轻之。乱国并之，暴王残之，僇其罪，卑其列，维其民，然后王之。夫丰国之谓霸，兼正之国之谓王。夫王者有所独明，德共者不取也，道同者不王也。夫争天下者，以威易危，暴王之常也。君人者有道，霸王者有时。国修而邻国无道，霸王之资也。夫国之存也，邻国有焉。国之亡也，邻国有焉。邻国有事，邻国得焉。邻国有事，邻国亡焉。天下有事，则圣王利也。国危，则圣人知矣。夫先王所以王者，资邻国之举不当也。举而不当，此邻敌之所以得意也。

[注释]

[1] 以下几句是说：称霸称王之形势：模仿上天效大地，教化世人改朝代，创立天下之法制，分列诸侯之等次，四海宾服都归属，乘时匡正普天下。大国能够使之小，曲国能够使之正，强国能够使之弱，重国能够使之轻。兼并乱国惩暴王，罪当诛戮降位列，维护其民治其国。国家丰盛叫作霸，兼正诸侯叫作王。能称王者有独明。德同之国不攻取，道同之国不称王。争天下者威易危，本是暴王正常事。做人君者必有道，称王霸者合于时。国修而邻国无道，促成霸王有资本。国之存也邻有分，国之亡也邻有分。邻国有事邻国得，邻国有事邻国失，天下有事圣王利。国家方危圣人智。先王之所能成王，利用邻国举不当。邻国举事有不当，邻敌得意可利用。

　　夫欲用天下之权者[1]，必先布德诸侯。是故先王有所取，有所与，有所诎[2]，有所信，然后能用天下之权。夫兵幸于权[3]，权幸于地。故诸侯之得地利者，权从之。失地利者，权去之。夫争天下者，必先争人。明大数者得人[4]，审小计者失人。得天下之众者王，得其半者霸。是故圣王卑礼以下天下之贤而任之，均分以钓天下之众而臣之。故贵为天子,富有天下,而世不谓贪者,其大计存也。

[注释]

[1] 以下几句是说：想要用权于天下,必先施德于诸侯。先王有取必有予,有所屈方有所伸,方能用权于天下。有兵胜于有权势,有权胜于有土地。诸侯之能得地利,总有权力相跟从。权去然后失地利。争天下者先争人,明大计者能得人,精小计者必失人。得天下之众者王,得天下之半者霸。圣王卑礼待贤士,天下之贤被任用。均分禄职以钧众,天下之众被臣属。贵为天子富天下,世人普遍不说贪,就是因为大计存。 [2] 诎:通"屈"。 [3] 幸:胜。 [4] 大数:大计。

以天下之财[1],利天下之人。以明威之振,合天下之权。以遂德之行,结诸侯之亲。以奸佞之罪,刑天下之心[2]。因天下之威,以广明王之伐。攻逆乱之国,赏有功之劳。封贤圣之德,明一人之行,而百姓定矣。夫先王取天下也术,术乎,大德哉,物利之谓也。夫使国常无患,而名利并至者,神圣也。国在危亡,而能寿者,明圣也。是故先王之所师者,神圣也。其所赏者,明圣也。夫一言而寿国,不听而国亡,若此者,大

一言寿国,一言兴邦。不听国亡,一言丧邦。

圣之言也。夫明王之所轻者马与玉，其所重者政与军。若失主不然，轻予人政，而重予人马，轻予人军，而重予人玉。重宫门之营，而轻四竟之守，所以削也。

[注释]

[1] 以下几句是说：使用天下之财物，谋利天下之众人。显明威势以震慑，天下之权得合并。遂德之行得施行，缔结诸侯来亲附。奸佞之罪得惩治，天下之心有范型。借助天下之兵威，以广明王之征伐。攻下逆乱的国家，赏赐有功之劳臣。圣贤德望被封树，明王之行得彰明，天下百姓得安定。圣王靠术取天下，如此之术真大德。国常无患名利并，世人普遍称神圣。国在危亡能长寿，世人普遍称明圣。先王师法是神圣，其所赏者是明圣。一言说对能寿国，不听圣言而国亡，如此称颂大圣言。骏马宝玉明王轻，政权军队明王重。失主跟这正相反，重视人马轻人政，看重宝玉人军轻。宫门营治甚看重，四境之守却看轻，国家削弱由此生。 [2] 刑：通"型"，型范，规范。

夫权者[1]，神圣之所资也。独明者，天下之利器也。独断者，微密之营垒也。此三者，圣人之所则也。圣人畏微，而愚人畏明。圣人之憎恶也内，愚人之憎恶也外。圣人将动必知，愚人至危易辞[2]。圣人能辅时[3]，不能违时。知者善谋，不如当时。精时者，日少而功多。夫谋无主则困，事无备则废。是以圣王务具其备，而慎守其时。以备待时，以时兴事，时至而举兵。绝坚而攻国，破大而制地，大本而小标，垒近而攻远[4]，以大牵小，以强使弱，以众致寡。德利百姓，威振天下，令行诸侯而不拂。近无不服，远无不听。夫明王为天下正理也，案强助弱[5]，圉暴止贪[6]，存亡定危，继绝世。此天下之所载也，诸侯之所与也，百姓之所利也，是故天下王之。知盖天下，断最一世，材振四海，王之佐也。

智谋治国。

[注释]

[1] 以下几句是说：权者神圣之资本，独明天下之利器，独断微密之营垒，明断圣人之所则。圣人畏惧微细事，愚人畏惧明如火。圣人憎恶内心邪，愚人憎恶邪外露。圣人必知将萌动，愚人至危不推辞。圣人善能顺时机，不能违时失良机。智者善谋会计划，不如当时抓时机，精于时机功效多。谋事优柔则困惑，举事无备则废弛。所以圣王务预备，慎守时机不疏忽。有所准备待时机，抢抓时机举大事，时机一到而举兵。断绝坚壁攻敌国，攻破大城制其地，根本雄厚目标小，近国和睦攻远敌，利用大国牵小国，利用强国使弱国，以众击寡易取胜，德利百姓威天下。令行诸侯无阻碍，近必服从远听命。明王正确治天下，抑强助弱止暴贪，保全亡国定危局，继承绝世安遗民，天下拥戴诸侯亲，百姓

称利人心稳,天下乐推以为王。智盖天下断一世,才震四海王者佐。 [2]易辞:慢易轻忽之辞。 [3]辅时:顺应时机。辅,辅助,配合,顺应。 [4]坴:通"睦",和睦。 [5]案:同"按",抑,抑制。 [6]圉:限制,包围。

千乘之国得其守[1],诸侯可得而臣,天下可得而有也。万乘之国失其守,国非其国也。天下皆治,己独乱,国非其国也。诸侯皆合,己独孤,国非其国也。邻国皆险,己独易,国非其国也。此三者,亡国之征也。夫国大而政小者,国从其政。国小而政大者,国益大。大而不为者复小,强而不治者复弱,众而不治者复寡,贵而无礼者复贱,重而凌节者复轻,富而骄肆者复贫。故观国者观君,观军者观将,观备者观野。其君如明而非明也,其将如贤而非贤也,其人如耕者而非耕也。三守既失,国非其国也。地大而不为,命曰土满。人众而不治,命曰人满。兵威而不止,命曰武满。三满而不止,国非其国也。地大而不耕,非其地也。卿贵而不臣,非其卿也。人众而不亲,非其人也。

[注释]

[1] 以下几句是说：千乘之国得其守，诸侯可得而臣服，天下可得而拥有。万乘之国失其守，国非其国变无有。天下皆治己独乱，国非其国变无有。诸侯皆合己独孤，国非其国变无有。邻国据险己独无，国非其国变无有。三者本是亡国征。国大政小国也小，国小政大国益大。大而不为可变小，强国不治可变弱，人众不治可变少，贵而无礼变卑贱，权重过度可变轻，家富骄肆可变贫。观国首先看君主，观军首先看将帅，观备首先看农业。国君似明而不明，将领似贤而不贤，民众似耕而不耕。三守丧失国非国。地大不耕叫土满，人众不治叫人满，用兵不休叫武满。三满不止国非国。地大不耕非其地，卿贵不臣非其卿，人众不亲非其人。

夫无土而欲富者忧[1]，无德而欲王者危，施薄而求厚者孤。夫上夹而下荁[2]，国小而都大者弑。主尊臣卑，上威下敬，令行人服，治之至也。使天下两天子，天下不可治也。一国而两君，一国不可治也。一家而两父，一家不可治也。夫令，不高不行，不抟不听[3]。尧、舜之人，非生而治也。桀、纣之人，非生而乱也。故治乱在上也。夫霸王之所始也，以人为本。本治则国固，本乱则国危。故上明则下敬，政平则人安，士教和则兵胜敌，使能则百事治，亲仁则上不危，任贤则

霸王所始以人为本，以人为本有概括，本治避危可固国。

诸侯服。

[注释]

[1]以下几句是说：无地求富有忧伤，无德称王有危殆，施薄求厚会孤立。上级权小下权重，国小城大将被弑。君主尊贵臣卑贱，君上有威下恭敬，令行人服治之至。假使天下两天子，天下不能得治理。假使一国有两君，一国不能得治理。假使一家有两父，一家不能得治理。法令不高不得行，法令不专人不听。尧舜管辖之人民，不是天生好治理。桀纣管辖之人民，不是天生要作乱。治乱根源在君上。霸王之业有始基，以人为本第一义。本治国家得巩固，本乱国家陷危机。君上圣明下恭敬，政事平易人心安，战士练好兵胜敌，使用能臣百事理，亲近仁人君不危，任用贤人诸侯服。　[2]夹："狭"字的省写。苴：同"粗"。　[3]抟：同"专"。

霸王之形[1]，德义胜之，智谋胜之，兵战胜之，地形胜之，动作胜之，故王之。夫善用国者，因其大国之重，以其势小之。因强国之权，以其势弱之。因重国之形，以其势轻之。弱国众，合强以攻弱，以图霸。强国少，合小以攻大，以图王。强国众，而言王势者，愚人之智也。强国少，而施霸道者，败事之谋也。夫神圣，视天下之形，知动静之时，视先后之称，知祸福之门。强国众，先举者危，后举者利。强国少，先举者王，后举者亡。战国众，后举可以霸。战国少，先举可以王。

[注释]

[1] 以下几句是说：称霸称王之形势：道德仁义得优胜，智慧谋略得优胜，兵卒攻战得优胜，地理形势得优胜，动作有为得优胜，才能称王得天下。善用国家机器者，借其大国之重势，因势利导削诸侯。借其强国之权威，因势利导弱诸侯。借其重国之形势，因势利导轻诸侯。如果天下弱国众，合强攻弱以图霸。如果天下强国少，合小攻大以图王。如果天下强国众，奢言王势愚人智。如果天下强国少，施行霸道败事谋。神圣审视天下形，动静之时认知明，先后机宜审视清，祸福之门认知明。如果天下强国众，先举者危后举利。如果天下强国少，先举者王后举亡。如果天下战国众，后举可以成霸名。如果天下战国少，先举大事可成王。

夫王者之心[1]，方而不最[2]，列不攘贤，贤不齿第择众[3]，是贪大物也，是以王之形大也。夫先王之争天下也以方正，其立之也以整齐，其理之也以平易。立政出令用人道，施爵禄用地道，举大事用天道。是故先王之伐也，伐逆不伐顺，伐险不伐易，伐过不伐及。四封之内，以正使之。

诸侯之会，以权致之。近而不服者，以地患之。远而不听者，以刑危之。贰而伐之[4]，武也。服而舍之，文也。文武具满，德也。

[注释]
　　[1]以下几句是说：王心方正不偏激，列爵众贤不攘弃，年齿等第无所忌，这是争取最大利，王业形势大无比。先王争雄以方正，先王立世以整齐，先王理国以平易。立政出令用人道，施予爵禄用地道，兴举大事用天道。所以先王事征伐，征伐忤逆不伐顺，征伐险恶不伐易，征伐过头不及免。四境之内以政使，诸侯聚会以权致，近而不服以地患，远而不听以刑危。征伐背叛是用武，服而赦免是用文，文武兼备是有德。　[2]最：极，极端，偏激，片面。　[3]齿第：年齿等第。　[4]贰：背叛。

　　夫轻重强弱之形[1]，诸侯合则强，孤则弱。骥之材，而百马伐之，骥必罢矣。强最一代，而天下攻之，国必弱矣。强国得之也以收小，其失之也以恃强。小国得之也以制节，其失之也以离强。夫国小大有谋，强弱有形。服近而强远，王国之形也。合小以攻大，敌国之形也。以负海攻负海，中国之形也。折节事强以避罪，小国之形也。自古以至今，未尝有能先作难，违时易形，以立功名者，无有。常先作难，违时易形，无不败者也。

[注释]

[1] 以下几句是说：轻重强弱有形势，诸侯联合则强盛，孤家寡人则削弱。骐骥之材百马伐，骥必疲矣不敌众。强最一代天下攻，国必弱矣不敌众。强国得益在容小，强国失误在恃强。小国得益在折节，小国失误在离强。无论国家小和大，谋略筹算在胸中。无论国家强与弱，都有形势有环境。征服近国威远国，这是保持王国形。联合小国以攻大，这是保持敌国形，借力负海攻负海，这是保持中国形，折节事强以避罪，这是保持小国形。自从往古以至今，未曾有能先作难，违时易形立功名。凡是经常先作难，违背时机易形势，都会失败不留情。

夫欲臣伐君[1]，正四海者[2]，不可以兵独攻而取也。必先定谋虑，便地形，利权称，亲与国，视时而动，王者之术也。夫先王之伐也，举之必义，用之必暴，相形而知可，量力而知攻，攻得而知时。是故先王之伐也，必先战而后攻，先攻而后取地。故善攻者，料众以攻众，料食以攻食，料备以攻备。以众攻众，众存不攻。以食攻食，食存不攻。以备攻备，备存不攻。释实而攻虚，释坚而攻脆，释难而攻易。

避实击虚，攻击薄弱环节，先易后难，战略战术原则。

[注释]

[1] 以下几句是说：以臣伐君征四海，不可以兵独攻取，必须先定大谋虑，地形占据必有利，权衡利弊亲盟国，视时而动择时机，王者之术须牢记。先王征伐有样板，举兵必须合正义，用兵必须如暴风，看清形势知可否，量知实力可进攻，审知时机攻必取。先王征伐有榜样，必先战斗而后攻，进攻得利后取地。所以善于进攻者，预料我众攻敌众，预料粮食攻敌食，预料器备攻敌备。调动我众攻敌众，敌众有余暂不攻。调动军粮攻敌粮，敌粮多存暂不攻。调动器备攻敌备，敌备有余暂不攻。避开实力攻敌虚，避开坚强攻敌弱，避开难攻攻敌易。 [2] 正：通"征"，征伐。

夫抟国不在敦古[1]，治世不在善故[2]，霸王不在成曲[3]。夫举失而国危，形过而权倒，谋易而祸及[4]，计得而强信，功得而名从，权重而令行，固其数也。夫争强之国，必先争谋，争形，争权。令人主一喜一怒者，谋也。令国一轻一重者，形也[5]。令兵一进一退者，权也。故精于谋，则人主之愿可得，而令可行也。精于形，则大国之地可夺，强国之兵可围也。精于权，则天下之兵可齐[6]，诸侯之君可朝也。夫神圣，视天下之形，知世之所谋，知兵之所攻，知地之所归，知令之所加矣。夫兵攻所憎而利之，此邻国之所不

争强之国必先争谋。

亲也。权动所恶，而实寡归者强[7]。擅破一国，强在后世者王。擅破一国，强在邻国者亡。

[注释]

[1]以下几句是说：掌国不在崇古道，治世不在尊往事，霸王不在仿旧例。举措失当国危险，错过形势权倾蔽，谋事轻率灾祸及，计划得宜伸强力，功得必然随名誉，权重命令推行易，本来都是必然律。争强之国先争谋，竞争形势争权利。君主喜怒在谋略，国家轻重在形势，军队进退在权力。精于谋略愿可得，命令可行梦可即。精于形势取大国，强国之兵向无敌。精于权力兵可齐，诸侯之君可朝己。神圣概念有定义：天下形势须明晰，世之所谋须明晰，兵之所攻须明晰，地之所归须明晰，令之所加须明晰。攻伐所憎利归己，邻国不亲受孤立。威权侵犯所恶国，利少归己强可期。专破一国强后世，可成王业大无比。专破一国邻国强，就要败亡势所必。敦古，厚古。 [2]善故：精通旧事。 [3]成曲：成典。曲，"典"之误。 [4]易：轻率。 [5]形：形势。 [6]齐：剪除。 [7]实：果实，利益。

[点评]

篇名"霸言"，唐尹知章题解："谓此言足以成霸道。"篇中用哲理性语言，概括描述霸王之业的形势和规模，阐述齐国成霸的理论与实践，意涵精深。"夫一言而寿国，不听而国亡，若此者，大圣之言也。"酷似孔子"一言兴邦，一言丧邦"的警句。

篇中说："夫霸王之所始也，以人为本。本治则国固，本乱则国危。"明确概括人本的范畴和命题。"以人为本"

是可寿国兴邦的一言。篇中强调谋略的重要说："夫争强之国，必先争谋。"篇中有古代兵法的经典名句，反映战争、战略、战术的一般规律。如说："释实而攻虚，释坚而攻脆，释难而攻易。"有极强的现实意义和极高的应用价值，现代名将必认知。

问

凡立朝廷必先调研。

凡立朝廷[1]，问有本纪。爵授有德，则大臣兴义。禄予有功，则士轻死节[2]。上帅士以人之所戴[3]，则上下和。授事以能，则人上功[4]。审刑当罪，则人不易讼[5]。无乱社稷宗庙，则人有所宗[6]。毋遗老忘亲[7]，则大臣不怨。举知人急[8]，则众不乱。行此道也，国有常经[9]，人知终始[10]，此霸王之术也[11]。

[注释]

[1] 以下几句是说：凡莅朝临政，询问调查有根本的纲领原则。爵位授给有德人，则大臣们提倡仁义。禄赏赐予有功人，则战士不怕牺牲。君上任用人所爱戴将领率兵，则上下和谐。授事给能人，则人崇尚功效。判处刑罚恰当其罪，则人不轻易诉

讼。不渎乱社稷宗庙，则人有所尊奉。不遗忘老臣宗亲，则大臣不抱怨。尽知人急难疾苦，则民众不乱。尊行这些准则，则国有常规，人知规范，这是称霸和称王的道术。本纪，根本纲纪，原则。纪，丝的头绪条理，引申为原则。　[2]士轻死节：战士不怕牺牲，把死于军队的节制命令看得轻而易举。死节，为保全节操而死。　[3]帅：统帅，统率，率领。戴：爱戴，拥戴。　[4]上功：崇尚功效。上，通"尚"。　[5]易讼：轻易诉讼。　[6]人有所宗：人有所尊奉。　[7]遗老忘亲：遗忘老臣宗亲。　[8]举知人急：尽知人急难疾苦。举，尽，全，俱，都。　[9]常经：常规常法，基本纲领，基本法。　[10]终始：终结和开始，来龙去脉，引申为行为的规范，规则。　[11]霸王之术：称霸和称王的道术、方法与思想。

然后问事[1]，事先大功，政自小始。问死事之孤[2]，其未有田宅者有乎？问少仕而未胜甲兵者几何人[3]？问死事之寡，其饩廪何如[4]？问国之有功大者，何官之吏也[5]？问州之大夫也，何里之士也？今吏，亦何以明之矣[6]？问刑论有常以行[7]，不可改也，今其事之久留也何若？问五官有度制[8]，官都其有常断[9]，今事之稽也何待？问独夫、寡妇、孤寡、疾病者几何人也？问国之弃人[10]，何族之子弟也？问乡之良家[11]，其所牧养者几何人矣[12]？问邑之贫人，债而食

事先大功，要做大事，政自小始，小处着手。

者几何家[13]？问理园圃而食者几何家？人之开田而耕者几何家？士之身耕者几何家？问乡之贫人，何族之别也[14]？问宗子之收昆弟者，以贫从昆弟者几何家？余子仕而有田邑[15]，今入者几何人[16]？

[注释]

[1] 以下几句是说：然后询问调查，做事先从大事做，治理自小处始。调查死于国事者的子孙，没有得到田宅者有吗？调查青壮年中未服兵役者多少人？调查死于国事者的遗属，他们应领的口粮供给如何？调查为国建立大功者，是哪些部门的官吏？调查州大夫，是什么地方人？现为官吏，是怎么提拔的？调查判案有常法可循，不能改变，现在却常积压，是为什么？调查五官各有制度，五官之长常断事，现在却滞留不办，还等待什么？调查鳏夫寡妇、孤儿寡母、病人多少人？调查国中因犯罪而被放逐的，是哪个家族的子弟？调查乡中殷实人家，其所收养役使多少人？调查邑内穷人，靠借债度日者多少家？调查靠整理菜园果圃为生者多少家？开荒种田者多少家？士人亲自耕田者多少家？调查乡中的贫人，是何族的后裔？调查嫡长子收养兄弟者，或因贫而寄食于兄弟者多少家？庶子做官而有封地，现今交税者多少人？ [2] 死事：死于国事，为国牺牲的人。 [3] 仕：事，谓从事某种工作或事业。胜：任，担任。 [4] 饩（xì）廪：国家发放的口粮。 [5] 何官之吏：问担任哪种官职的吏事。 [6] 何以明之：问怎样显明提升。明，显，显扬，提升，升官。 [7] 刑论有常：办案有常法。刑论，论刑，判刑，判案。 [8] 五官：大行、

大司田、大司马、大司理和大司谏五种官职。　[9]官都：五官之长。　[10]国之弃人：因罪过被国家放逐边远地区的人。　[11]良家：殷实人家。唐尹知章注："良家，谓善营生以致富者。"　[12]牧养：收养，养活。指无必要生活来源，靠"良家"给衣食养活被役使的人，如"长工"，被比喻为"牧养"：如养牲畜。　[13]债而食者：靠借债吃饭度日。　[14]何族之别：问是何族的流别后裔。　[15]余子：嫡长子以外的子弟。　[16]入：入税，交税。

子弟以孝闻于乡里者几何人[1]？余子父母存，不养而出离者几何人[2]？士之有田而不使者几何人[3]？恶何事[4]？士之有田而不耕者几何人？身何事？群臣有位而未有田者几何人？外人之来从，而未有田宅者几何家？国子弟之游于外者几何人？贫士之受责于大夫者几何人[5]？官贱行贾[6]，身出以家臣自代者几何人？官丞吏之无田饩[7]，而徒理事者几何人？群臣有位事官大夫者几何人[8]？外人来游，在大夫之家者几何人？乡子弟力田，为人率者几何人？国子弟之无上事，衣食不节，率子弟不田弋猎者几何人？男女不整齐，乱乡子弟者有乎？问人之贷粟米有别券者几何家[9]？

[**注释**]

[1] 以下几句是说：以孝行闻名于乡里的子弟多少人？庶子父母健在，不赡养而出离者多少人？士人有田，而不听使唤者多少人？官吏厌恶什么事？士人有田而不耕者多少人？做什么事？群臣有爵位，而没有禄田者多少人？外国人前来投奔，而尚无田宅者多少家？本国子弟出游别国者多少人？贫士向大夫借债者多少人？收养贱者经商，自身外出职务由家臣代理者多少人？丞吏没有田禄，而白干事者多少人？群臣在官大夫家里兼职者多少人？外人来游本国，住在官大夫家里者多少人？乡中子弟力田耕作，为人表率者多少人？城市子弟无官事，衣食奢侈，率领子弟，不耕作，射鸟打猎者多少人？男女不规矩，惑乱乡中子弟者有吗？调查贷出粮食，握有借券者多少家？ [2] 出离：离开父母而分居。唐尹知章注："出离，谓父母在，分居者。" [3] 不使：不从任使，即没做官。 [4] 恶何事：厌恶什么事。 [5] 责：同"债"。 [6] 官：同"馆"。 [7] 丞吏：一种低级官吏。 [8] 位事：莅事。位，通"莅"。 [9] 人之贷粟米有别券者：贷出粮食，握有借券者。

问国之伏利[1]，其可应人之急者几何所也？人之所害于乡里者何物也？问士之有田宅，身在陈列者几何人[2]？余子之胜甲兵，有行伍者几何人？问男女有巧伎，能利备用者几何人？处女操工事者几何人？问国所开口而食者几何人？问一民有几人之食也？问兵车之计，几何乘也？

牵家马轭家车者几何乘？处士修行，足以教人，可使帅众莅百姓者几何人？士之急难可使者几何人？工之巧，出足以利军伍，处可以修城郭、补守备者几何人？城粟军粮，其可以行几何年也[3]？吏之急难可使者几何人？

[注释]

[1]以下几句是说：调查国家隐伏利益，未利用资源，其中可应急需者有几处？人们认为有害于乡里者是什么？调查有田宅，身在军中者多少人？庶子能当兵，有军籍者多少人？调查有专门技巧的男女，能制造军械器备者多少人？少女从事手工劳动者多少人？调查国中不耕种，开口而食者多少人？调查一位农民生产的粮食，能供几人吃？调查兵车总共有多少乘？其中用私马，驾私车者多少乘？未做官的士，修行道德，足以教人，可使率领群众，治理百姓者多少人？士人国有急难可供使用者多少人？能工巧匠，出门足以利军伍，居处可以修城郭，修补守备器械者多少人？城市积粟和军粮，可以维持多少年？官吏国有急难可供奉使者多少人？伏利，隐伏利益，尚未开发利用的资源。　[2]陈列：军队。陈，同"阵"。　[3]行：行经，够用，度过，维持。

大夫疏器[1]：甲兵、兵车、旌旗、鼓铙、帷幕、帅车之载几何乘？疏藏器：弓弩之鞬[2]，铗铩之衣[3]，钩弦之造[4]，戈戟之翳[5]，其砺何若[6]？其宜修而不修者故何视？而造修之馆[7]，出器处器之具，宜起而未起者何待？乡帅车辎造修之具[8]，其缮何若？工尹伐材用[9]，毋于三时，群材乃植而造器定。冬，完良备用必足[10]。人有余兵，诡陈之行[11]，以慎国常[12]。时简稽乡帅马牛之肥瘠，其老而死者皆举之，其就山薮林泽食荐者几何？出入死生之会几何[13]？若夫城郭之厚薄，沟壑之浅深，门闾之尊卑，宜修而不修者，上必几之守备之伍[14]。器物不失其具，淫雨而各有处藏。

[注释]

[1]以下几句是说：登录军用器备：甲胄兵器，兵车旌旗，鼓铙帐篷，帅车之载有多少？登录军用藏器：弓弩套囊，剑矛套囊，钩弦藏器，戈戟之衣，磨损程度如何？其中宜修而不修者是何原因？修造器备的馆舍工房，收藏发放器备处所，宜建而未建者还等待什么？地方修造战车辎重的设施，其修缮情况如何？工尹砍伐木材，不可在春夏秋三季，各种木材长好，而造器可定。冬天，完整良好的兵器必须造足。人有剩余兵器，责令陈列行伍军营，以谨慎遵守国之常法。经常视察地方马牛肥瘦，对其中衰老死亡者都要登录，放牧在山林湖泽吃草的牛马有多少？卖出购进，死亡繁殖的总数有多少？至于城郭厚薄，沟壑浅深，门楼高低，宜修而未修者，朝廷必须稽查守备军伍。器物不缺收藏设备，淫雨各有收藏处所。疏器，登录军用器备。疏，分条陈述。 [2]弓弩之韔（chàng）：弓弩套囊。 [3]铗铩之衣：剑矛套囊。 [4]钩

弦之造：钩弦藏器。造，意同"灶"，引申为贮存之所。钩弦，射箭挽弦时套在右手大拇指上的象骨套子。　[5]戈戟之翳：戈戟之衣。　[6]砺：磨砺，磨损。　[7]造修之馆：修造馆舍工房。　[8]乡帅：地方行政单位。帅，通"率"，十邑为率，十率为乡。　[9]工尹：工官之长。　[10]完良：完利，完整，良好。　[11]诡陈之行：责令陈列行伍军营。　[12]以慎国常：以谨慎遵守国之常法。　[13]会：合计，总数。　[14]几：察。

问兵官之吏[1]，国之豪士，其急难足以先后者几何人[2]？夫兵事者危物也，不时而胜，不义而得，未为福也。失谋而败，国之危也，慎谋乃保国。问所以教选人者何事？问执官都者，其位事几何年矣？所辟草莱，有益于家邑者几何矣？所封表以益人之生利者何物也[3]？所筑城郭，修墙闬[4]，绝通道，扼门阙[5]，深沟防，以益人之地守者，何所也？所捕盗贼、除人害者几何矣？

[注释]

[1]以下几句是说：调查带兵官吏，豪杰之士，在国有危难时，能跟随辅佐者多少人？打仗本是危险事，侥幸取胜不义得，未必为福有灾祸。失谋而败国之危，谨慎谋划乃保国。调查教练选人才，都曾采用何标准？调查担任官职长，莅事任职多少年？开垦

荒地，有益于家乡者多少人？所提奏议，可增益人之生利者是什么？所筑城郭，所修墙垣，设置路障，修建门楼，深挖沟防，以利地方守御者是什么？所捕盗贼，消除人害者是什么？　[2]先后：跟随辅佐。　[3]封表：上表奏事，提出条陈建议。　[4]墙闬：墙垣。　[5]扼门阙：扼守门阙。阙，门楼。

[点评]

　　篇名"问"，指问题，询问，调查。针对全社会，事无巨细，囊括无遗，拟定大量问题，有定性定量的调研要求，拟定问题同时，表达正面观点，指导思想明确，有问有论，夹叙夹议，虚实结合，纵横交织，是一份社会全面调研的提纲，有重要的现代启示意义。

戒

桓公将东游[1]，问于管仲曰："我游犹由转斛[2]，南至琅玡[3]。司马曰[4]：'亦先王之游已。'何谓也？"管仲对曰："先王之游也，春出，原农事之不本者[5]，谓之游。秋出，补人之不足者，谓之夕[6]。夫师行而粮食其民者[7]，谓之亡。从乐而不反者，谓之荒[8]。先王有游夕之业于人，无荒亡之行于身。"

管仲一戒齐桓公。

[注释]

[1]以下几句是说：桓公将巡游东部，问管仲说："我出游，想起于芝罘，南到琅玡。司马说，要像先王出游一样，是什么意思？"管仲回答："先王出游，春天外出，调查农事经营的困难，叫作游。秋天外出，补助人生活困难者，叫作夕。人马出行，吃喝民众者，

叫作亡。乐而忘返，叫作荒。先王对人民有游夕之业，却身无荒亡之行。" [2]转斛：山名，芝罘，三面临海，在山东烟台北。 [3]琅玡：在山东东南。 [4]司马：军官名，管军赋、军训和军演，行军法，指大司马王子城父。《小匡》记管仲说："平原广牧，车不结辙，士不旋踵，鼓之而三军之士视死如归，臣不如王子城父，请立为大司马。" [5]原：原察，推原，察源，察本，寻本，寻根，考察，推究，了解。唐尹知章注："原，察也。"不本：无本。即无本经营，生产困难。《轻重丁》："无本者予之陈，无种者贷之新。" [6]夕：意同"豫"，出游，游乐，君王秋日出巡，意指出游关注人民生产生活。《晏子·内篇》："秋省实而助不给者，谓之豫。" [7]师行：人马出行。粮食其民：消费人民粮食。 [8]荒：享乐过度。《逸周书·谥法》："好乐怠政曰荒。"

管仲二戒齐桓公。

桓公退[1]，再拜命曰："宝法也！"管仲复于桓公曰："无翼而飞者声也，无根而固者情也，无位而贵者生也[2]。公亦固情谨声，以严尊生，此谓道之荣。"桓公退，再拜："请若此言[3]！"管仲复于桓公曰："任之重者莫如身，途之畏者莫如口，期而远者莫如年。以重任行畏途，至远期，唯君子乃能矣。"桓公退，再拜之曰："夫子数以此言者教寡人[4]。"

[注释]

[1]以下几句是说：桓公退后，再次拜谢，称为宝贵的法度。

管仲对桓公说:"没羽翼能飞者是语声,没根底能巩固者是人情,没地位而尊贵者是人性。您应巩固人情,谨慎语声,严守尊贵的人性,这叫道的荣华。"桓公退后,再次拜谢说:"谨遵此言!"管仲对桓公说:"任重莫如身,途畏莫如口,期远莫如年。以重任走畏途,达远期,只有君子才能做到。"桓公退后,再次拜谢说:"您快把这话的意思教给我。" [2]无位而贵者生:无地位而尊贵者是心性。生,同"性",类似谜语的表达式,引人入胜。 [3]若:顺从。《尔雅·释名》:"若,顺也。" [4]数:同"速"。

管仲对曰[1]:"滋味动静[2],生之养也[3]。好恶喜怒哀乐,生之变也。聪明当物,生之德也。是故圣人齐滋味而时动静,御正六气之变[4],禁止声色之淫,邪行亡乎体,违言不存口[5],静然定生,圣也。仁从中出,义从外作。仁,故不以天下为利;义,故不以天下为名。仁,故不代王[6];义,故七十而致政[7]。是故圣人上德而下功,尊道而贱物。道德当身,故不以物惑。是故身在草茅之中,而无慑意[8]。南面听天下,而无骄色。如此而后,可以为天下王。所以谓德者,不动而疾[9],不相告而知,不为而成,不召而至,是德也。故天不动,四时云[10],下而万物化。君不动,政令陈,下而万功成。心不动,四

管仲三戒齐桓公。

枝耳目使[11]，而万物情。寡交多亲，谓之知人。寡事成功，谓之知用。闻一言以贯万物，谓之知道。多言而不当，不如其寡也。博学而不自反，必有邪。孝弟者[12]，仁之祖也。忠信者，交之度也。内不考孝弟，外不正忠信，泽其四经而诵学者[13]，是亡其身者也。"

[注释]

[1]以下几句是说：管仲回答说："饮食作息，是人性的保养。好恶喜怒哀乐，是人性的变通。聪明处事，是人性的德能。所以圣人调节饮食，按时作息，控制好恶喜怒哀乐六气的变通，禁止声色过度，身无邪行，口无背理之言，静然安定人性，叫作圣。仁从内心发出，义从身外实行。仁，所以不以天下谋私利。义，所以不以天下钓虚名。仁，所以不取代人为王。义，所以七十而还政。所以圣人以道德为上，以事功为下，尊贵道德，贱视物利。道德在身，所以不被物利迷惑。所以身在草屋，而无惧色。为王治天下，而无骄色。这才可为天下王。所谓王者之德，是君王不从上面拨动，而民知自动快做。不特意告诉，就知道。不特意作为，而成功。不特意召唤，而自来。这就叫作王者之德。所以天不动，四时运行，万物变化。君不动，政令发布，万事成功。心不动，四肢耳目用，而得万物之情。交游少而亲者多，叫知人。少做事而功成，叫知用。听一言而通万物，叫知道。话多而不当，不如话少。博学而不自知，必然偏离方向。孝悌是仁之祖，忠信是交之度。内不讲孝悌，外不讲忠信，丢掉孝悌忠信四项基本原则，只背诵条文，是亡忽自身。" [2]滋味动静：饮食作息。滋

味,饮食。动,活动。静,休息。 [3]生:同"性"。 [4]御正:驾御规正,控制。六气:好恶喜怒哀乐。 [5]违:违背,背理。 [6]不代王:不取代天下为王。 [7]致政:还政,交出政务。七十不致政,贪政不义。 [8]慑意:恐惧之意,惧色。 [9]疾:疾速,竭力。 [10]云:即"运"字。 [11]枝:通"肢"。 [12]孝弟:孝悌。弟,通"悌",敬爱兄长。 [13]泽:古"释"字。

桓公明日弋在廪[1],管仲、隰朋朝。公望二子,弛弓脱釬而迎之曰[2]:"今夫鸿鹄,春北而秋南,而不失其时,夫唯有羽翼以通其意于天下乎?今孤之不得意于天下,非皆二子之忧也?"桓公再言,二子不对。桓公曰:"孤既言矣,二子何不对乎?"管仲对曰:"今夫人患劳,而上使不时。人患饥,而上重敛焉。人患死,而上急刑焉。如此,而又近有色,而远有德,虽鸿鹄之有翼,济大水之有舟楫也,其将若君何?"桓公蹴然逡遁[3]。管仲曰:"昔先王之理人也,盖人有患劳,而上使之以时,则人不患劳也。人患饥,而上薄敛焉,则人不患饥矣。人患死,而上宽刑焉,则人不患死矣。如此,而近有德,而远有色,则四封之内视君,其犹父母邪!四方之外归君,

管仲四戒齐桓公。

其犹流水乎！"公辍射，援绥而乘[4]，自御，管仲为左，隰朋参乘[5]。

[注释]

[1]以下几句是说：第二天桓公在粮仓附近射鸟，管仲、隰朋朝见。桓公望见二人，收弓脱铠迎上说："看那鸿鹄，春天北飞，秋天南去，不失时机，是因有羽翼能畅意飞行天下吧？现在我不得意于天下，难道不也是二位的忧虑？"桓公又说一遍，二人没回答。桓公说："我既说了，二位怎么不回答？"管仲回答："现在人民忧患劳苦，而君上不时使民。人民忧患饥饿，而君上加重赋敛。人民忧患死亡，而君上急于用刑。又近女色，远离有德，虽像鸿鹄有翼，过河有舟，对君有何用？"桓公谦恭，局促不知所措。管仲说："从前先王治理人民，见人民忧患劳苦，君上就限时役使，则人不忧患劳苦。见人民忧患饥饿，君上就薄收赋敛，则人民不忧患饥饿。见人民忧患死亡，君上就宽缓用刑，则人民不忧患死亡。亲近有德，而远离女色，则四境之内见君主，就像见父母！四境之外归君主，就像流水！"桓公停止射鸟，引绳上车，亲自驾车，管仲坐在左边，隰朋陪乘在右边。 [2]釬（hàn）：臂上铠甲。 [3]蹴然：恭敬貌。逡遁：想进不进，迟疑不决。 [4]援绥：援引车绳。 [5]参乘：陪乘。

管仲五戒齐桓公。

朔月三日[1]，进二子于里官[2]，再拜顿首曰："孤之闻二子之言也，耳加聪而视加明，于孤不敢独听之，荐之先祖。"管仲、隰朋再拜顿首曰："如君之王也，此非臣之言也，君之教也。"于是管仲与桓公盟誓为令曰："老弱勿刑，参宥而后弊[3]。关几而不正[4]，市正而不布[5]。山林梁泽以时禁发而不正也。"草封泽盐者之归之也[6]，譬若市人。三年教人，四年选贤以为长，五年始兴车践乘。遂南伐楚，门傅施城[7]。北伐山戎，出冬葱与戎叔[8]，布之天下。果三匡天子而九合诸侯。

[注释]

[1] 以下几句是说：朔月第三天，把管仲、隰朋接进祖庙，顿首拜谢说："我听到二人的话，耳更聪，目更明，我不敢独听，推荐给先祖。"管仲、隰朋顿首拜谢说："有像您这样的君王，这不是我们的话，是君王的教导。"于是管仲与桓公宣誓下令说："老弱不处刑，三次宽赦再治罪。关卡检查不征税，市场设官管理不征税。山林水泽按时封禁开放不征税。"垦草成封，就泽制盐者，蜂拥而至，热闹得像集市。三年教练人民，四年选贤为长官，五年征发车乘。于是南伐楚国，逼近施城。北伐山戎，取冬葱胡豆，传布天下。果然三次匡扶天子，九次聚合诸侯成霸。　[2] 里官：里馆，祭祀祖先的地方。官，即"馆"。　[3] 参宥而后弊：三次宽宥赦免，而后判罪。弊，判决，决定，断定。　[4] 关几而不正：关卡检查不征税。正，通"征"。　[5] 市正而不布：市场设官管理不征税。正，官长。布，钱。　[6] 草封：垦草堆积如封土。泽盐：泽边制盐。　[7] 门傅施城：接近施城。门，即"扪"。傅，即"拊"，迫近。　[8] 叔：通"菽"，豆类。

管仲六戒齐桓公。

桓公外舍而不鼎馈[1]。中妇诸子谓宫人[2]:"盍不出从乎?君将有行。"宫人皆出从。公怒曰:"孰谓我有行者?"宫人曰:"贱妾闻之中妇诸子。"公召中妇诸子曰:"汝焉闻吾有行也?"对曰:"妾人闻之,君外舍而不鼎馈,非有内忧,必有外患。今君外舍而不鼎馈,君非有内忧也,妾是以知君之将有行也。"公曰:"善。此非吾所与女及也,而言乃至焉,吾是以语女:吾欲致诸侯而不至,为之奈何?"中妇诸子曰:"自妾之身之不为人持接也[3],未尝得人之布织也,意者更容不审耶[4]。"明日,管仲朝,公告之。管仲曰:"此圣人之言也,君必行也。"

[注释]

[1] 以下几句是说:桓公在外住,而不列鼎饮宴。女官对宫女们说:"你们还不出来侍从么?君王将要出行。"宫女们都出来侍从桓公。桓公发怒说:"谁说我将要出行?"宫女们说:"我们听女官。"桓公召女官说:"你怎么知道我将要出行?"回答说:"据我所知,您在外住,而不列鼎饮宴,没有内忧,必有外患。今君在外住,而不列鼎饮宴,君主没有内忧,我所以知君将要出行。"桓公说:"好。这本来不是我要说给你的,但你的话却说到这里,所以我就告诉你吧:我想召集诸侯,而人家不来,怎么办?"女官说:"譬如我不身为别人服务,别人不会给我布料做衣服,恐

怕您还有做得不周到的地方吧。"第二天管仲朝见，桓公告诉他。管仲说："这是圣人之言，君必须照办。"鼎馈，列鼎饮宴。 [2]中妇诸子：宫中女官，君妾。 [3]不为人持接：不持接服务于人。 [4]意者：或许，恐怕。审：仔细，周到。

管仲寝疾[1]，桓公往问之曰："仲父之疾甚矣，若不可讳也，不幸而不起此疾，彼政我将安移之？"管仲未对。桓公曰："鲍叔之为人何如？"管仲对曰："鲍叔，君子也，千乘之国，不以其道予之，不受也。虽然，不可以为政。其为人也好善，而恶恶已甚[2]，见一恶终身不忘。"桓公曰："然则孰可？"管仲对曰："隰朋可。朋之为人，好上识而下问[3]。臣闻之，以德予人者谓之仁，以财予人者谓之良。以善胜人者，未有能服人者也；以善养人者，未有不服人者也。于国有所不知政，于家有所不知事，必则朋乎！且朋之为人也，居其家不忘公门，居公门不忘其家。事君不二其心，亦不忘其身。举齐国之币，握路家五十室[4]，其人不知也。大仁也哉，其朋乎！"

管仲七戒齐桓公。

[注释]

[1]以下几句是说：管仲卧病，桓公慰问说："仲父病重，若

不可讳言，不幸而此病不愈，国家大政我将转托给谁？"管仲没回答。桓公说："鲍叔为人怎样？"管仲回答："鲍叔是君子，千辆兵车的大国，不合道理送给他，都不会接受。但是不可托以国政。他为人好善，但憎恶恶人太过分，见一恶终身不忘。"桓公说："那么谁行？"管仲回答："隰朋行。隰朋为人，识见远大，虚心下问。我听说，给人恩德叫仁，给人财物叫良。靠善胜人，不能服人。用善来养人，没有不服人的。治国，政务不会样样管；治家，家事不求事事知，这只有隰朋能做到。隰朋为人，在家门不忘公门，在公门不忘家门。事君没二心，也不忘自身。他用齐国的钱，救济过路难民五十多户，受惠者不知是他。称得上大仁的，就是隰朋。" [2]恶恶：厌恶邪恶。已甚：太甚，太过分。 [3]上识而下问：识见远大，虚心下问。 [4]握路家：救济路边乞讨的穷困之家。握，此处同"渥"，沾润，救济。

管仲八戒齐桓公。

公又问曰[1]："不幸而失仲父也，二三大夫者，其犹能以国宁乎？"管仲对曰："君请矍已乎[2]？鲍叔牙之为人也，好直。宾胥无之为人也，好善。宁戚之为人也，能事。孙宿之为人也，善言。"公曰："此四子者，其孰能一人之上也？寡人并而臣之，则其不以国宁，何也？"对曰："鲍叔之为人好直，而不能以国诎[3]。宾胥无之为人也好善，而不能以国诎。宁戚之为人能事，而不能以足息。孙宿之为人善言，而不能以信默。臣闻之，消息盈虚[4]，与百姓诎信[5]，然后能以国宁。勿已者[6]，朋其可乎？朋之为人也，动必量力，举必量技。"言终，喟然而叹曰："天之生朋，以为夷吾舌也。其身死，舌焉得生哉！"

[注释]

[1]以下几句是说：桓公又问说："不幸失去仲父，几位大夫还能使国家安宁吗？"管仲回答："请您衡量一下本国！鲍叔牙为人好直；宾胥无为人好善，宁戚为人能干，孙宿为人能说。"桓公说："这四人谁能只用一个？现在我全都使用，还不能使国家安宁，是何缘故？"回答："鲍叔为人好直，但不能为国家牺牲其好直。宾胥无为人好善，但不能为国家牺牲其好善。宁戚为人能干，但不能适可而止。孙宿为人能说，但不能取信以后就及时沉默。我听说，根据消长盈亏，跟百姓共屈伸，然后能使国家安宁。不得已的话，隰朋可以吧。隰朋为人，行动必量力，举动必量技。"管仲说完，叹气说："天生隰朋，为我当舌头，我身死，舌还能活着吗？" [2]矍："蒦（huò）"的假借字，量度，衡量。 [3]诎：同"屈"。 [4]消息盈虚：消长盈亏。消息，消减和增长。息，滋长。 [5]诎信：同"屈伸"。 [6]勿已者：不得已的话。

管仲曰[1]："夫江、黄之国近于楚，为臣死乎，君必归之楚而寄之。君不归，楚必私之。私之而不救也，则不可。救之，则乱自此始矣。"桓公曰："诺。"管仲又言曰："东郭有狗嘊嘊[2]，

管仲九戒齐桓公。

旦暮欲啮，我枷而不使也[3]。今夫易牙，子之不能爱，安能爱君？君必去之。"公曰："诺。"管子又言曰："北郭有狗嘊嘊，旦暮欲啮，我枷而不使也。今夫竖刁，其身之不爱，焉能爱君？君必去之。"公曰："诺。"管子又言曰："西郭有狗嘊嘊，旦暮欲啮，我枷而不使也。今夫卫公子开方，去其千乘之太子，而臣事君，是所愿也。得于君者，是将欲过其千乘也。君必去之。"桓公曰："诺。"管子遂卒。卒十月，隰朋亦卒。

[注释]

[1]以下几句是说：管仲说："江、黄两国近于楚，我死，您一定要归还楚国。您如不归还，楚国一定要吞并。他吞并，我不救，则不可。要救，则祸乱就从此开始。"桓公说："好。"管仲说："东城一只狗，早晚想咬人，我枷住不让它咬。现在易牙，儿子不爱，怎能爱君？您一定要去掉他。"桓公说："好。"管子又说："北城一只狗，早晚想咬人，我枷住不让它咬。现在竖刁，自身不爱，怎能爱君？您一定要去掉他。"桓公说："好。"管子又说："西城一只狗，早晚想咬人，我枷住不让它咬。现在卫公子开方，放弃千乘之国的太子不做，臣事于您，他的愿望是：从您身上得到的，将远超过一个千乘的国家。您一定要去掉他。"桓公说："好。"管子死了。死后十个月，隰朋也死了。　[2]嘊嘊：同"嘊嘊（ái）"，狗露齿欲咬状。　[3]枷：同"枷"。

桓公去易牙[1]、竖刁、卫公子开方。五味不至，于是乎复反易牙。宫中乱，复反竖刁。利言卑辞不在侧，复反卫公子开方。桓公内不量力，外不量交，而力伐四邻。公薨，六子皆求立。易牙与卫公子内与竖刁，因共杀群吏，而立公子无亏。故公死六十七日不殓，九月不葬。孝公奔宋，宋襄公率诸侯以伐齐，战于甗[2]，大败齐师，杀公子无亏，立孝公而还。襄公立十三年，桓公立四十二年。

桓公不听管仲之言，祸及自身留下遗憾。

[注释]

[1]以下几句是说：桓公免去易牙、竖刁和卫公子开方。吃东西五味不佳，于是把易牙召回来。宫中乱，又召回竖刁。甜言蜜语不在侧，又召回卫公子开方。桓公内不量国力，外不计国交，征伐四邻。桓公死，六子都求立为君。易牙和开方勾结竖刁，共杀百官，拥立公子无亏。桓公死后六十七天没入殓，九个月没葬。齐孝公出奔宋国，宋襄公率诸侯伐齐，战于甗地，大败齐军，杀公子无亏，立齐孝公而回。宋襄公立十三年，齐桓公立四十二年。 [2]甗（yǎn）：地名，山东济南历城。

[点评]

篇名"戒"，唐尹知章题解："所以陈戒桓公。"本篇题名就叫戒，通篇内容是劝诫。劝诫勿忘百姓苦，桓公出游有劝诫。自身修养不可忽，近有德而戒远色。使民以时要遵守，宽刑薄敛行仁德。善处诸侯结外交，江黄归楚善楚国。易牙、竖刁和开方，君边亲信必祸国。铺展情节讲故事，深谋远虑管仲诫。

　　在管仲告诫齐桓公的故事情节和众多话语中，最值得注意管仲的高风亮节、道德境界和治国安邦、治理民众的指导思想，政策措施，特别是其中顾全大局、立足久长、深谋远虑、人文关怀的言辞话语，最引人注目，有极强的现代启示意义。

参　患

凡人主者[1]，猛毅则伐[2]，懦弱则杀[3]。猛毅者何也？轻诛杀人之谓猛毅。懦弱者何也？重诛杀人之谓懦弱。此皆有失彼此。凡轻诛者杀不辜，而重诛者失有罪。故上杀不辜，则道正者不安。上失有罪，则行邪者不变。道正者不安，则才能之人去亡[4]。行邪者不变，则群臣朋党[5]。才能之人去亡，则宜有外难。群臣朋党，则宜有内乱。故曰：猛毅者伐，懦弱者杀也。

太强太弱都有祸患，参详强弱力求全面。计谋策略要有预见，计策先定才有胜算。

[注释]

[1] 以下几句是说：君主猛毅被人伐，君主懦弱被人杀。试问猛毅是何意：轻易杀人叫猛毅。试问懦弱是何意：不肯杀人叫

懦弱。猛毅懦弱各有失：轻易杀人杀无罪；不肯杀人漏真凶。杀无罪君子不安；漏真凶奸邪不改。正人君子不安心，才能之人必逃亡；奸邪之人不改正，结党营私必出现。才能之人必逃亡，导致国家遭外患。结党营私必出现，导致国家遭内乱：君主猛毅被人伐，君主懦弱被人杀。 [2]猛毅则伐：猛毅被人伐。其推论是：猛毅者轻诛杀人，杀不辜，道正者不安，才能之人逃亡，有外难，故被人伐。 [3]懦弱则杀：懦弱被人杀。其推论是：懦弱者不肯杀人，失有罪，行邪者不变，群臣朋党，有内乱，故被人杀。 [4]去亡：逃亡。 [5]朋党：结党营私。

论军事存在的合法性：以暴止暴，以战止战。

君之所以卑尊[1]，国之所以安危者，莫要于兵。故诛暴国必以兵，禁辟民必以刑。然则兵者，外以诛暴，内以禁邪。故兵者，尊主安国之经也，不可废也。若夫世主则不然，外不以兵而欲诛暴，则地必亏矣。内不以刑而欲禁邪，则国必乱矣。

[注释]

[1]以下几句是说：君主尊卑系于兵，国家安危系于兵。诛讨暴国必用兵，禁绝邪民必用刑。兵者对外以诛暴，兵者对内以禁邪。兵者尊主安国经，不可废弃就是兵。现时君主则不然，对外诛暴不用兵，土地必失国必空。对内禁邪不用刑，国家必乱奸邪生。

故凡用兵之计[1]，三惊当一至[2]，三至当一军[3],三军当一战[4]。故一期之师,十年之蓄积殚[5]。一战之费,累代之功尽。今交刃接兵而后利之[6],则战之自败者也。攻城围邑,主人易子而食之,析骸而爨之[7],则攻之自拔者也。是以圣人小征而大匡[8],不失天时,不空地利,用日维梦[9],其数不出于计。故计必先定,而兵出于竟。计未定而兵出于竟,则战之自败,攻之自毁者也。

论计谋策略的重要性:计必先定,然后兵才出境。

[注释]

[1]以下几句是说:用兵之计有效应:三次警备当一征,三次出征当一围,三次围困当一战。一年军费十年蓄,一战军费累代功。交接兵刃才备战,战之自败不用攻。等到攻城围邑时,才知守方之顽强:主人易子而食之,析骸而爨苦支撑:只好不攻就退兵。圣人小征大警惕,把握天时和地利,准备白天去作战,头天夜里计划好,办法不出原计划。计划必须先定好,然后兴兵出于境。如果计划未先定,仓促兴兵出于境,战之必然自败退,攻之必然自毁兵。用兵之计,用兵计划。 [2]三惊当一至:三次警戒相当于一次出征。惊,同"警",警戒,戒备,戒严。 [3]三至当一军:三次出征相当于一次围困。 [4]三军当一战:三次围困相当于一次交战。 [5]十年之蓄积殚:十年蓄积被用尽。 [6]交刃接兵而后利之:等到交接兵刃,才来加强国防。 [7]析骸而爨:析断骸骨当柴烧。爨,烧火做饭。 [8]匡:畏惧,警惕。 [9]用日维梦:白天打仗,头天夜里计划好。

得众而不得其心[1],则与独行者同实。兵不完利,与无操者同实。甲不坚密,与俴者同实[2]。弩不可以及远,与短兵同实。射而不能中,与无矢者同实。中而不能入,与无镞者同实。将徒人,与残者同实。短兵待远矢,与坐而待死者同实。故凡兵有大论[3],必先论其器,论其士,论其将,论其主。故曰,器滥恶不利者,以其士予人也。士不可用者,以其将予人也。将不知兵者,以其主予人也。主不积务于兵者,以其国予人也。故一器成[4],往夫具[5],而天下无战心。二器成,惊夫具[6],而天下无守城。三器成,游夫具[7],而天下无聚众。所谓无战心者,知战必不胜,故曰无战心。所谓无守城者,知城必拔,故曰无守城。所谓无聚众者,知众必散,故曰无聚众。

[注释]

[1]以下几句是说:得众而不得其心,跟独行者一个样。兵器不齐不锋利,跟没兵器一个样。铠甲不坚不严密,跟穿单衣一个样。弓弩发射不及远,跟短兵相接一样。弓弩发射不能中,跟没有箭一个样。射中敌人不能入,跟没箭头一个样。未经训练去作战,跟自相残杀一样。手持短兵对远矢,跟坐而待毙一样。所以用兵有考论:必须先论兵器备,第二考论其兵士,第三考论其将

帅,第四考论其君主。器备滥恶不锐利,等于把兵送给人。士兵滥恶不可用,等于将帅送给人。将帅不知用兵众,等于君主送给人。君主不精于军事,等于把国送给人。一种武器属顶尖,敢往武夫无所惧,吓得天下没战心。两种武器属顶尖,惊敌武夫无所惧,惊动天下无守城。三种武器属顶尖,游士善辩无所惧,辩得天下无聚众。所谓天下没战心,因为知战必不胜,所以才说没战心。所谓天下无守城,因为知道城必拔,所以才说无守城。所谓天下无聚众,因为知道众必散,所以才说无聚众。 [2]俴(jiàn):单衣无铠甲。 [3]论:评定,考评。 [4]一器成:一种器备达到最高水平。成,盛,顶点,极点。 [5]往夫:敢于出征的武夫。唐尹知章注:"敢往之夫。" [6]惊夫:使敌人惊惧的武夫。唐尹知章注:"惊敌之夫。" [7]游夫:游说善辩的说客。唐尹知章注:"游务之夫。"

[点评]

篇名"参患",唐尹知章解释:"太强亦有患,太弱亦有患,必参详强弱之中,自致于无患也。"议论渗透辩证哲理,避免片面性谬误。本篇是杰出的军事哲学论文,正反对照,参考比较,结论深刻,推断重要。如说:"用日维梦,其数不出于计。故计必先定,而兵出于竟。计未定而兵出于竟,则战之自败,攻之自毁者也。"论述计划筹谋的重要性、超前性和预见性,是无数战争经验教训的总结概括,有规律性、规范性和经典性,现代将帅必认清。

制　分

> 控制天下必有分际，集中优势谋攻弱敌。管子兵学有好概括，军政制胜提供理据。

　　凡兵之所以先争[1]，圣人贤士不为爱尊爵，道术知能不为爱官职，巧伎勇力不为爱重禄，聪耳明目不为爱金财。故伯夷、叔齐非于死之日而后有名也[2]，其前行多修矣。武王非于甲子之朝而后胜也[3]，其前政多善矣。

[注释]

[1] 以下几句是说：举凡用兵，先争取具备的条件是，圣人贤士不为贪图尊高的爵位，有道术智能的人不为贪图官职，有巧技勇力的人不为贪图优厚俸禄，有聪耳明目的人不为贪图金钱财货。所以伯夷、叔齐不是饿死后才有名，因为以前行为注重修德。周武王不是在甲子那天才取胜，因为其前行政多善。凡兵之所以先争：凡用兵要争取实现的先决条件。唐尹知章注："谓欲

用兵所当先而争为者。"　[2] 伯夷、叔齐：商末孤竹君的两个儿子，商灭后，隐居首阳山，不食周粟而死。　[3] 武王：周武王，周朝开国之君。甲子之朝：武王伐纣一战取胜日，天文学家依据 1976 年在陕西临潼出土的利簋，铭文"武王征商，唯甲子期"，计算武王伐纣时间在前 1046 年 1 月 20 日早晨（武王十一年正月甲子日清晨）。

故小征[1]，千里遍知之。筑堵之墙，十人之聚，日五间之[2]。大征，遍知天下。日五间之，散金财用聪明也。故善用兵者，无沟垒而有耳目。兵不呼傲[3]，不苟聚[4]，不妄行，不强进。呼傲则敌人戒，苟聚则众不用，妄行则群卒困，强进则锐士挫。

故凡用兵者，攻坚则轫[5]，乘瑕则神[6]。攻坚则瑕者坚，乘瑕则坚者瑕。故坚其坚者，瑕其瑕者。屠牛坦朝解九牛[7]，而刀可以莫铁[8]，则刃游间也。故天道不行，屈不足从。人事荒乱，以十破百。器备不行，以半击倍。故军争者不行于完城池[9]，有道者不行于无君[10]。故莫知其将至也，至而不可圉。莫知其将去也，去而不可止。敌人虽众，不能止待。

[注释]

[1]以下几句是说：所以小征战，要遍知千里。一墙之隔，十人聚集，一天侦查五次。大征战，需遍知天下。一天侦查五次，是散金财而购买耳目。所以善用兵者，即使没有沟壑堡垒，要有耳目侦探。兵不高呼警戒，士不草率聚集，不盲目行军，不勉强进发。高声呼警敌人戒，草率聚集众不用，盲目行军群卒困，莽撞强进锐士挫。所以凡是用兵者，攻击坚强则受挫，攻击薄弱则速胜。攻击坚强瑕者坚，攻击薄弱坚者瑕。所以坚者暂时先稳住，薄弱环节先攻破。屠牛坦一朝解九牛，屠刀锋利能削铁，游刃有余骨缝间。所以天道不顺，敌人穷屈不宜追。敌国人事现荒乱，以十破百如破竹。敌人器备不锐利，以半击倍如卷席。所以军争不打坚固城，有道不打无君国。所以莫知我军将来到，来到敌人不可守。莫知我军将撤退，撤退没人能制止，敌人虽众无计施。 [2]日五间之：一天侦察五次。间：间候，间谍，侦察刺探。 [3]呼儆：大声叫喊警戒。儆，同"警"，警戒，警备。 [4]苟聚：无事轻易聚集军队。唐尹知章注："无事徒聚，众必不用，若周幽之伪烽也。" [5]攻坚则轫（rèn）：攻坚则己受挫，敌更坚。轫，本义刹车木，车挡，销子，引申为刹车，牢固。唐尹知章注："轫，牢固之名也。所攻既坚，则轫而难入。" [6]乘瑕则神：攻弱则神速取胜。瑕，瑕庇，缝隙，薄弱环节。唐尹知章注："瑕，谓虚脆也。""所乘既脆"，速"瓦解，故若神"。 [7]屠牛坦：屠牛师，名坦。 [8]莫铁：削铁。 [9]完：坚固。 [10]无君：国君死丧。

治者所道富也[1]，治而未必富也，必知富之事[2]，然后能富。富者所道强也，而富未必强也，必知强之数^[3]，然后能强。强者所道胜也，而强未必胜也，必知胜之理，然后能胜。胜者所道制也，而胜未必制也，必知制之分，然后能制。是故治国有器^[4]，富国有事，强国有数，胜国有理，制天下有分。

[注释]

[1] 以下几句是说：治理导致国家富，治理而富非必然，必知富国靠生产，生产必然使国富。富裕可使国强盛，富裕强盛非必然，必知强盛有理数，然后能强无人阻。强盛导致战可胜，强者能胜非必然，必知取胜有义理，正义必胜是正途。取胜可以制天下，胜者管控非必然，必知管控有分寸，然后能制合理路。所以治国有器备，富国有事靠生产，国家强盛有理数，国家优胜有正理，控制天下有原理。道，同"导"。　[2] 富之事：致富的事业，指生产。　[3] 强之数：强大的方法。　[4] 器：器备，武器，军备。

[点评]

篇名"制分"，意为控制天下的原理。制分的理论概念，由浓缩简约"制天下有分"的语句命题而来。"制天下有分"，意为"控制天下有原理"，名词化为"控制天下的原理"。制：控制，管控。《说文》："制，裁也。"分：原理，原则。《说文》："分，别也。"引申为分际，界限，原则，原理。本篇所论道理，对齐国实现霸王梦想有重要意义。精言妙道，对今世有重要启迪。

本篇最后一段是实现齐国霸王梦理论的重要论述，其中充满细密严谨、正反辩难的思辨分析论证，对当今实现中华民族伟大复兴，振兴中华的理想，颇具参考价值。前两段是实现齐国霸王梦理论的方法和手段，即道义、军事文武两手。精辟概括兵法战术说："故凡用兵者，攻坚则轫，乘瑕则神。攻坚则瑕者坚，乘瑕则坚者瑕。故坚其坚者，瑕其瑕者。屠牛坦朝解九牛，而刀可以莫铁，则刃游间也。"管子兵法箴言，是"集中优势兵力，攻击敌人薄弱环节，各个歼灭敌人"的战略战术，是成功战例战术的升华，对当今正义战争的制胜之道，有极强的指导意义，现代将帅必洞悉。

小　称

　　管子曰[1]："身不善之患，毋患人莫己知。丹青在山[2]，民知而取之。美珠在渊，民知而取之。是以我有过为，而民毋过命[3]。民之观也察矣，不可遁逃以为不善。故我有善，则立誉我。我有过，则立毁我。当民之毁誉也，则莫归问于家矣，故先王畏民。操名从人，无不强也。操名去人，无不弱也。虽有天子诸侯，民皆操名而去之，则捐其地而走矣，故先王畏民。在于身者孰为利？耳与目为利。圣人得利而托焉，故民重而名遂。我亦托焉。圣人托可好，我托可恶，以来美名，又可得乎？我托可恶，爱且不能为我能也。

毛嫱、西施[4]，天下之美人也。盛怨气于面，不能以为可好。我且恶面而盛怨气焉，怨气见于面，恶言出于口，去恶充以求美名，又可得乎？甚矣，百姓之恶人之有余忌也[5]，是以长者断之，短者续之，满者洫之[6]，虚者实之。"

[注释]

[1]以下几句是说：管子说，祸患在于身不善，不怕别人不知己。丹青深山民知取，美珠深渊民知采。所以我有错误行，民众不会有误评。民众观察很清楚，不可逃遁为不善。所以我若有善行，民众立马赞誉我。如果我有错误行，民众立马批评我。民众毁誉有定评，不需回家问亲人，所以先王敬畏民。持有善名从人民，无不强盛有本根。持有恶名背人民，无不衰弱成寡人。虽有天子诸侯位，民皆嫌恶而离去，抛弃其地而出走，所以先王畏人民。人身何者最灵敏？耳朵眼睛最灵敏。圣人得民而寄托，人民倚重名声遂。我也假托靠人民，圣人托民而行善，我则托民以行恶，行恶而想求美名，南辕北辙不可行。我则托民以行恶，爱我不能给美名。毛嫱西施天下美，满脸怨气不算美。我且恶面盛怨气，怨气暴露在双脸，恶言秽语出于口，饱藏恶意求美名，恶名岂能换美名。甚矣民众耳目聪，百姓恶人有余忌。所以过长要截短，过短续长才得宜。过满不妨令流泄，虚者实之人满意。 [2]丹青：丹砂和青䨼，可作颜料。丹，丹砂，朱砂。青，青䨼，空青。 [3]过命：错误评价。 [4]毛嫱、西施：春秋末年美女。当时管仲已死，议论假托管仲。毛嫱是越王勾践爱姬。勾践命乐师教西施歌舞仪态，过三年，进献吴王夫差，夫差沉溺西施美色，

荒朝政，后勾践趁机灭吴。 [5]余忌：更多缺陷。忌，禁忌，忌讳，缺陷。 [6]洫：疏泄。

管子曰[1]："善罪身者，民不得罪也。不能罪身者，民罪之。故称身之过者，强也。治身之节者，惠也[2]。不以不善归人者，仁也。故明王有过，则反之于身；有善，则归之于民。有过而反之身，则身惧。有善而归之民，则民喜。往喜民，来惧身，此明王之所以治民也。今夫桀、纣不然，有善则反之于身，有过则归之于民。归之于民则民怒，反之于身则身骄。往怒民，来骄身，此其所以失身也。故明王惧声以感耳，惧气以感目，以此二者有天下矣，可毋慎乎？匠人有以感斤楀[3]，故绳可得断也。羿有以感弓矢，故彀可得中也[4]。造父有以感辔笑[5]，故逸兽可及[6]，远道可致。天下者，无常乱，无常治。不善人在则乱，善人在则治，在于既善[7]，所以感之也。"

以民为本。

[注释]

[1]以下几句是说：管子说，善罪自身民不罪，不能罪身民罪之。言己之过人强盛，修己节操有智慧。不把不善归他人，方能称作有仁义。圣王有过归于己，有善就会归于民。有过归己自身

惧，有善归民则民喜。行善于民得民喜，反过于身自警惧。圣王治民靠此理。夏桀殷纣正相反，有善全都归自己，有过推诿归于民。诿过于民则民怒，善归于己则自骄。诿过于民得民怒，反善于身则身骄，桀纣失身因在此。明王惧声以感耳，明王惧气以感目。明王靠此得天下，怎能不慎不警惕？工匠敬业感斤斸，依靠绳墨断木料。后羿敬业感弓矢，张弓能够中标的。造父敬业感箠鞭，能追速兽达远道。天下本来无常乱，天下本来无常治。不善人在则混乱，善人在上则治理。治理全在人行善，内外尽善动天地。　[2]惠：通"慧"。　[3]斤斸（zhú）：斧头和斧柄。斤，斧。斸，斧柄。　[4]彀：弓拉满。　[5]筴：同"策"。　[6]趣：同"速"。　[7]既：尽。

　　管子曰[1]："修恭逊、敬爱、辞让，除怨无争，以相逆也，则不失于人矣。尝试多怨争利，相为不逊，则不得其身。大哉！恭逊敬爱之道。吉事可以入察[2]，凶事可以居丧。大以理天下而不益也，小以治一人而不损也。尝试往之中国、诸夏、蛮夷之国[3]，以及禽兽昆虫，皆待此而为治乱。泽之身则荣，去之身则辱。审行之身毋怠[4]，虽夷貉之民，可化而使之爱。审去之身，虽兄弟父母，可化而使之恶。故之身者，使之爱恶；名者，使之荣辱。此其变名物也[5]，如天如地，故先王曰道。"

[注释]

[1]以下几句是说：管子说，恭逊敬爱和谦让，除怨无争相对待，不失人心得和谐。尝试多怨和争利，互相不逊不和谐，自身难保必失败。大哉恭逊敬爱道，吉事可依主祭祀，凶事可依居丧哀。治理天下无需增，治理一人无需减。行之诸夏和蛮夷，以及禽兽和昆虫，都可以此得治理。润泽于身则荣耀，去之于身则受辱。慎行践履勿懈怠，夷貉之民化为爱。自身懈怠遭轻忽，兄弟父母化为恶。行之于身有爱恶，行之于名有荣辱。名物变化如天地，先王把这称为道。 [2]察：此谓祭祀。 [3]中国：京师，京都。诸夏：全中国。蛮夷：边远少数民族聚居区。 [4]审：果真，确实。 [5]变名物：改变名称和物质实体。

管仲有病[1]，桓公往问之曰："仲父之病病矣[2]，若不可讳而不起此病也，仲父亦将何以诏寡人[3]？"管仲对曰："微君之命臣也，臣固且谒之[4]，虽然，君犹不能行也。"公曰："仲父命寡人东，寡人东。令寡人西，寡人西。仲父之命于寡人，寡人敢不从乎？"管仲摄衣冠起，对曰："臣愿君之远易牙、竖刁、堂巫、公子开方。夫易牙以调和事公，公曰惟烝婴儿之未尝，于是烝其首子而献之公[5]。人情非不爱其子也，于子之不爱，将何有于公？公喜宫而妒，竖刁自刑而为公治内。人情非不爱其身也，于身之不爱，将何有于公？公子开方事公，十五年不归视其亲，齐、卫之间，不容数日之行。人情非不爱其亲也，于亲之不爱，将何有于公？臣闻之，务为不久[6]，盖虚不长。其生不良者，其死必不终。"桓公曰："善。"

[注释]

[1]以下几句是说：管仲有病，桓公前往慰问说："仲父病重，如不讳言这病治不好，仲父有什么话告我？"管仲回答说："您即使不来问我，我本来有话将要禀告。不过，怕您做不到。"桓公说："仲父命我往东，我就往东。命我往西，我就往西。仲父命于我，我敢不听从？"管仲整衣帽起身回答说："我希望您远离易牙、竖刁、堂巫和公子开方。易牙用烹调侍候您，您说唯有蒸婴儿没尝，于是蒸其长子献给您。人情无不爱其子女，对儿子不爱，能爱您？您喜女色而忌妒，竖刁自宫而为您管理内宫。人情无不爱其身，对自身不爱，能爱您？公子开方侍奉您，十五年不回家探亲，齐、卫之间，不用几天行程就到。人情无不爱双亲，对双亲不爱，能爱您？我听说，弄虚作假不持久，掩盖虚伪不长远。其生不良善，其死不善终。"桓公说："好。" [2]病病：形容病重。 [3]诏：告。 [4]固且谒之：本来有话将要禀告。固，本来，副词。且，将要，快要。谒，禀告。 [5]烝：同"蒸"。 [6]为：通"伪"。

管仲死[1]，已葬。公憎四子者，废之官。逐堂巫而苛病起[2]，逐易牙而味不至，逐竖刁而宫中乱，逐公子开方而朝不治。桓公曰："嗟！圣人固有悖乎！"乃复四子者。处期年，四子作难，围公一室，不得出。有一妇人，遂从窦入[3]，得至公所。公曰："吾饥而欲食，渴而欲饮，不可得，其故何也？"妇人对曰："易牙、竖刁、堂巫、公子开方四人分齐国，途十日不通矣。公子开方以书社七百下卫矣[4]，食将不得矣。"公曰："嗟兹乎！圣人之言长乎哉！死者无知则已，若有知，吾何面目以见仲父于地下！"乃援素幭以裹首而绝[5]。死十一日，虫出于户，乃知桓公之死也，葬以杨门之扇[6]。桓公之所以身死十一日，虫出户而不收者，以不终用贤也。

[注释]

[1] 以下几句是说：管仲死，葬毕。桓公憎恶这四人，废其官职。驱逐堂巫怪病起，驱逐易牙味不佳，驱逐竖刁内宫乱，驱逐开方朝不治。桓公说："哎！圣人难免有错吧！"于是重新起用四人。过一年，四人发难，把桓公围困一屋不得出。有一妇人，从墙洞钻入，到桓公处所。桓公说："我饥饿想吃，口渴想喝水，都不可得，是何原故？"妇人回答说："易牙、竖刁、堂巫、公子开方，四人瓜分齐国，道路已十天不通。公子开方已把七百书社土地人口送给卫国，没有食物。"桓公说："哎呀！圣人之言真高明！死者无知则已，若有知，我有何脸见仲父于地下！"拿

头巾裹头而死。死十一天，蛆虫从门缝爬出，才知桓公死，葬以门板。齐桓公之所以死十一天，蛆虫出户无人收，因为最终没用贤。 [2]苛病：精神错乱病。 [3]窦：孔穴，孔洞，窟窿。 [4]书社：二十五家为一社，书社人姓名于册，借指一定数量的土地和人口。 [5]幭（miè）：手帕，头巾。 [6]葬以杨门之扇：用杨门的门板埋葬。杨门，阳门，南门。

居安思危，毫不松懈，国之社稷，必然不危。

桓公[1]、管仲、鲍叔牙、宁戚四人饮，饮酣，桓公谓鲍叔牙曰："盍不起为寡人寿乎[2]？"鲍叔牙奉杯而起曰[3]："使公毋忘出如莒时也，使管子毋忘束缚在鲁也，使宁戚毋忘饭牛车下也。"桓公避席再拜曰："寡人与二大夫能无忘夫子之言，则国之社稷必不危矣。"

[注释]

[1]以下几句是说：桓公、管仲、鲍叔牙、宁戚四人一起喝酒，喝到高兴，桓公对鲍叔说："何不起身向我祝酒？"鲍叔捧杯而起说："希望您不忘流亡在莒国时，希望管仲不忘被绑在鲁国，希望宁戚不忘喂牛在车下。"桓公离席再拜说："我跟两位大夫能不忘您的话，国家社稷必不危。" [2]盍：通"曷"，何。 [3]奉：捧着。

[点评]

唐尹知章题解："称，举也。小举其过，则当权而改之。"管仲举桓公过错，规劝忠告，促其改正。批评与自我批评，人之常情古已有。假托管仲，谆谆教诲，富含哲理，启迪良多。篇首载管子说："身不善之患，毋患人莫己知。丹青在山，民知而取之。美珠在渊，民知而取之。是以我有过为，而民毋过命。民之观也察矣，不可遁逃以为不善。故我有善，则立誉我。我有过，则立毁我。当民之毁誉也，则莫归问于家矣，故先王畏民。""善罪身者，民不得罪也。不能罪身者，民罪之。故称身之过者，强也。治身之节者，惠也。不以不善归人者，仁也。故明王有过，则反之于身；有善，则归之于民。有过而反之身，则身惧。有善而归之民，则民喜。往喜民，来惧身，此明王之所以治民也。"议论贯穿深刻民本思想，对摆正个人和群众的关系，有积极的启示借鉴意义。

　　篇末一段言简意赅，语重心长。桓公、管仲、鲍叔牙、宁戚共饮，桓公对鲍叔说："何不起身向我祝酒？"鲍叔捧杯而起说："希望您不忘流亡在莒国时。"规劝桓公居安思危，忠告不要乐而忘忧，桓公离席再拜说："我跟两位大夫能不忘您的话，国家社稷必不危。"恰因桓公自身局限，没能躬行管仲送他的临终遗言，远离易牙、竖刁、堂巫、公子开方四人。

　　管仲死葬毕，桓公一度憎恶这四人，废其官。驱逐堂巫怪病起，驱逐易牙味不佳，驱逐竖刁内宫乱，驱逐开方朝不治。桓公疑心"圣人之言固有悖"，重新起用四人。四人发难起政变，瓜分齐国行路难。桓公围困不得出，饥渴无食如熬煎。悔之晚矣饿到死，被迫想到管仲言。蛆虫爬出人方知，葬无仪式用门板。画龙点睛有余音，结论就是信谗言。

心术上

用道家思想讲认知，心思技术有哲学。

心之在体[1]，君之位也。九窍之有职[2]，官之分也[3]。心处其道，九窍循理。嗜欲充益，目不见色，耳不闻声。故曰，上离其道，下失其事。毋代马走，使尽其力。毋代鸟飞，使弊其羽翼。毋先物动，以观其则。动则失位，静乃自得。

[注释]

[1] 以下几句是说：心在人体处君位，五官九窍各有职，就像百官职有别。心处君位能顺道，九窍循理各得宜。嗜欲充溢动违道，九窍失据不顺利。目不见色耳不闻，就像瞎子和聋子。所以说上离其道下失事。不要代替马儿跑，要使马儿尽其力。不要代替鸟儿飞，害得鸟儿羽翼弊。勿先物动静心看，以观其则知规律。先物而动失君位，安静乃能各自得。"心之在体，君之位也"，比

喻"心"处于身体的主宰统治地位。唐尹知章注:"心之在体,当身之中,凡身之运,为皆心之所使,故象君位。" [2]九窍:眼耳鼻等人体器官九个孔窍。 [3]官之分:犹如官职的分别。唐尹知章注:"九窍则各有职司,不能以此代彼,若百官之有其分也。"

道[1],不远而难极也[2],与人并处而难得也。虚其欲,神将入舍[3]。扫除不洁,神乃留处。人皆欲智,而莫索其所以智。智乎,智乎,投之海外无自夺,求之者不及虚之者,夫圣人无求之也,故能虚。

[注释]

[1]以下几句是说:道,离人不远而难以穷究,跟人共处而难以把握。使欲念空虚,道就将入心。扫除不洁,道乃留处。人都想智慧,而不知怎样求智慧。智慧啊,智慧啊,投之海外勿自夺,求索智慧不如虚,圣人无求故能虚。 [2]极:至,达,穷尽,竭尽,深探,穷究,到达极点。 [3]神:指"道"。道家语境"道、精、气、神、性"互通。

虚无无形谓之道[1],化育万物谓之德,君臣父子人间之事,谓之义。登降揖让[2]、贵贱有等、亲疏之体[3],谓之礼。简物小大一道[4],杀僇禁诛,谓之法。大道可安而不可说[5]。真人之言[6],

不义不颇[7],不出于口,不见于色,四海之人,又孰知其则?

[注释]

[1]以下几句是说:虚无无形叫作道,化育万物叫作德,摆正君臣父子人间事叫作义。尊卑揖让,贵贱有别,亲疏体统叫作礼。繁简大小一于道,杀戮禁诛叫作法。道可以安然顺应,而不可以用话说。得道真人若言说,不会偏斜不偏颇,意会不必出于口,得理不必现于色,四海之人安于道,试问谁人知其则? [2]登降:尊卑。揖让:宾主相见的礼节。揖,拱手礼,作揖。 [3]体:体统。 [4]简物:简繁。物,繁杂。一道:统一于道。 [5]大道可安而不可说:道可以安然顺应,而不可以用话说。安,安心,习惯,满足,顺从,平静,稳定,安定,安宁,安稳,接受,适应。 [6]真人:得道者。 [7]不义不颇:不偏斜。义,借作"俄",偏斜。

天曰虚[1],地曰静,乃不忒[2]。洁其宫[3],开其门[4],去私毋言,神明若存。纷乎其若乱,静之而自治。强不能遍立,智不能尽谋。物固有形,形固有名,名当,谓之圣人。故必知不言之言[5],无为之事,然后知道之纪[6]。殊形异势,不与万物异理,故可以为天下始。

[注释]

[1]以下几句是说:天虚地静无差错,清洁心宫静下心,耳

聪目明开其门，去除私欲毋轻言，道纪神明犹若存。纷然杂陈犹若乱，静因待之自理乱。强人不能遍立功，智人不能尽谋算。物质固然有形体，形体固然可命名，名称恰当谓圣人。所以必知心意会（不言之言），无为之事不抢功，然后可知道之纪。殊形异势成万物，同一道理归道纪，道纪乃是天下始。　[2] 忒：差错。　[3] 宫：指心。　[4] 门：指耳目。　[5] 不言之言：不用说的话，指可意会的终极命题道纪（道的纲纪要领）。"不言之言""无为之事"体现道纪（道的纲纪要领）无为而治。　[6] 纪：本义丝绪，引申义纲纪，统纪，纲领，要领，头绪，法则，准则。

人之可杀[1]，以其恶死也。其可不利，以其好利也。是以君子不怵乎好[2]，不迫乎恶[3]，恬愉无为[4]，去智与故[5]。其应也，非所设也。其动也，非所取也。过在自用[6]，罪在变化。是故有道之君子，其处也若无知，其应物也若偶之[7]，静因之道也[8]。

[注释]

[1] 以下几句是说：人用可杀来威逼，因有怕死的心理。人用不利来吓阻，因有好利的心理。所以君子不被爱好来诱惑，不被厌恶来胁迫，恬恢愉悦事无为，去除智谋和巧诈。其顺应非所创设，其动作非所强取。人有过错在自用，人有罪责在多变。所以有道之君子，其自处也像无知，其应物也像配合，静因之道有楷模。　[2] 不怵乎好：不被爱好诱惑。怵，诱惑。　[3] 不迫乎恶：

不被厌恶胁迫。　[4]恬愉无为：恬恬愉悦事无为。恬，安然，淡然。　[5]去智与故：去除智谋和巧诈。故，巧诈，伪诈。　[6]自用：刚愎自用，自以为是。　[7]偶：辅助配合。　[8]静因之道：虚静因依之道。唐尹知章注："凡此皆虚静循理之道也。"

"心之在体[1]，君之位也。九窍之有职，官之分也。"耳目者，视听之官也。心而无与于视听之事[2]，则官得守其分矣。夫心有欲者，物过而目不见，声至而耳不闻也。故曰："上离其道，下失其事。"故曰：心术者，无为而制窍者也[3]。故曰"君"。"毋代马走，毋代鸟飞"，此言不夺能能[4]，不与下试也[5]。"毋先物动"者，摇者不定，躁者不静，言动之不可以观也。"位"者，谓其所立也。人主者立于阴，阴者静，故曰："动则失位。"阴则能制阳矣，静则能制动矣，故曰："静乃自得。"

[注释]

[1]以下几句是说：心在人体处君位，五官九窍各有职，就像百官职有别。耳目是视听的器官。心不干预视听的职事，则耳目器官得守其本分。心有欲望，过物而目不见，传声而耳不闻。所以说："上离其道，下失其事。"（上离其道下失事）所以说心的功能，是用虚静无为之道制衡九窍。所以心就叫作"君"。"毋代马走，

毋代鸟飞"（不要代替马儿跑，不要代替鸟儿飞），这是说不剥夺各能者的功能，不干预下面的操作。"毋先物动"（不要先于物而动），因为摇者不定失定准，躁者不静心不宁，动就不能细观察。位者谓人所立位。人主立于背阴处，阴者主静能制阳，虚静因应能制动，所以说："动则失位静自得"。　[2] 无与：不干预。　[3] 制：制衡，控制，管制。　[4] 不夺能能：不剥夺各能者的功能。　[5] 不与下试：不干预下面作为。试，做，作为。

道在天地之间也[1]，其大无外，其小无内，故曰"不远而难极也"。虚之与人也无间[2]，唯圣人得虚道，故曰"并处而难得"。世人之所职者精也[3]。去欲则宣，宣则静矣[4]，静则精。精则独立矣，独则明，明则神矣。神者至贵也，故馆不辟除，则贵人不舍焉。故曰"不洁则神不处"。"人皆欲知而莫索之。"其所知[5]，彼也。其所以知[6]，此也。不修之此，焉能知彼？修之此，莫如虚矣。虚者，无藏也。故曰去知则奚求矣，无藏则奚设矣。无求无设则无虑，无虑则反复虚矣。

[注释]

[1] 以下几句是说：道在天地之间，其大无外（无限大），其小无内（无限小），所以说"不远而难极"（道离人不远，而难以

穷究）。虚跟人间没距离（人就处在虚空中），只有圣人得虚道，所以说"并处而难得"（道跟人共处，而难以把握）。世人所记在专精，清除欲念则通达，心静就可达专精。精神专一则独立，独立然后能明察，明察心境能通神。精神道德最高贵，假如馆舍不扫除，贵人不来找宿舍。所以说"不洁则神不处"（扫除不洁，神乃留处：扫除不洁，道乃留处）。"人皆欲知而莫索之（人皆欲智，而莫索其所以智：人都想智慧，而不知怎样求智慧）。"认知对象叫作彼，认知主体是此心。不把此心修养好，焉能知彼识外物？修养此心莫如虚。虚者无藏像白板，写字画画都可以。所以说去智留虚有何求，无藏白板无创设。无求无设则无虑，无虑则能反复虚。　[2]间：间隔，距离。　[3]职：记。精：精专，专精，精神专一。　[4]去欲则宣，宣则静：清除欲念则通达，心静就可达专精。宣，通，通达。唐尹知章注："宣，通也。去欲则虚自行，故通而静。"　[5]所知：认知对象。　[6]所以知：认知主体。

天之道[1]，虚其无形。虚则不屈，无形则无所抵牾[2]。无所抵牾，故遍流万物而不变。德者，道之舍[3]，物得以生生，知得以职道之精[4]。故德者得也。得也者，其谓所得以然也[5]。以无为之谓道，舍之之谓德，故道之与德无间，故言之者不别也。间之理者，谓其所以舍也。义者，谓各处其宜也。礼者，因人之情，缘义之理，而为之节文者也[6]，故礼者谓有理也。理也者，明分以谕义之意也。故礼出乎义，义出乎理，理因乎宜者也。法者所以同出，不得不然者也，故杀僇禁诛以一之也。故事督乎法，法出乎权，权出于道。

[注释]

[1] 以下几句是说：天之道虚而无形，由于空虚无穷竭，由于无形无抵触。无抵触能遍万物，遍流万物而不变。德者本是道之舍，万物得道以生生，知得以识道之精。所以德者就是得。所谓得者是何意，所得已得是定义。虚静无为叫作道，道的施舍就叫德。道之与德无间隔，言之者可不分别。要问间隔有何理，就说德者道之舍。义字怎样来定义：各处其宜就是义。礼字怎样来定义：因人之情缘义理，为之节文叫作礼，礼者就是有条理。理字怎样来定义：明分以解义之意。义字当中引出礼，理字当中引出义，理的意思因乎宜。法者共同出于道，不得不然讲法制，杀戮禁诛以归一。凡事要用法督察，法度出乎权利弊，利弊权衡出于道。 [2]抵牾：抵触，忤逆，矛盾。 [3]舍：布舍，施舍。 [4]职：识，知，认识，认知。 [5]得也者，其谓所得以然也："得"是说所得已经得到了。以，同"已"，已经。时间模态词。 [6]节文：规定制度标志。节，节度，制度。文，条文，标志。

道也者[1]，动不见其形，施不见其德，万物皆以得，然莫知其极。故曰"可以安而不可说"也。真人，言至也。不宜[2]，言应也[3]。应也者，非吾所设，故能无宜也。不颇[4]，言因也。因也者，非吾所取[5]，故无颇也。"不出于口，不见于色"，言无形也。"四海之人，孰知其则"，言深囿也[6]。

[注释]
[1]以下几句是说：道，动作不见其形体，施舍不见其德惠，万物都已得，然而莫知其穷极。所以说"可以安而不可说"（道可以安然顺应，而不可以用话说）。得道真人不简单，说到点子水平高。"不俄"是指不偏斜，表示顺应顺自然。"应"指顺应不创设，故能无俄不偏斜。所谓应，即不是由自己主观筹划，所以能做到不偏。"不颇"是指不偏颇，表示因依因自然。"因"指因依无所取，故能无颇不偏颇。"不出于口，不见于色"（意会不必出于口，得理不必现于色），说的是道的动作无形体。"四海之人，孰知其则"（四海之人安于道，试问谁人知其则），极言囿城蕴藏深。 [2]宜：通"义"，偏斜。 [3]应：适应，顺应。 [4]颇：偏颇，偏离。 [5]取：选取，采取，执持，行为，动作。 [6]深囿：深幽宏大的园囿，比喻蕴藏极深。唐尹知章注："不知深浅之囿城也。"

天之道虚[1]，地之道静。虚则不屈，静则不变，不变则无过，故曰："不忒。""洁其宫，开其门。"宫者，谓心也。心也者，智之舍也，故曰"宫"。洁之者，去好过也[2]。门者，谓耳目也。耳目者，所以闻见也。"物固有形，形固有名。"

此言不得过实[3]，实不得延名[4]。姑形以形[5]，以形务名[6]，督言正名，故曰"圣人"。"不言之言"，应也。应也者，以其为之人者也[7]。执其名，务其所以成，此应之道也。"无为之事"，因也。因也者，无益无损也，以其形因为之名，此因之术也。名者，圣人之所以纪万物也。人者立于强[8]，务于善[9]，未于能[10]，动于故者也[11]。圣人无之，无之则与物异矣。异则虚，虚者万物之始也，故曰："可以为天下始。"

[注释]

[1]以下几句是说：天道特点是虚空，地道特点是安静。由于空虚无穷竭，由于安静不变动，没有变动无过错，所以说"不忒"（无差错）。"洁其宫，开其门。"（清洁心宫静下心，耳聪目明开其门）所谓"宫"者是指心，所谓心者智之舍，所以比喻叫作"宫"，"洁"的意思去好恶。所谓"门"者指耳目，耳朵管听目管见。"物固有形，形固有名。"（物质固然有形体，形体固然可命名）言论不得过其实，实际不得拖延名。说明形体用形体，按照形体确定名，言当名正叫圣人。不用言说的言论（"不言之言"，心中意会），指的就是能顺应。所谓顺应不抢先，因为做事是众人。手执其名察其实，务求实际所以成，顺应之道得实行。"无为之事"不抢功，强调因依不自重。所谓因依重实际，无益无损不乱行。按照形体来命名，因依之术得应用。圣人所记千万物，谁人都要用名称。有人行事好强求，专务修饰为观赏，发挥

才能放最后，运用伪诈无信诚。圣人没有这毛病，赞誉万物相异性。异于万物则虚静，虚静乃是万物始，所以说："可以为天下始（道纪乃是天下始）。" [2]好过：好恶。 [3]过：超过。 [4]延：展缓，推迟，拖延，拖后。 [5]姑形以形：说明形体，从形体的实际出发，以事物的本来面目说明事物。姑，借为"诂"，解释。 [6]务：确定。 [7]应也者，以其为之人者也：顺应，是因为做事者是人，事在人为，创造主体是人。唐尹知章注："人有所为。" [8]立于强：立意强求。 [9]务于善：专务修饰。善，通"缮"，修治。 [10]未于能：玩味才能，弄小智术，要小聪明。未，读为"味"，玩味，欣味。 [11]动于故：动用巧诈。故，巧诈，伪诈。

人迫于恶[1]，则失其所好。怵于好，则忘其所恶，非道也。故曰："不怵乎好，不迫乎恶。"恶不失其理，欲不过其情，故曰君子。"恬愉无为，去智与故"，言虚素也。"其应非所设也，其动非所取也"，此言因也。因也者，舍己而以物为法者也[2]。感而后应，非所设也[3]。缘理而动，非所取也[4]。"过在自用，罪在变化"：自用则不虚，不虚则仵于物矣[5]。变化则为生[6]，为生则乱矣，故道贵因。因者，因其能者言所用也。"君子之处也，若无知"，言至虚也。"其应物也若偶之"，言时适也，若影之象形，响之应声也。故物至则应，过则舍矣。舍矣者，言复所于虚也。

[注释]
[1]以下几句是说：人被所厌恶的事物胁迫，则失其所爱好。被其喜好所诱惑，忘其所恶是何物。这都是不合于道的。所以说："不怵乎好，不迫乎恶（所以君子不被爱好诱惑，不被厌恶胁迫）。"厌恶不丧失常理，喜好不超越常情，所以就叫作君子。"恬愉无为，去智与故（恬恬愉悦事无为，去除智谋和巧诈）。"此言虚静和纯洁。"其应非所设也，其动非所取也（其顺应非所创设，其动作非所强取）。"此言因依大道理，所谓因依是什么：舍己以物为法纪。感而后应非所设，缘理而动非所取。"过在自用，罪在变化（人有过错在自用，人有罪责在多变）。"自以为是则不虚，不虚就要忤于物。妄加变化生虚伪，产生虚伪则混乱，所以大道贵因依。因字怎样来定义：因其能者言所用。"君子之处也若无知（所以有道之君子，其自处也像无知）。"这是说的至虚境。"其应物也若偶之（其应物也像配合）。"说的是随时适应无差迟，好比影子像形体，应声回响相跟随。物至则应过则舍，所谓舍弃复于虚。 [2]法：效法，根据。 [3]感而后应，非所设也：感知事物而后适应，不是自己主观创设。 [4]缘理而动，非所取也：按照道理而行动，不是自己所强取。 [5]忤：抵牾，忤逆，违背，抵触。 [6]为：通"伪"，虚假。

[点评]
"心术"是心思的技术，思维的功能和方式。"心术上"论述心的功能和修养方法，主张顺应规律，无为而

治，体现法道融合的趋势。其中定义中国传统哲学范畴，有科学认识论的萌芽，包含"物质第一性，意识第二性，意识反映物质"的意涵。如说："毋先物动，以观其则。""其所知，彼也。其所以知，此也。不修之此，焉能知彼？修之此，莫如虚矣。虚者，无藏也。""'物固有形，形固有名。'此言不得过实，实不得延名。""因也者，舍己而以物为法者也。感而后应，非所设也。缘理而动，非所取也。"讲辩证法对立面的统一和转化。如说："人之可杀，以其恶死也。其可不利，以其好利也。"这是当前可改造利用的哲学资源，有积极的启示借鉴意义。

心术下

形不正者德不来[1]，中不精者心不治。正形饰德[2]，万物毕得。翼然自来，神莫知其极。昭知天下，通于四极。是故曰，无以物乱官，毋以官乱心，此之谓内得。是故意气定，然后反正。气者身之充也[3]，行者正之义也[4]。充不美则心不得，行不正则民不服。是故圣人若天然，无私覆也；若地然，无私载也。私者，乱天下者也。

用道学解释管子学，认知科学有特色。

[注释]

[1] 以下几句是说：形体如果不端正，是因内心德不来。心中没有精诚至，是因内心没治好。端正形体饬内德，万物毕得被理解。好似翼然鸟自来，神灵莫知其穷极。昭然认知天下事，由近及远通四极。莫让外物乱五官，莫让五官扰乱心，此谓内心有所

得。是故无欲意气定,形体才能返于正。气者身体之充实,行者中正之仪表。充不美则心不得,行不正则民不服。是故圣人若天然,没有私覆无私心。圣人又像大地然,没有私载无偏心,偏私之心乱天下。　[2]饰:通"饬"。　[3]充:实,充实。　[4]义:同"仪"。

独立思考,不求神灵,科学认知靠自身。

凡物载名而来[1],圣人因而财之[2],而天下治;实不伤[3],不乱于天下,而天下治。专于意,一于心,耳目端,知远之证[4]。能专乎[5]?能一乎?能毋卜筮而知凶吉乎[6]?能止乎?能已乎?能毋问于人而自得之于己乎?故曰思之,思之不得,鬼神教之。非鬼神之力也,其精气之极也。

[注释]

[1]以下几句是说:凡物带名而来到,圣人用名而裁断,名副其实天下治,名不伤实不乱治。专意一心耳目端,此乃知远之征兆。专心一意能做到,不用占卜知吉凶。需要停止能停止,需要结束能结束,毋问于人自得之。所以就说要思考,思之不得鬼神教,其实不是鬼神力,而是精气有功效。　[2]财:通"裁",裁决。　[3]实不伤:名不伤实。　[4]证:通"征",征兆。　[5]专:同"抟"。　[6]能毋卜筮,而知凶吉:能不用占卜知吉凶,是摆脱迷信,走上科学认识和决策的开端。卜筮,占卜。占吉凶,用龟甲叫卜,用蓍草称筮。

一物能变曰精[1]，一事能变曰智。慕选者所以等事也[2]，极变者所以应物也。慕选而不乱，极变而不烦，执一之君子执一而不失，能君万物，日月之与同光，天地之与同理。圣人裁物，不为物使。心安是国安也，心治是国治也。治也者心也，安也者心也。治心在于中，治言出于口，治事加于民，故功作而民从，则百姓治矣。所以操者非刑也，所以危者非怒也。民人操，百姓治，道其本至也，至丕至无[3]，非所人而乱[4]。

[注释]

[1] 以下几句是说：认知物变叫作精，把握事变叫作智。广求而选分等次，极尽权变为应物。广泛选择不混乱，极尽权变而不烦，君子执一而不失，君临万物精且专，能跟日月同光辉，能跟天地同义理。圣人能裁定万物，而不受万物役使。保持心安国安定，保持心治国治理。治理关键在内心，安定关键在内心。身中装有治理心，口里说出是治言，加于民众是治事，功业振作而民从，百姓就能治理好。手中所操非刑罚，致人于危非愤怒。操控人民治百姓，道理乃是最根本，道最伟大最虚无，若非其人必招乱。　[2] 慕选：即募选，广求而加以选择。　[3] 至丕至无：最伟大最虚无。　[4] 所：其。而：通"能"。

凡在有司执制者之制[1]，非道也[2]。圣人之

> 提倡与人为善，切莫与人为恶。

道，若存若亡[3]。援而用之，殁世不亡[4]，与时变而不化，应物而不移，日用之而不化[5]。人能正静者，筋肕而骨强[6]，能戴者大圆[7]，体乎大方[8]，镜者大清[9]，视乎大明[10]，正静不失，日新其德，昭知天下，通于四极。全心在中不可匿[11]，外见于形容，可知于颜色。善气迎人，亲如弟兄。恶气迎人，害于戈兵。不言之言，闻于雷鼓。全心之形，明于日月，察于父母[12]。昔者明王之爱天下，故天下可附。暴王之恶天下，故天下可离。故赏之不足以为爱，刑之不足以为恶。赏者爱之末也[13]，刑者恶之末也[14]。

[注释]

[1] 以下几句是说：有司执制并非道，圣人之道抽象存，不是具体有形物，援引应用永有效，与时俱进而不败，应物变化而不移，日日运用不受损。人心如果能正静，身体筋韧而骨强。头上能戴大圆天，体乎大方站地上。目明如镜胜清水，观察胜过日月明。只要不失正和静，日新其德大功成。昭然遍知天下事，通于四极达无穷。全心在中不可匿，必然外现于形容，外现颜色看得清。如用善气来迎人，相亲能够如弟兄。如用恶气来迎人，相害如同见刀兵。金玉之言不说出，胜过雷鼓震耳聋。健全之心可形容，明察胜过日月明，胜过父母知子情。昔者明王爱天下，所以天下可归附。昔者暴王恶天下，所以天下可叛离。赏赐不足代表

爱,刑罚不足代表恶。赏赐不过爱之末,刑罚不过恶之末。 [2]凡在有司执制者之制,非道也:政府制度不是道。唐尹知章注:"有司执制,常弃本逐末,滞于刑政,非道也。"有司,官吏。官府设官分职,各有专司。制,法令,规章,制度。 [3]圣人之道,若存若亡:圣人之道作为抽象概念存在,不是作为具体有形物存在。唐尹知章注:"迎之不见其首,随之不见其后,故曰若存若亡也。" [4]援而用之,殁世不亡:援引应用永有效。唐尹知章注:"道无形也,无形则无尽时,故殁世不亡也。" [5]与时变而不化,应物而不移,日用之而不化:与时俱进而不败,顺应事物而不移,每天运用不受损。唐尹知章注:"无形,则无变移之时。" [6]朌:通"韧",强韧。 [7]大圆:指天。 [8]大方:指地。 [9]镜者大清:心如明镜胜清水。大清,清澈之水。 [10]视乎大明:观察胜过日月明。大明,日月。 [11]全心:健全之心。 [12]察于父母:明察胜于父母对子女的了解。 [13]赏者爱之末也:爱心是本赏是末。 [14]刑者恶之末也:恶心是本刑是末。

凡民之生也[1],必以正乎[2]。所以失之者,必以喜乐哀怒。节怒莫若乐,节乐莫若礼,守礼莫若敬。外敬而内静者,必反其性[3]。岂无利事哉?我无利心。岂无安处哉?我无安心。心之中又有心[4]。意以先言,意然后刑[5],刑然后思,思然后知。凡心之刑,过知失生。是故内聚以为泉原。泉之不竭,表里遂通。泉之不涸,四支坚固。能令用之,被及四固[6]。是故圣人一言解之,

对认知范畴排出顺序:心意言形思后知。

上察于天,下察于地[7]。

[注释]

[1]以下几句是说:凡民生命有特征,必定依靠那中正。失之正平是什么:喜怒哀乐四种情。要想节怒莫若乐,要想节乐莫若礼,要想守礼莫若敬。内静外敬而合理,必然返回其性命。天下岂能无利事?只怕自己无利心。天下岂能无安处?只怕自己无安心。内心之中又有神。语言之先有意识,有意然后知形体,知形然后有思想,有思然后有认知。凡心之形有限制,求知过度失生机。内聚思虑成源泉,永不枯竭泉有源。表里无阻遂通达,泉之不涸四肢坚,能令用之利无边。圣人若用一言解:下察于地上察天。 [2]正:中正。 [3]反:通"返",返回,恢复。 [4]心之中又有心:心是神之舍,神是心中心。 [5]刑:通"形"。 [6]圉:边疆。 [7]察:观察,考察,明察,细看,调研。

[点评]

本篇讲心思的功能和修养方法,是清新隽永的哲理诗。如说:"能专乎?能一乎?能毋卜筮而知凶吉乎?能止乎?能已乎?能毋问于人而自得之于己乎?故曰思之,思之不得,鬼神教之。非鬼神之力也,其精气之极也。"不用占卜知吉凶,是摆脱迷信,走上科学认知和决策的先声,是鲜明的科学人文思想闪光,有极强的现实应用价值。

白　心

建常立道[1]，以靖为宗[2]，以时为宝[3]，以政为仪[4]，和则能久[5]。非吾仪，虽利不为。非吾常，虽利不行。非吾道虽利不取。上之随天，其次随人。人不倡不和[6]，天不始不随。故其言也不废，其事也不堕。

用道学解释管子学，道法之中有哲学。

[注释]

[1] 以下几句是说：建常立道树常规，抱虚守静事之宗，时宜恰当为事宝，以正为仪不偏好，协调一致则能久。不合仪则利不为，不合常规利不行，不合常道利不取。上顺天道下应人，人不首倡不应和，天不创始不追随，故其言论不颓废，事业功绩不坠毁。常，常规，常法。　[2]靖：通"静"。　[3]时：时宜。　[4]政：通"正"，正当，正确。仪：标准。　[5]和：协调一致。　[6]人

不倡不和：人不首倡不应和。

原始计实[1]，本其所生[2]。知其象则索其形，缘其理则知其情，索其端则知其名。故苞物众者，莫大于天地；化物多者，莫多于日月。民之所急，莫急于水火。然而，天不为一物枉其时，明君圣人亦不为一人枉其法。天行其所行而万物被其利，圣人亦行其所行而百姓被其利，是故万物均、百姓平矣。是以圣人之治也，静身以待之，物至而名自治之，正名自治之，奇身名废[3]。名正法备，则圣人无事。不可常居也[4]，不可废舍也[5]，随变断事也，知时以为度。大者宽，小者局。物有所余，有所不足。

事物是多样性的统一，不能强求一般齐。

[注释]

[1]以下几句是说：追溯原始看实质，探索事物所生成。知其形象索其形，缘其条理知其情，索其端由知其名。包物众者数天地，化物多者数日月。民之所急在水火。天时流行遍于物，圣人执法无偏颇。天行所行万物利，圣人所行百姓利。由此万物得均平，百姓平定得安宁。圣人之治有先后，静身以待万物至，物至而名自治之，正名当辞自有治，体不完全名自废。名正法备圣无事。不可常居无变化，不可废除有休止。随变断事名言当，知时为度得相宜。大者宽缓小者局，物有所余有不足。 [2]本其所生：

探索事物所生成。　[3]奇身名废：谓体不具而名废。奇身，体不具。奇，不全。　[4]不可常居：不可常居不变通。　[5]不可废舍：不可废除有休止。废，废弃，废除。舍，停留，休止。

兵之出[1]，出于人。其人入，入于身。兵之胜，从于适[2]。德之来，从于身。故曰，祥于鬼者义于人[3]，兵不义不可。强而骄者损其强，弱而骄者亟死亡。强而卑者信其强[4]，弱而卑者免于罪。是故骄之余卑，卑之余骄。

兼爱非攻，墨学渗入道学法学。

[注释]
[1]以下几句是说：兵之出击击于人，敌人反击危自身。兵之战胜胜于敌，胜利得来靠牺牲。义于人者得神佑，兵不义者不可行。强而骄者强必折，弱而骄者必速亡。强而谦卑能更强，弱而谦卑免罪罚。骄纵结局变卑陋，谦卑结局换矜荣。　[2]适：通"敌"。　[3]祥于鬼者：受祥于鬼神。鬼神保佑得福祥。　[4]信：通"伸"。

道者[1]，一人用之，不闻有余。天下行之，不闻不足，此谓道矣。小取焉则小得福，大取焉则大得福，尽行之而天下服，殊无取焉则民反，其身不免于贼[2]。左者，出者也。右者，入者也。出者而不伤人，入者自伤也。不日不月，而事以从。不卜不筮，而谨知吉凶。是谓宽乎形，徒居而致名。去善之言[3]，为善之事，事成而顾反无名[4]。能者无名，从事无事。审量出入，而观物所载[5]。

[注释]
[1]以下几句是说：道一人用不嫌多，天下行之不嫌少。小用道则小得福，大用道则大得福，尽行道而天下服，尽无取道则民反，其身不免受贼害。左的方位是出生，右的方位是死亡，出生方位不伤人，死亡方位会自伤。吉日良辰不用选，依道行事事必成，不卜不筮知吉凶。这就叫作形体宽，徒居安闲而得名。去除空口说好话，踏踏实实做好事，事成功立返无名。能者无名寻常事，从事无事不求名。审量政令有出入，观物所载量力行。 [2]贼：害。 [3]去善之言：去除空口说好话。参唐尹知章注。 [4]顾：反而，还。反：通"返"，返回。 [5]审量出入，而观物所载：审量政令出入，观察承受能力。唐尹知章注："谓凡出命令，当观物载之所堪，然后当量而出之也。"

孰能治无治乎[1]？始无始乎？终无终乎？弱无弱乎？故曰：美哉鼎鼎[2]。故曰不中有中[3]，孰能得夫中之衷乎[4]？故曰功成者隳，名成者亏。故曰，孰能弃名与功，而还与众人同？孰能弃功与名，而还反无成？无成有贵其成也，有成贵其无成也。日极则仄[5]，月满则亏[6]，极之徒仄，满之徒亏，巨之徒灭，孰能亡己乎[7]：效夫天地之纪。

[注释]

[1] 以下几句是说：无为而治谁能行？谁能创始不亲为？谁能终结不亲为？谁能削弱不亲为？故曰功美日兴起。故曰不中反有中，谁能把握中之衷？功成名就反坠毁，名成反而自亏毁。故曰谁能抛弃名与功，而返还与众人同？无成者贵其有成，有成贵其无成时。日当正中则偏斜，月亮满盈则亏缺。达到极点则偏斜，达到最满则亏缺。谁能忘我忘自己，巨人巨霸徒毁灭：效法天地总规律（物极必反）。治无治，无为而治。"治无治"原本为"法无法"，据唐尹知章注校改。唐尹知章注："谓能为而不为，有契于道。"治，治国理政。无治，君主无需亲自操劳。 [2] 美哉弟弟：功美日兴。弟弟，兴起貌。 [3] 不中有中：不亲自操劳为中正之事，而得有中的结果，无为而治。中，中正，中道，中庸之道，不偏不倚。 [4] 中之衷：中庸之道的初衷。衷，中间，中心，内心，初衷，本意，本质，根本原则。 [5] 仄：偏斜。 [6] 亏：亏缺，亏欠。 [7] 亡己：忘掉自己，忘我。亡，同"忘"。

人言善亦勿听[1]，人言恶亦勿听。持而待之，空然勿两之[2]，淑然自清[3]。无以旁言为事成[4]，察而征之，无听辩。万物归之，美恶乃自见。

272　管　子

[注释]

[1]以下几句是说:人们说善不要听,人们说恶不要听。善于保留善等待,空然虚心勿两斗,湛然自清善恶分。无以旁言为事成,察而征之重实证,巧言诡辩勿听信。万物归类善比较,美恶是非乃自见。　[2]空然:虚静貌。两:两相对抗。　[3]淑:清湛。清:明白。　[4]无以旁言为事成:不把道听途说当事实。

科学想象,善于推测,天地运行有规律。

天或维之[1],地或载之。天莫之维,则天以坠矣。地莫之载,则地以沉矣。夫天不坠,地不沉,夫或维而载之也夫。又况于人,人有治之,辟之若夫雷鼓之动也[2]。夫不能自摇者,夫或摇之[3]。夫或者何?若然者也[4]。视则不见,听则不闻,洒乎天下满,不见其塞。集于颜色,知于肌肤,责其往来,莫知其时。薄乎其方也[5],韕乎其圜也[6],韕韕乎莫得其门[7]。故口为声也,耳为听也,目有视也,手有指也,足有履也,事物有所比也[8]。

[注释]

[1]以下几句是说:天或维系而不坠,地或擎载而不沉。天不维系早下坠,地不擎载早已沉。天不下坠地不沉,或许维系或擎载。何况人类谁维系,人类治理谁支配,譬若雷鼓谁敲击。无识之物不自摇,有时而动物摇之。话说"或"字怎定义:"若

然"似乎是如此。不信请看风儿刮：视则不见听不闻，风之洒散天下满，不见其塞有拥堵，冷热风袭脸色变，知于肌肤有感觉，责问风儿何时刮，莫知何时是开端。风儿遇方则为方，风儿遇圆则为圆，浑浑沌沌不知门。口能出声耳朵听，目为视物手能指，足能走路各有职，赖有精神作统领。万物摇动风使之，然而求风风不见。精神支配人活动，四肢五官神使然。精神支配有常道，万物赖有道统领。天或维之：天或许有某物维系。　[2]人有治之，辟之若夫雷鼓之动也：人有所治理活动（有某种力量维系支配），就像是雷鼓的动（被击发声）。唐尹知章注："必有以而动也。"雷鼓，大鼓，声大如雷。《荀子·解蔽》："心不使焉，则白黑在前而目不见，雷鼓在侧而耳不闻。"唐杨倞注："雷鼓，大鼓声如雷者。"南朝宋刘义庆《世说新语·言语》："若不一叩洪钟，伐雷鼓，则不识其音响也。"雷，通"擂"，擂鼓，打鼓。三国魏曹操《船战令》："雷鼓一通，吏士皆严。再通，什伍皆就船。"特指八面鼓，祭祀天神用。　[3]夫不能自摇者，夫或摇之：凡不能自己摇动而动者，就或许有某物摇动。或，或许，可能（可能模态词，或然模态词），有（特称量词）。可能模态词和特称量词，在逻辑上等值。唐尹知章注："无识之物，皆不能自摇，有时而动，则物摇之也。"　[4]夫或者何？若然者也："或"是什么意思"若然"（似乎如此，像如此，或然如此，可能如此）。这是对模态词"或"的定义："或然"等值于"若然"。　[5]薄乎其方也：唐尹知章注"谓遇方，则为方。"薄，通"搏"，搏击，拍击。《淮南子·兵略训》："击之若雷，薄之若风。"　[6]髁乎其圜也：唐尹知章注"髁，复貌。谓遇圆，则为圆也。"用风比喻，遇方则方，遇圆则圆，随对象不同，随时改变。　[7]髁髁乎莫得其门：唐尹知章注"虽复圆转，终不见其门也。"髁髁（kuò），沌沌，豚豚，遯遯，浑浑沌沌，隐隐约约,浑含包裹,不察分际,不辨终始。比喻概念的灵活性,可变性。《枢言》:"圣人用其心,沌沌乎博而圜,豚豚乎莫得其门(圣人用心思,浑浑沌沌,博大圆通,隐隐约约,摸不着门)。" [8]比:通"庇",依赖,寄寓。

"当生者生[1],当死者死。"言有西有东,各死其向[2]。置常立仪,能守贞乎[3]？当事通道[4],能官人乎？故书其恶者,言其薄者。上圣之人,口无虚习也,手无虚指也,物至而命之耳。发于名声,凝于体色,此其可谕者也。不发于名声,不凝于体色,此其不可谕者也。及至于至者,教存可也,教亡可也。故曰,济于舟者和于水矣[5],义于人者祥于神矣[6]。

[注释]

[1]"当生则生,当死则死。"是说万物有西东,各自运动有方向。置常立仪能守正？当事通道能管人？著书遭遇人厌恶,立说立言人卑薄。上圣之人无虚说,手无虚指待物至,万物毕至而命名。发于名声说言语,摹拟体色说特征,此其可谕说得清。不发名声说言语,不举体色描特征,不可谕者说不清。最佳选择是什么:存在消亡说两可。艄公撑船识水性,行义于人得吉祥。 [2]死:通"尸",尸守,保持。向:方向,趋势。 [3]贞:正。 [4]当事:处理政事。 [5]济:渡。和:适应,配合。 [6]义于人者祥于神:行义于人神给祥。

事有适而无适[1]，若有适[2]。觿解不可解[3]，而后解。故善举事者，国人莫知其解。为善乎，毋提提[4]。为不善乎，将陷于刑。善不善，取信而止矣。若左若右，正中而已矣。悬乎日月，无已也[5]。愕愕者不以天下为忧[6]，刺刺者不以万物为笑[7]，孰能弃刺刺而为愕愕乎？

[注释]

[1]以下几句是说：办事有当有不当，于是才有恰当法。骨锥能解难解结，而后才用骨锥解。善举事者方法周，所以国人莫知解。善举事者不张扬，若有不善陷于刑。善与不善止取信，若左若右取正中，犹如日月悬当空。愕愕直言不为忧，烈烈有为不谋物，放弃烈烈为直言，谁能尝试付诸行。适，适当，正确。　[2]若：乃，于是。　[3]觿（xī）：解绳结的骨锥。觿解：用骨锥解绳结。　[4]提提：显著，明显，显示，显扬。　[5]悬乎日月，无已：唐尹知章注"名与日月俱悬而无已时也。"　[6]愕愕者不以天下为忧：唐尹知章注"愕愕守正者忘天下，故不忧。"愕愕，直言貌。　[7]刺刺：象声词，状拍击破裂声。笑：通"策"，谋。

难言宪术[1]，须同而出。无益言，无损言，近可以免。故曰，知何知乎？谋何谋乎？审而出者彼自来。自知曰稽[2]，知人曰济[3]。知苟适，可为天下周。内固之一，可为长久。论而用之，可以为天下王。

[注释]

[1]以下几句是说：法令政策实难言，万众同愿才圆满。不要随意说增益，不要随意说减损，万众满意免增删。论智我有什么智？论谋我有什么谋？审慎制宪众拥戴。自作聪明叫作稽（误事），汇聚众智叫作济（成事）。如果认知都适当，可以周知天下事。坚持如一不中断，可为长久不失败。讲论精准而运用，可以成为天下王。宪术，法令政策。　[2]稽：稽留，停留，留止。　[3]济：成就，成事。

天之视而精[1]，四壁而知请[2]，壤土而与生。能若夫风与波乎？唯其所欲适[3]。故子而代其父，曰义也。臣而代其君，曰篡也。篡何能歌？武王是也。故曰，孰能去辩与巧，而还与众人同道。故曰，思索精者明益衰，德行修者王道狭，卧名利者写生危[4]。知周于六合之内者，吾知生之有为阻也。持而满之，乃其殆也。名满于天下，不若其已也。名进而身退，天之道也。满盛之国，不可以仕任。满盛之家，不可以嫁子。骄倨傲暴之人，不可与交。

[注释]

[1] 以下几句是说：天之视物精而准，祭以四壁便知情，囊括土壤和百谷。如能效法风与波，想到哪里就到哪。长子继父叫作义，臣而代君却叫篡。同是篡夺何能歌？武王伐纣算例外。孰能去除辩与巧，还与众人同道路。思索精者明益衰，德行修者王道狭，息名利者除身危。知识周遍六合内，吾知其生有为阻。持而满之乃其殆，名满天下不若已，名进身退天之道，满盛之国不可仕。满盛之家不嫁女，骄倨傲暴不可交。 [2] 璧：即"辟"，开辟，开阔。请：通"情"。 [3] 唯其所欲适：想到哪里就到哪。 [4] 卧名利者写生危：息名利者除身危。唐尹知章注："卧，犹息也。写，犹除也。能息名利，则除身之危。"

道之大如天[1]，其广如地，其重如石，其轻如羽。民之所以知者寡。故曰，何道之近，而莫之与能服也，弃近而就远，何以费力也？故曰，欲爱吾身，先知吾情。周视六合，以考内身。以此知象，乃知行情[2]。既知行情，乃知养生。左右前后，周而复所。执仪服象，敬迎来者。今夫来者，必道其道，无迁无衍，命乃长久。和以反中，形性相葆。一以无贰，是谓知道。将欲服之，必一其端而固其所守。责其往来，莫知其时。索之于天，与之为期。不失其期，乃能得之。故曰，吾语若[3]，大明之极[4]，大明之明，非爱[5]，人不豫也[6]。同则相从，反则相距也。吾察反相距，吾以故知古从之同也。

[注释]

[1] 以下几句是说：道大如天广如地，其重如石轻如羽。道大不远而难极，民众认知没普及。何道之近莫能服，弃近就远何费力。欲爱吾身先知情，周视六合考内心，以此知象知行情，既知行情知养生，左右前后周复所，执仪服象迎来客，今夫来者道其道，无迁无延命乃长，和以反中形性保，专一不二叫知道，将要行道必专一，固其所守贯彻底。责其往来莫知时，索之于天与之期，不失其期乃能得。我对你说苍天上，日月之明没隐蔽，孜孜以求人不喜。跟道相同会追随，跟道相反必相距。相反相距受启迪，同则相随知涵义。　[2] 乃知行情：唐尹知章注"乃知可行之情。"　[3] 若：你。　[4] 大明之极：指天。大明，日月。　[5] 爱：通"薆（ài）"，隐蔽。《尔雅·释言》："薆，隐也。"　[6] 豫：乐意，喜好。

[点评]

篇名"白心"，意为内心清白。主张打扫心境，排除邪念，抱虚守静，修养身心，反映战国时期法道融合的趋势。本篇是意义深邃的哲理诗，蕴含深刻的哲学原理。如说："天或维之，地或载之。天莫之维，则天以坠矣。地莫之载，则地以沉矣。夫天不坠，地不沉，夫或维而载之也夫。"（天或维系而不坠，地或擎载而不沉。天不维系早下坠，地不擎载早已沉。天不下坠地不沉，或许维系或擎载）运用科学的想象力，猜测天体运动有必然规律支配。逻辑论证，运用充分条件假言推理否定后件式的归谬论证法，是标准的演绎推理形式，是推论的有效式，有逻辑的必然性和说服力。

本篇蕴含深刻的科学辩证思维萌芽。如说："故曰功成者隳，名成者亏。故曰，孰能弃名与功，而还与众人同？孰能弃功与名，而还反无成？无成有贵其成也，有成贵其无成也。日极则仄，月满则亏，极之徒仄，满之徒亏，巨之徒灭，孰能忘己乎：效夫天地之纪。"其中"日极则仄，月满则亏，极之徒仄，满之徒亏，巨之徒灭"五个四言短语，是"物极必反"科学辩证法的杰出例证，是自然社会辩证法的典型事例，有目共睹人尽知，辩证哲理化为诗。

势

用道家哲学讲兵法，掌握分寸有理路。

战而惧水[1]，此谓澹灭[2]。小事不从[3]，大事不吉。战而惧险[4]，此谓迷中[5]。分其师众[6]。人既迷芒[7]，必其将亡之道。动静者比于尸[8]，动作者比于鬼[9]，动信者比于距[10]，动诎者比于避[11]。夫静与作，时以为主人，时以为客，贵得度[12]。知静之修[13]，居而自利。知作之从[14]，每动有功。故曰，无为者帝[15]，其此之谓矣。

[注释]

[1]以下几句是说：作战怕水被水淹，小事大事不顺利。作战惧怕走险路，这叫心中不明智，足以纷乱众师徒。军人全都

陷迷茫，必然走上灭亡路。用兵重静就像尸，用兵重动像鬼神，用兵重伸像鸡距，用兵重屈像跛足。动静主动时在主，时而却又在客位，贵在得度不偏颇。知静所修居自利，知动所从动有功。所以说无为而治成帝业，说的就是这道理。惧水，惧怕水险。　[2]澹灭：被灭。澹，同"赡"，给。　[3]从：顺。　[4]惧险：惧怕险路。　[5]迷中：内心迷惑，心中无数，不明智。　[6]分：同"纷"，纷乱，混乱。　[7]既：尽。迷芒：迷惑，茫然，意乱神迷，模糊不清。芒，同"茫"，茫然。　[8]动静：用兵强调静止。动，通"重"。　[9]动作：用兵强调运动。　[10]动信：用兵强调扩展。信，伸，扩展。距：鸡距，雄鸡脚趾。《汉书·五行志》颜师古注："距，鸡附足骨，斗时所用刺之。"　[11]动诎：用兵强调收缩。诎，通"屈"。避：同"躃（bì）"，跛脚，瘸腿。　[12]度：标准。　[13]修：遵循。　[14]从：遵从。　[15]无为者帝：无为而治成帝业。

逆节萌生[1]，天地未形[2]，先为之政[3]，其事乃不成，缪受其刑[4]。天因人[5]，圣人因天。天时不作勿为客[6]，人事不起勿为始[7]。慕和其众[8]，以修天地之从[9]。人先生之[10]，天地刑之，圣人成之[11]，则与天同极[12]。正静不争，动作不忒，素质不留[13]，与地同极。未得天极，则隐于德[14]。已得天极，则致其力。既成其功，顺守其从[15]，人不能代[16]。

[**注释**]

[1] 以下几句是说：敌方悖逆刚发生，天地尚未表惩罚，先发制人往征伐，事情必然不成功，纠结缠绕受其刑。天给祸福因人事，圣人因天看天时。天时不到不进攻，敌无人祸不起事。慕和其众同敌忾，争取天时和地利。敌人先生大不义，天地不容给惩罚，圣人诛讨成义事，与天同极得天时。正静不争后发动，动作不忒无差错，我方本心不杀戮，与地同极得地利。不合天则退修德，已得天则尽实力。既成其功立伟业，顺守其功显业绩，人不能代功业立。逆节萌生，悖逆之事刚萌生。害杀忠正，故为逆节。唐尹知章注："言将为篡杀凶逆之节。"《国语·越语下》载前484年越王勾践召范蠡而问："吾与子谋吴，子曰未可也，今申胥骤谏其王，王怒而杀之，其可乎？"范蠡说："逆节萌生，天地未形，而先为之征，其事是以不成，杂受其刑，王姑待之。"范蠡答话跟《管子·势》所说同。　[2] 天地未形：天地尚无惩罚的表现。形，表现。　[3] 先为之政：过早发起征伐诛讨的战争。政，通"征"，征伐。　[4] 缪受其刑：将迭受刑罚。缪，纠结，缭绕，缠绕。《国语·越语下》作"杂受其刑"。杂，俱。刑，害。　[5] 天因人：天因人事给祸福。因，根据。　[6] 天时不作勿为客：时机不到不进攻。客，讨伐进攻者。　[7] 人事不起勿为始：敌无人祸不起事。人事不起，敌方无人祸。勿为始，不先发制人进攻，不打第一枪。　[8] 慕和其众：慕求己方人众和，协调一致，同仇敌忾。　[9] 以修天地之从：争取天时和地利。从，跟随，随行，顺从。　[10] 人先生之：敌人先生大不义。　[11] 成：促成，完成。　[12] 同极：准则一致。　[13] 素质不留：我方本心不杀戮。留：通"镏"，杀戮。　[14] 隐于德：隐处修德。　[15] 顺守其从：顺守成功的业绩。从，同"踪"，踪迹，功业。　[16] 代：取代。

成功之道[1]，嬴缩为宝[2]。毋亡天极，究数而止[3]。事若未成，毋改其形[4]，毋失其始。静民观时[5]，待令而起[6]。故曰，循阴阳之从，而道天地之常[7]。嬴嬴缩缩，因而为当。死死生生[8]，因天地之形。天地形之，圣人成之。小取者小利，大取者大利，尽行之者有天下[9]。

[注释]

[1]以下几句是说：成功之道能屈伸，不忘天则尽天数。举事如果不成功，毋改其形保始基，静养民力待命起。遵循阴阳运行道，服从天地常法规。屈屈伸伸行为当，隐隐显显因天地。天地显形圣人成，小取能够得小利，大取能够得大利，尽行天道得天下。　[2]嬴缩：屈伸进退。　[3]究：穷究，尽。数：天数，天命，天则。　[4]形：常形，常态。　[5]静民：静养民力，休养生息。　[6]待令而起：唐尹知章注："言事未成之时，但安静其人，谨候其时，待天命令，然后起而应也。"　[7]道：服从。唐尹知章注："道，从也。"　[8]死死生生：隐显，消失产生。唐尹知章注："死生，犹隐显也。圣人隐显，必因天地之形。"　[9]尽行之者有天下：尽行天道得天下。尽行，全面实行。

故贤者诚信以仁之[1]，慈惠以爱之，端政象不敢以先人[2]，中静不留[3]，裕德无求[4]，形于女色[5]。其所处者，柔安静乐，行德而不争，以待天下之溃作也[6]。故贤者安徐正静，柔节先定[7]，行于不敢，而立于不能，守弱节而坚处之。故不犯天时，不乱民功，秉时养人，先德后刑，顺于天，微度人。

[注释]
[1]以下几句是说：贤者诚信而仁义，仁慈施惠而爱人，公布政令不敢先，内心安静不杀戮，道德饶裕不求人，安闲之形如处女。柔安静乐以自处，奉行德政而不争，以待天下出动乱。故贤人安详平静，和柔克制先镇定，行事立足于不敢，建功立足于不能，奉守谦弱而坚持。不违天时待时机，不乱民功养国人，先德后刑顺天道，微度人心以行事。　[2]端政象不敢以先人：公布政令不敢先。　[3]中静不留：内心安静不杀戮。　[4]裕德无求：道德饶裕不求人。唐尹知章注："道德饶裕，无求于人。"　[5]形于女色：安闲之形如处女。《韩非子·外储说左上》："故有术而御之，身坐于庙堂之上，有处女子之色，无害于治。"　[6]溃：泉水喷涌，比喻动乱。　[7]柔节先定：和柔克制先镇定。

善周者[1]，明不能见也[2]。善明者，周不能蔽也。大明胜大周，则民无大周也[3]。大周胜大明，则民无大明也。大周之先，可以奋信[4]。大明之祖，可以代天[5]。下索而不得，求之招摇之下[6]。兽厌走而有伏网罟[7]。一偃一侧[8]，不然不得。大文三曾[9]，而贵义与德。大武三曾，而偃武与力[10]。

[注释]

[1]以下几句是说：善于保密明不见，善于明察密不保。高度明察胜保密，则人没有密可保。高度保密胜明察，则人没有高明察。我军先有大保密，可以奋起速进军。我军祖师大明察，可代替天发启示。如果在下索不得，求之招摇向上探。野兽憎厌大奔跑，恐怕前有网罟伏。一偃一侧有进退，不用直道取天下。大文三载重义德，大武三载取天下，才能息武和暴力。周，周密，保密。　[2]明：明察。　[3]大明胜大周，则民无大周：我方高度明察胜过敌人高度保密，则敌人无高度保密可言。　[4]奋信：振起。　[5]代天：根据天的启示行事。　[6]招摇：星辰名。比喻在下求索不得，就向上探索。　[7]兽厌走而有伏网罟：唐尹知章注"兽所以憎厌其走者，恐有伏网罟。故圣人不敢以直道取天下者，恐有大祸故也。"厌，憎厌，憎恶，嫌弃。　[8]一偃一侧：有卧倒，有倾斜。有反侧进退。唐尹知章注："偃侧，犹倚伏也。"倾斜隐伏。比喻不走直道走弯路，不走直线走曲线，不要僵化有灵活。　[9]曾：读"载"，年。　[10]偃武与力：停止武斗和暴力。偃，停止，停息。

[点评]

篇名"势"，指趋势和规律性。本篇用诗一般语言，讲述军事的趋势和规律性，是杰出的军事哲学论文。阐明文武并用的辩证哲理，论述战争不走直道，走弯路，不走直线，走曲线，不要僵化，要灵活，以战止战，用战争消灭战争，铿锵有力有深意，现代将帅必洞悉。

任 法

任法就是一切靠法治，依法治国有根据。

圣君任法而不任智[1]，任数而不任说[2]，任公而不任私，任大道而不任小物，然后身佚而天下治。失君则不然，舍法而任智，故民舍事而好誉。舍数而任说，故民舍实而好言。舍公而好私，故民离法而妄行。舍大道而任小物，故上劳烦，百姓迷惑，而国家不治。

[注释]

[1] 以下几句是说：圣君靠法不靠智，依靠法术不靠说，依靠公法不偏私，依靠大道非小物，然后身安天下治。失国之君不如此，舍弃法律靠智巧，故民舍事而好誉。舍弃法术靠口说，故民舍实而好言。舍弃公法好偏私，故民离法而妄行。舍弃大道重小物，君上劳烦百姓惑，社稷不治终失国。任，依靠，凭借，服从，

运用。法,法律。智,智巧,小聪明,小算盘。 [2]数:通"术",法术,办法,政策。说:说空话,说得好听不实际。

圣君则不然[1],守道要,处佚乐,驰骋弋猎,钟鼓竽瑟,宫中之乐,无禁圉也。不思不虑,不忧不图,利身体,便形躯,养寿命,垂拱而天下治[2]。是故人主有能用其道者,不事心,不劳意,不动力,而土地自辟,囷仓自实,蓄积自多,甲兵自强,群臣无诈伪,百官无奸邪,奇术技艺之人莫敢高言孟行以过其情[3],以愚其主矣[4]。

[注释]
[1]以下几句是说:圣明君主不如此,守住道要关键处,自有空闲享逸乐,驰骋弋猎在田野,轰鸣钟鼓奏竽瑟,宫中娱乐无拘束。不思不虑不忧图,有利身体便形躯,颐养寿命享天年,垂衣拱手天下治。若有君主用其道,不靠心计不劳意,不自费力土地辟,仓廪自实蓄积富,甲兵自强军力足,群臣忠实无诈伪,百官守法无奸邪,奇术技艺无狂人,莫敢夸言胡乱行,弄虚作假骗君主。 [2]垂拱而天下治:垂衣拱手天下治。唐尹知章注:"但任法数(法术)则事简,故身不劳,寿命长,而天下自理也。" [3]高言孟行以过其情:用夸大粗莽言行,突出自己,不合实情。孟,猛,大。过其情,不合实情。过,过分,超过。情,诚,实。 [4]愚:愚弄,欺骗。

昔者尧之治天下也[1]，犹埴之在埏也，唯陶之所以为[2]。犹金之在炉，恣冶之所以铸[3]。其民引之而来，推之而往，使之而成，禁之而止。故尧之治也，善明法禁之令而已矣。黄帝之治天下也，其民不引而来，不推而往，不使而成，不禁而止。故黄帝之治也，置法而不变，使民安其法者也[4]。

[注释]

[1]以下几句是说：从前帝尧治天下，犹如粘土在模具，唯任陶工制陶器。犹如金属在炼炉，任凭冶工铸金器。民众招之就会来，民众挥之就会去，役使民众能成事，禁令发出能制止。尧的治理有方法，善明法禁而已矣。黄帝治理更新奇，民众不招就会来，不用推动就会去，不用役使就成事，不发禁令就停止。黄帝治理有方法，制定法律不改变，民众习惯守法律。　[2]埴：粘土。埏：揉粘土，借指制陶模型，模具。陶：陶工，制陶工匠。　[3]冶：冶工，冶炼工匠。　[4]民安其法：民众习惯守法律。

所谓仁义礼乐者[1]，皆出于法。此先圣之所以一民者也。《周书》曰[2]："国法法不一，则有国者不祥。民不道法[3]，则不祥。国更立法以典民，则不祥。群臣不用礼义教训，则不祥。百官服事者离法而治，则不祥。"故曰：法者，不可不恒也，存亡治乱之所从出，圣君所以为天下大仪也。君臣上下贵贱皆法焉[4]，故曰"法"。

[注释]

[1]以下几句是说：仁义礼乐出于法，法是先圣用来统一民众的措施。周朝官方文书说："国法混乱不统一，君主不祥。民众不守法，君主不祥。国家更改立法以统治人民，则君主不祥。群臣不用礼义来教导民众，则君主不祥。百官理事背离法律，则君主不祥。"所以说，法制应该永坚持，存亡治乱所从出，圣君用法为仪则。君臣贵贱都守法，上下一统归于法。 [2]《周书》：泛指周朝官方文书。今本《尚书·周书》无此语。 [3]道法：守法。唐尹知章注："道：从。" [4]法：效法，守法。

古之法也[1]，世无请谒任举之人[2]，无闲识博学辩说之士，无伟服[3]，无奇行，皆囊于法以事其主[4]。故明王之所恒者二：一曰明法而固守之，二曰禁民私而收使之，此二者，主之所恒也。夫法者，上之所以一民使下也。私者，下之所以侵法乱主也。故圣君置仪设法而固守之，然故堪材习士闲识博学之人不可乱也[5]，众强富贵私勇者不能侵也，信近亲爱者不能离也[6]，珍怪奇物强调法律的权威性。

不能惑也，万物百事非在法之中者不能动也。故法者，天下之至道也，圣君之实用也。

[注释]

[1] 以下几句是说：古时法治创盛世，世无请谒任保举，无人卖弄博学与辩说，无人违制穿奇装，无人越理为邪行，皆合于法事其主。明王坚持有两点：明确法度而坚持，禁民行私而管束，这是君主永坚持。法律一民以使下，私行侵法以乱主。圣君设法而固守，博学之人不可乱，众强富贵不能侵，信近亲爱不能离，珍怪奇物不能惑，万物百事依法动。法者天下之至道，圣君实用不离法。　[2] 请谒任举：请托保举。唐尹知章注："任，保也。以法取人，则无请谒之保举。"　[3] 伟服：越理违制穿奇装。　[4] 囊：用袋盛物，包罗，包括。　[5] 堪材：有才能的人。　[6] 离：背离，违背。唐尹知章注："离，犹违也。"

今天下则不然[1]，皆有善法而不能守也。然故堪材习士闲识博学之士能以其智乱法惑上，众强富贵私勇者能以其威犯法侵陵，邻国诸侯能以其权置子立相[2]，大臣能以其私附百姓，剪公财以禄私士。凡如是而求法之行，国之治，不可得也。

[注释]

[1] 以下几句是说：现今天下则不然，皆有善法不能守。博

学恃智以乱法,众强恃威以犯法,诸侯弃子立辅相,大臣以私附百姓,剪公财以禄私士。如是而求法之行,国家治理不可得。 [2]置子立相:废弃太子立辅相。唐尹知章注:"邻国恃权,能废置君之子,援立国相。"

圣君则不然[1],卿相不得剪其私[2],群臣不得辟其所亲爱[3],圣君亦明其法而固守之,群臣修通辐凑以事其主[4],百姓辑睦听令道法以从其事。故曰:有生法,有守法,有法于法。夫生法者,君也;守法者,臣也;法于法者,民也。君臣上下贵贱皆从法,此谓为大治。

[注释]
[1]以下几句是说:圣君明王则不然,卿相不得践其私,群臣不得用所亲,圣君明法而固守,群臣辐辏以事主,百姓服法以从事。对法态度有三类:生法,守法,法于法。生法就是制订法,制订法律是君主。守法就是遵守法,遵守法律是臣下。法于法即统一法,统一守法是民众。君臣上下和贵贱,毫无例外皆从法,大治天下全靠法。 [2]剪:践。 [3]辟:引用,招人做官。 [4]辐凑:车轮车条向车轴聚集,比喻群臣向君主集中。

故主有三术[1]:夫爱人不私赏也,恶人不私罚也,置仪设法以度量断者,上主也。爱人而私赏之，恶人而私罚之，倍大臣，离左右，专以其心断者，中主也。臣有所爱而为私赏之，有所恶而为私罚之，倍其公法，损其正心，专听其大臣者，危主也。故为人主者，不重爱人，不重恶人。重爱曰失德，重恶曰失威。威德皆失，则主危也。

[注释]

[1] 以下几句是说：君主用法有三种：所爱之人不私赏，所恶之人不私罚，制定法律以法断，这是上主的办法。所爱之人而私赏，所恶之人而私罚，违背大臣离左右，办事专以其心断，这是中主的办法。臣有所爱而私赏，臣有所恶而私罚，背其公法损正心，专门听信其大臣，这是危主的办法。人主爱人不过分，也不过分厌恶人。过分私爱失大德，过分私恶失君威。威德皆失则主危。

故明王之所操者六[1]：生之，杀之，富之，贫之，贵之，贱之。此六柄者，主之所操也。主之所处者四：一曰文，二曰武，三曰威，四曰德。此四位者，主之所处也。藉人以其所操，命曰夺柄；藉人以其所处，命曰失位。夺柄失位，而求令之行，不可得也。法不平，令不全，是亦夺柄失位之道也。故有为枉法，有为毁令，此圣君之所以自禁也。故贵不能威[2]，富不能禄[3]，贱不能事[4]，近不能亲[5]，美不能淫也。植固而不动，奇邪乃恐，奇革而邪化，令往而民移[6]。故圣君设度量，置仪法，如天地之坚，如列星之固，如日月之明，如四时之信，然故令往而民从之。而失君则不然，法立而还废之，令出而后反之，枉法而从私，毁令而不全。是贵能威之，富能禄之，贱能事之，近能亲之，美能淫之也。此五者不禁于身，是以群臣百姓人挟其私而幸其主，彼幸而得之，则主日侵。彼幸而不得，则怨日产。夫日侵而产怨，此失君之所慎也[7]。

强调法律的坚定性。

[注释]

[1] 以下几句是说：圣明君王所操六：生杀富贫加贵贱。如此六者称权柄，主之所操如操柄。主之所处有四位：文武威德叫四位，如此四位主所处。所操权柄借给人，这个就叫夺权柄。所处之位借给人，这个就叫失权位。夺去权柄失地位，而求令行不可得。制定法度不公平，发布政令不完备，导致夺柄和失位。有为枉法失法度，有为毁令令不行，圣君明王所以禁。贵臣不能威君主，富人不能行贿赂，贱者不能事谄媚，近者恃亲须禁绝，靓男美女不能淫。君主意志坚不动，异端邪说乃恐惧。改邪归正有变化，令往民移归法制。圣王明君设度量，圣王明君置仪法，犹如天地之坚定，犹如列星之稳固，犹如日月之光明，犹如四时之

信实,命令往布民听从。失国之君则不然,法度刚下又废除,命令发出又收回,歪曲公法就私意,毁坏政令令不全。贵臣于是威君主,富人于是行贿赂,贱者于是事谄媚,近者恃亲以要君,靓男美女淫不止。如此五者不禁身,群臣挟私幸其主,奸佞侥幸而得逞,君主权柄遭侵蚀。奸佞侥幸不得逞,导致怨恨日日生。君主权侵怨日生,失国之君路不通。　[2]贵不能威:贵臣不能威君主。　[3]富不能禄:富人不能行贿赂。禄,通"赂",贿赂。　[4]贱不能事:贱者不能事谄媚。　[5]近不能亲:近者恃亲须禁绝。　[6]此句同《版法》篇"植固不动,奇邪乃恐。奇革邪化,令往民移。"　[7]慎:顺,循。

凡为主而不得用其法[1],不能适其意,顾臣而行,离法而听贵臣,此所谓贵而威之也。富人用金玉事主而来焉,主离法而听之,此所谓富而禄之也。贱人以服约卑敬悲色告愬其主,主因离法而听之,此所谓贱而事之也。近者以偪近亲爱有求其主,主因离法而听之,此所谓近而亲之也。美者以巧言令色请其主,主因离法而听之,此所谓美而淫之也。

[注释]

[1]以下几句是说:君主不能用其法,正确意图不贯彻,看臣脸色而行事,背离法度听贵臣,这叫贵者威逼君。富人金玉来侍君,君主离法听富人,这叫富人行贿赂。贱者一副可怜相,驯顺

屈服敬君主，君主离法而听从，这叫贱者讨好君。近者恃亲求其主，君主离法而听从，这叫近臣亲昵君。美人巧言媚君主，君主离法而听从，这叫美色迷惑君。

治世则不然[1]，不知亲疏、远近、贵贱、美恶，以度量断之。其杀戮人者不怨也[2]，其赏赐人者不德也[3]。以法制行之，如天地之无私也，是以官无私论，士无私议，民无私说，皆虚其匈以听于上[4]。上以公正论，以法制断，故任天下而不重也。

[注释]

[1]以下几句是说：治世情况则不然：不分亲疏和远近，不分贵贱和美恶，一切用法来判断。杀当其罪人不怨，因功受赏不感恩。凡事都以法制行，犹如天地之无私，所以官吏无私论，士人学者无私议，民无私说乱纷纷，都会虚心听君上。君上必以公正论，统一用法来制断，故治天下不费劲。　[2]杀戮人者不怨：唐尹知章注："杀当其罪，故不怨。"　[3]赏赐人者不德：唐尹知章注："以功受赏，故不德于君。"　[4]匈：同"胸"。

今乱君则不然[1]。有私视也，故有不见也。有私听也，故有不闻也。有私虑也，故有不知也。夫私者，壅蔽失位之道也。上舍公法而听私说，故群臣百姓皆设私立方以教于国，群党比周以立其私，请谒任举以乱公法，人用其心以幸于上。上无度量以禁之，是以私说日益，而公法日损，国之不治，从此产矣。

[注释]

[1]以下几句是说：今日乱君则不然：用私心来观察事物，故有看不见的地方；用私心来听情况，故有听不到的地方；用私心来考虑问题，故有认识不到的地方。私心是受蒙蔽、失去王位的原因。上舍公法听私说，所以群臣和百姓都各创私说在国内宣扬，群党比周立其私，请谒任举乱公法，用尽心机骗君主。上无法度以禁之，是以私说日益盛，国之公法日益损，国之不治从此生。

夫君臣者[1]，天地之位也。民者，众物之象也。各立其所职以待君令，群臣百姓安得各用其心而立私乎？故遵主令而行之，虽有伤败，无罚。非主令而行之，虽有功利，罪死。然故下之事上也，如响之应声也。臣之事主也，如影之从形也。故上令而下应，主行而臣从，此治之道也。夫非主令而行，有功利，因赏之，是教妄举也。遵主令而行之，有伤败，而罚之，是使民虑利害而离法也。群臣百姓人虑利害，而以其私心举措，则法制毁而令不行矣。

[注释]

[1] 以下几句是说：君臣关系像天地，民众好比众物象。各立其职待君令，臣民哪能立其私？谨遵主令而行之，虽有伤败不惩罚。不是主令而行之，虽有功利罪至死。所以下级事上级，犹如回响之应声。臣下侍奉国之主，犹如影子随其身。上级命令下随应，君主行事臣遵从，治世之道循规程。非主之令而行动，若有功利给赏赐，这是教人妄举动。遵主之令而行之，若有伤败而惩罚，这是教民背法度。群臣百姓虑利害，而以私心办事情，法制败毁令不行。

[点评]

篇名"任法"，即依法治国。任即依靠、凭借，服从、运用，主张百事依法，全民守法，可资借鉴。

明 法

所谓治国者，主道明也[1]。所谓乱国者，臣术胜也[2]。夫尊君卑臣，非亲也，以势胜也。百官论职[3]，非惠也，刑罚必也。故君臣共道则乱[4]，专授则失[5]。夫国有四亡：令求不出谓之灭[6]，出而道留谓之壅[7]，下情求不上通谓之塞，下情上而道止谓之侵。故夫灭侵塞壅之所生，从法之不立也。

[注释]

[1]以下几句是说：所谓治理得好的国家，是因为君道昌明。所谓混乱的国家，是因为臣下的私术太盛。君尊臣卑，不是由于臣对君的亲爱，而是君主通过权势压服。百官尽职，不是由于君对臣的恩惠，而是刑罚坚决的结果。所以，君道跟臣道混淆不分，

国家就要混乱。把国权专授于人，君主就会失国。国家有四种危亡的表现：法令汇聚在上层发不出，叫作灭。法令发出，中道停留，叫作壅。下情聚集在下面不能上达，叫作塞。下情上达而中道停止，叫作侵。灭、侵、塞、壅现象的产生，都是因法度没有确立造成。主道明，君主之道昌明。　[2]臣术胜：臣下私术胜君道。　[3]百官论职：百官尽职。　[4]君臣共道则乱：君臣混淆则国乱。《明法解》说："故主行臣道则乱，臣行主道则危，故上下无分，君臣共道，乱之本也，故《明法》曰：'君臣共道则乱。'"　[5]专授则失：君权送人则失国。《明法解》："故人主专以其威势予人，则必有劫杀之患，专以其法制予人，则必有乱亡之祸，如此者，亡主之道也，故《明法》曰：'专授则失。'"　[6]求：聚集。　[7]擁：壅塞。

是故先王之治国也[1]，不淫意于法之外，不为惠于法之内也。动无非法者，所以禁过而外私也[2]。威不两错[3]，政不二门[4]。以法治国，则举错而已。是故有法度之制者，不可巧以诈伪。有权衡之称者，不可欺以轻重。有寻丈之数者[5]，不可差以长短。

"以法治国"是《管子》在传统目录学著作中被作为"子部法家类"的突出根据，也是《管子》学术思想极有现实意义的闪光点。"动无非法"，即任何行动都不能违反法度，是道义逻辑中的"必须禁止命题"，即任何行动违反法度都必须禁止，这是"以法治国"纲领的强化。

[注释]

[1]以下几句是说：所以先王治国，不在法度外浪费心机，不在法度内私行小惠。所谓任何行动都不能违反法度，正是为了禁止过错，而排除行私。君主权威不能放在两处，政令不能出自两

个部门。以法治国,则一切都按法度办。所以有法度裁断,就不能通过伪诈取巧。有权衡称量,就不能用轻重欺骗。有了寻丈计算,就不能用长短造成差错。 [2] 禁过而外私:禁止过错,排除私心。 [3] 威不两错:权威不放在两处。唐尹知章注:"臣行君威为两置。" [4] 政不二门:政令不从二门出。唐尹知章注:"臣出政,是为二门也。" [5] 寻:长度单位,一寻等于八尺。《说文》:"度人之两臂为寻,八尺也。"

今主释法以誉进能[1],则臣离上而下比周矣[2]。以党举官,则民务交而不求用矣[3]。是故官之失其治也,是主以誉为赏。以毁为罚也。然则喜赏恶罚之人,离公道而行私术矣,比周以相为匿[4],是忘主死交[5],以进其誉[6]。故交众者誉多,外内朋党,虽有大奸,其蔽主多矣。是以忠臣死于非罪,而邪臣起于非功。所死者非罪,所起者非功也,然则为人臣者重私而轻公矣。十至私人之门,不一至于庭。百虑其家,不一图国。

[注释]

[1] 以下几句是说:今日君主放弃法度,按照虚名用人,则群臣背离君主,而在下结党营私。君主听信朋党任官,则民众专务结交,而不求功用实效。因此官吏错失治理,是君主按照虚名行赏,根据诽谤行罚的结果。喜赏恶罚的人,背离公法,而推行私

术，朋比为奸，弄虚作假，忘记君主，拼命结交，增加声望，交人多，声望高，朝廷内外都成朋党，大奸巨恶，蒙蔽君主。因此忠臣无罪遭死，邪臣无功发迹。无罪遭死，无功发迹，则人臣重私轻公。十次奔走私家门，一次也不到朝廷。百般考虑自己家，一次不图谋国事。释法以誉进能：放弃法度用虚名，按照虚名选用人。　[2]比周：结党营私。　[3]民务交而不求用：民务结交不求功。　[4]比周以相为匿：朋比为邪。匿，同"慝"，奸邪。　[5]忘主死交：遗忘君主结死党。　[6]进其誉：增加声望。

属数虽众[1]，非以尊君也。百官虽具，非以任国也[2]。此之谓国无人。国无人者，非朝臣之衰也，家与家务于相益，不务尊君也。大臣务相贵，而不任国。小臣持禄养交，不以官为事，故官失其能。

[注释]
[1]以下几句是说：朝廷所属人员虽多，不拥护君主。百官虽齐备，不治理国事，这叫国中无人。所谓国中无人，不是说朝廷大臣不足，是说私家力求互相帮助，不力求尊奉国君。大臣力求互相抬举，不肯为国任事。小臣利用俸禄，拉拢结交，不以公职为事，所以官吏失去作用。属数虽众，非以尊君：部属虽众非尊君。唐尹知章注："所属之数，虽曰众多，无不党私，非以尊君也。"　[2]百官虽具，非以任国：唐尹知章注"各务私，故不任国事。"

是故先王之治国也[1],使法择人,不自举也。使法量功,不自度也。故能而不可蔽[2],败而不可饰也。誉者不能进,而诽者不能退也[3]。然则君臣之间明别,明别则易治也,主虽不身下为,而守法为之可也。

[注释]

[1] 以下几句是说:所以先王治国,用法度录取人才,不推荐自己。用法度计量功劳,自己不裁定。所以贤能不可能被掩蔽,败类也不可能被掩饰,夸誉者不能进用人,诽谤者不能罢免人。这样,君臣界限分明,分明容易治理,君主虽不自身下去办事,按照法度去办即可。　[2] 能而不可蔽:贤能不可被掩蔽。《韩非子·有度》:"能者不可蔽。"　[3] 诽者不能退:诽谤不能罢免人。唐尹知章注:"有功,虽诽之,而不能退也。"诽,诽谤。

[点评]

篇名"明法",指修明法度。本篇明确阐发"以法治国"的命题。主张"动无非法",一切行动都按法度。提出"政不二门",倡导中央集权,政治统一,政出一门。本篇是杰出的法哲学论文,言简意赅,发人深省。如说:"动无非法者,所以禁过而外私也。威不两错(措),政不二门。以法治国,则举错而已。是故有法度之制者,不可巧以诈伪。有权衡之称者,不可欺以轻重。有寻丈之数者,不可差以长短。"紧扣主题"明法",经转化创新,可作为今日依法治国的启示借鉴。

治 国

  凡治国之道[1],必先富民。民富则易治也,民贫则难治也。奚以知其然也?民富则安乡重家[2],安乡重家则敬上畏罪,敬上畏罪则易治也。民贫则危乡轻家[3],危乡轻家则敢凌上犯禁,凌上犯禁则难治也。故治国常富,而乱国常贫。是以善为国者,必先富民,然后治之。

管子倡导治国之道先富民,论题明确,论证严谨。

[注释]

  [1] 以下几句是说:治国之道先富民。民众富裕则易治,民众贫穷则难治。怎样知道是如此:安乡重家因民富,尊敬君上惧犯罪,敬上畏罪则易治。危乡轻家因民贫,敢于凌上敢犯禁,凌上犯禁则难治。治国常富乱国贫,善为国者先富民,先富民者然后

治。　[2]民富则安乡重家：民富则安于乡里重视家园。安，安心，安定。　[3]民贫则危乡轻家：民贫则不安于乡里轻视家园。危，忧惧，不安。

典型连锁演绎推理结构：如果A则B，如果B则C，如果C则D，如果D则E，如果E则F，如果F则G。G，所以A。

昔者[1]，七十九代之君[2]，法制不一，号令不同，然俱王天下者，何也？必国富而粟多也。夫富国多粟，生于农，故先王贵之。凡为国之急者，必先禁末作文巧[3]，末作文巧禁，则民无所游食[4]，民无所游食，则必农。民事农则田垦，田垦则粟多，粟多则国富，国富者兵强，兵强者战胜，战胜者地广。是以先王知众民、强兵、广地、富国之必生于粟也。故禁末作，止奇巧，而利农事。今为末作奇巧者，一日作而五日食[5]。农夫终岁之作，不足以自食也。然则民舍本事而事末作。舍本事而事末作，则田荒而国贫矣。

[注释]

[1]以下几句是说：历代君主法不一，号令不同王天下，其中原因是什么：必是国富而粟多。富国多粟生于农，所以先王都重农。国之急者禁末作，禁民末作无游食，民无游食则必农。民事农业则田垦，田地垦殖则粟多，粟米盛多则国富，国家富裕则兵强，兵力强大则战胜，战之能胜则地广。是以先王知众民，强兵广地和富国，都是由于粟米多，故禁末作止奇巧，而利农事务本

作。今为末作奇巧者,一日劳作五日食。农夫终岁苦劳作,不足自食吃饱肚,民舍本事事末作。民舍本事事末作,田地荒荒而国贫。 [2]七十九代之君:约指历代君主。 [3]末作文巧:泛指奢侈品生产。古代以农为本,非农业生产叫末作。文巧,奇技淫巧,奢侈品生产。 [4]游食:指从事非农业生产,到处游走吃饭。 [5]一日作而五日食:唐尹知章注"言取一日之利,可供五日之食也。"

凡农者月不足[1],而岁有余者也[2],而上征暴急无时,则民倍贷以给上之征矣[3]。耕耨者有时,而泽不必足[4],则民倍贷以取庸矣。秋籴以五,春粜以束,是又倍贷也[5]。故以上之征,而倍取于民者四[6]。关市之租,府库之征粟十一[7],厮舆之事[8],此四时亦当一倍贷矣。夫以一民养四主[9],故逃徙者刑而上不能止者,粟少而民无积也。

[注释]
[1]以下几句是说:农业收入月不足,按年计算才有余。官府征税急如火,没有定时急催促,农民借贷应征赋。耕田锄草有季节,雨水润泽不必足,农民借贷浇地亩。商人秋籴粮价"五",春粜粮价变成"十",农民成倍被掠夺。劈柴驾车服劳役,关市租税府征粟,一年四季加起来,又是一项高利贷。前后征掠总相加,成倍索取达四组。一个农民四债主,被逼无奈逃税赋,离

乡背井逃远处。即使发现被处刑，外逃迁徙止不住。个中原因是什么：粟少民众无积储。　[2]农者月不足，而岁有余：农业生产按一年收获一次计算，每月投入劳动，收获不足，岁末计算有余。　[3]民倍贷以给上之征：农业生产一年收获一次，国家征税不定时，迫使农民借高利贷以供给上级征税。倍贷，借一还倍的高利贷。唐尹知章注："倍贷，谓借一还二也。"　[4]泽：雨水润泽。　[5]秋籴以五，春粜以束，是又倍贷：粮商买卖粮食，秋季买入出价五，春季卖出要价十，农民被迫亏损一倍，相当于再借一次"借一还二"的高利贷。束，指"十"，等于"五"的两倍。　[6]倍取于民者四：四种情况指：一，"上征暴急无时，则民倍贷以给上之征"。二，"泽不必足，则民倍贷以取庸"。三，"秋籴以五，春粜以束，是又倍贷"。四，"关市之租，府库之征粟十一，厮舆之事，此四时亦当一倍贷"。　[7]粟十一：征收田赋取粮食收成的十分之一。　[8]厮舆：析薪（劈柴）和驾车劳役。　[9]一民养四主：一个农民养四个债主。唐尹知章注："四主，即上四倍贷也。"

　　常山之东[1]，河汝之间[2]，蚤生而晚杀，五谷之所蕃孰也[3]，四种而五获[4]。中年亩二石，一夫为粟二百石。今也仓廪虚而民无积，农夫以粥子者[5]，上无术以均之也[6]。故先王使农士商工四民交能易作[7]，终岁之利无道相过也。是以民作一而得均[8]。民作一则田垦，奸巧不生。田垦则粟多，粟多则国富。奸巧不生则民治。富而治，此王之道也。

[注释]

[1] 以下几句是说：恒山之东河汝间，早生晚杀五谷熟，四季能种五谷获。中年亩产二石粟，一夫为粟二百石。如今仓虚民无积，农夫被迫卖儿女，君上无术以均衡。先王曾经有设想：农士商工换工种，终岁之利无相过，专一务农求均衡。专一务农则田垦，专一务农奸不生。田地垦殖则粟多，粟米盛多则国富，奸巧不生则民治，国富民治王道成。常山，即"恒山"，北岳。 [2] 河汝之间：黄河汝水间。 [3] 蕃孰：生长成熟。孰，"熟"的本字。 [4] 四种而五获：唐尹知章注"四种，谓四时皆种。五获，谓五谷皆宜，而有所获。" [5] 粥子：卖儿女。粥，通"鬻"，卖。 [6] 上无术以均之：君上没办法让农、士、商、工四民收入均衡。均，均衡。 [7] 使农士商工四民交能易作：叫农士商工四民互相交换其技能操作。 [8] 民作一而得均：设想农夫专一务农，加强劳动强度，收入可跟士商工均衡。

不生粟之国亡[1]，粟生而死者霸[2]，粟生而不死者王。粟也者，民之所归也[3]。粟也者，财之所归也。粟也者，地之所归也。粟多则天下之物尽至矣。故舜一徙成邑，二徙成都，参徙成国[4]。舜非严刑罚、重禁令，而民归之矣，去者必害，从者必利也。先王者善为民除害兴利，故天下之民归之。所谓兴利者，利农事也。所谓除典型的正反比较连锁演绎推理。

害者,禁害农事也。农事胜则入粟多,入粟多则国富,国富则安乡重家,安乡重家则虽变俗易习,驱众移民,至于杀之,而民不恶也。此务粟之功也。上不利农则粟少,粟少则人贫,人贫则轻家,轻家则易去,易去则上令不能必行,上令不能必行,则禁不能必止,禁不能必止,则战不必胜,守不必固矣。夫令不必行,禁不必止,战不必胜,守不必固,命之曰寄生之君[5]。此由不利农少粟之害也。粟者,王之本事也,人主之大务,有人之途,治国之道也。

[注释]

[1] 以下几句是说:不生粟米国要亡,粟生够吃而成霸,粟生有余而成王。粟米为民所归趋,粟米财富所归趋,粟米土地所归趋,粟多天下物尽至。虞舜一徙成乡邑,二次迁徙成都城,三次迁徙成国家。舜非严刑罚重禁,民众归之如流水,离开虞舜必受害,跟着虞舜必得利。兴利除害善为民,天下之民归先王。兴利就是利农事,除害就是禁害农。农事胜则入粟多,入粟多则国家富,国富则民安乡居,则虽改变其风习,驱众移民任调离,至于杀之民不恶,务粟重农有功绩。上不利农则粟少,粟米寡少则人贫,人民贫穷则轻家,轻视家乡则易去,易去上令不能行,上令一旦不能行,禁令不能必禁止,禁令不能必禁止,战不必胜守不必固,令不必行禁不止,战不必胜守不必固,这个就叫寄生君,暂寄

为生不长久。这是由于不利农，粟米寡少成危害。粟是君王根本事，粟是人主最大务，粟是召人宽大道，粟是治国光明路。 [2]粟生而死者霸：粟米生产和消费相平成霸业。死，消灭，消失，借指年产粟米恰够消费，吃光用尽。 [3]归：归属，归聚。 [4]参徙成国：三次迁徙成国家，舜的传说。土地肥力限制，种粮屡迁，换地游耕，有利于农。参，通"三"。 [5]寄生之君：即将灭亡的国君。唐尹知章注："谓暂寄为生，不能长久。"

[点评]

篇名"治国"，即治理国家。论发展农业，增产粮食对治国的重要意义，是论证重农治国主题的优秀经政哲学论文，论证方法用正反比较的连锁演绎推理。第一段："（论题）凡治国之道，必先富民。（论据，正反比较）民富则易治也，民贫则难治也。奚以知其然也？（论证，连锁推理，正反比较）民富则安乡重家，安乡重家则敬上畏罪，敬上畏罪则易治也。民贫则危乡轻家，危乡轻家则敢凌上犯禁，凌上犯禁则难治也。故治国常富，而乱国常贫。是以善为国者，必先富民，然后治之（归结论题，证毕）。"

典型的正反比较连锁演绎推理："（正，连锁推理）农事胜则入粟多，入粟多则国富，国富则安乡重家，安乡重家则虽变俗易习，驱众移民，至于杀之，而民不恶也。此务粟之功也。（反，连锁推理）上不利农则粟少，粟少则人贫，人贫则轻家，轻家则易去，易去则上令不能必行，上令不能必行，则禁不能必止，禁不能必止，则战不必胜，守不必固矣。"

典型的连锁演绎推理:"民事农则田垦,田垦则粟多,粟多则国富,国富者兵强,兵强者战胜,战胜者地广。是以先王知众民、强兵、广地、富国之必生于粟也。"逻辑结构:如果A则B,如果B则C,如果C则D,如果D则E,如果E则F,如果F则G。G,所以A。言简意赅语精炼,逻辑清晰意深湛。古为今用可借鉴,经政哲学有名篇。

内　业

凡物之精[1]，比则为生[2]。下生五谷，上为列星。流于天地之间，谓之鬼神。藏于胸中，谓之圣人，是故民气[3]，杲乎如登于天[4]，杳乎如入于渊[5]，淖乎如在于海[6]，卒乎如在于己[7]。是故此气也，不可止以力，而可安以德[8]。不可呼以声，而可迎以意[9]。敬守勿失，是谓成德[10]。德成而智出，万物毕得[11]。

齐国法家，引入道学，道法融合。

[注释]

[1]以下几句是说：万物都由精气生，适当结合成生命。精气在下生五谷，精气在上成列星。流于天地叫鬼神，藏于胸中成大圣。所以人身都有气，高远明亮如登天，幽暗深远如沉渊，绰然宽广如在海，忽然如在自己身。是故此气有秉性，不可强力来

留止，可用德性来安顿。以力止之气自去，静心念德气自来。不可用声来呼唤，而可用心来迎接。恭敬守住勿失掉，可以成就人德性。德性成就智慧出，万物都能得认知。　[2]比：合，结合。　[3]民气：读作"名气"，叫作气。　[4]杲（gǎo）：高远，明亮。会意字，从日、木。日在木上，表天亮。本义为明亮的样子。《说文》："杲，明也。从日在木上。"《玉篇》："杲，高也。"唐尹知章注："杲，明貌也。"　[5]杳（yǎo）：幽暗深远。会意字，上木下日，表太阳落在木下，天色昏暗。本义昏暗。《说文》："杳，冥也。从日在木下。"《玉篇》："杳，深广貌。"　[6]绰：宽广。　[7]猝乎如在于己：忽然如在自己身。下文："有神自在身，一往一来，莫之能思。"猝，忽然。己，自己。　[8]不可止以力，而可安以德：不可强力来留止，可用德性来安顿。唐尹知章注："以力止之气自去，静心念德气自来也。"　[9]不可呼以声，而可迎以意：不可用声来呼唤，而可用心来迎接。　[10]敬守勿失，是谓成德：恭敬守住勿失掉，可以成就人德性。　[11]德成而智出，万物毕得：德性成就智慧出，万物都能得认知。

凡心之刑[1]，自充自盈[2]，自生自成。其所以失之，必以忧乐喜怒欲利。能去忧乐喜怒欲利，心乃反济[3]。彼心之情[4]，利安以宁[5]，勿烦勿乱，和乃自成[6]。折折乎如在于侧[7]，忽忽乎如将不得[8]，渺渺乎如穷无极[9]。此稽不远，日用其德[10]。

[注释]

[1] 以下几句是说：凡心之形自充盈，自己生成自作用。心之所失在欲利，苟能去除爱恶欲，心乃反济自完成。心之特性在安宁，心之所利在安宁。戒除烦恼勿繁乱，心之和谐自生成。明明白白如在侧，恍恍惚惚不可触，渺渺茫茫如无穷。若想考察心性情，此稽不远在心胸，日用其德有恩情。刑，通"形"，形体，形态，情况。　[2] 自充自盈：自然充满精气神。充，充实。盈，盈满。　[3] 能去忧乐喜怒欲利，心乃反济：苟能去除爱恶欲，心乃反济自完成。济，完成，成就，完满。　[4] 情：性情，性质，特性。　[5] 利安以宁：心之所利在安宁。宁，宁静。唐尹知章注："安宁者，心之所利也。"　[6] 和乃自成：心之和谐自形成。和，和谐。　[7] 折折乎如在于侧：明明白白如在侧。折折，同"晢晢"，明貌。　[8] 忽忽乎如将不得：恍恍惚惚抓不着。　[9] 渺渺乎如穷无极：渺渺茫茫如无穷。渺，渺茫。穷，穷极，穷追，追寻。　[10] 此稽不远，日用其德：若想考察心性情，此稽不远在心胸，日用其德享恩情。稽，考察，寻找。德，德性，性能，性质。

夫道者[1]，所以充形也[2]，而人不能固[3]。其往不复，其来不舍。谋乎莫闻其音，卒乎乃在于心[4]。冥冥乎不见其形[5]，淫淫乎与我俱生[6]。不见其形，不闻其声，而序其成[7]，谓之道。凡道无所，善心安处[8]。心静气理，道乃可止[9]。彼道不远，民得以产[10]。彼道不离，民因以知[11]。是故卒乎其如可与索，眇眇乎其如

道是万物的总规律，抽象隐蔽可以认知。

穷无所。彼道之情，恶音与声，修心静意，道乃可得[12]。道也者，口之所不能言也，目之所不能视也，耳之所不能听也，所以修心而正形也。人之所失以死，所得以生也。事之所失以败，所得以成也。凡道，无根无茎，无叶无荣，万物以生，万物以成，命之曰道。

[注释]
[1] 以下几句是说：道是用来充心形，人却不能固守道，反以利欲来充塞。道其往而不复还，道其来而不留舍。寂静而听不到声，忽然却隐藏心中。暗沉沉不见形状，不停地跟我同生。看也看不见形状，听也听不到声音，却井然有序生成，给它起名叫作道。凡道无固定所处，遇到善心就安处。如果心静气自理，道若到来乃可止。道离人群并不远，民众得道以生产。道离人群没距离，民众得道以认知。忽然显现似可寻，渺渺茫茫无定所。彼道之情守虚静，厌恶杂音与语声，修养身心守虚静，道乃可得不离身。道之为物不能言，道之为物目不见，道之为物耳不闻，道为修心而正形。人之失道会死亡，人之得道能生长。事业失道将失败，事业得道能成功。凡道无根又无茎，没有枝叶没华容，万物得道以生长，万物得道以成功，给它起名叫作道。　[2] 充：充实。形：形体，指心的形体。　[3] 而人不能固：人却不能固守道。固，固定。唐尹知章注："人不能固守其虚，反以利欲塞也。"　[4] 谋乎莫闻其音，卒乎乃在于心：寂静而听不到声，忽然却隐藏心间。谋，通"楳"，微小。卒，通"猝"，突然。　[5] 冥冥乎不见其形：暗沉沉不见形状。冥冥，黑暗貌。　[6] 淫淫乎与我俱生：不

停地跟我同生。淫淫，增进貌。 [7]而序其成：井然有序地生成。 [8]凡道无所，善心安处：凡道无固定处所，遇到善心就安处。 [9]心静气理，道乃可止：如果心静气自理，道若到来乃可止。理，条理，调理，整理。 [10]彼道不远，民得以产：道离人群并不远，民众得道以生产。产，生长，生存。唐尹知章注："人得之以生，则道在人，故不远也。" [11]彼道不离，民因以知：道离人群没距离，民众得道以认知。因，凭借，依靠。唐尹知章注："人既因道而知，则道常在而不离。" [12]修心静意，道乃可得：修养身心守虚静，道乃可得不离身。

天主正[1]，地主平，人主安静[2]。春秋冬夏，天之时也。山陵川谷，地之枝也。喜怒取予，人之谋也。是故圣人与时变而不化，从物而不移[3]。能正能静，然后能定。定心在中[4]，耳目聪明，四肢坚固，可以为精舍[5]。精也者，气之精者也。气，道乃生[6]，生乃思，思乃知，知乃止矣[7]。凡心之形，过知失生[8]。

[注释]

[1]以下几句是说：天主中正地主平，人主无为而安静。春秋冬夏天之时，山陵川谷地枝末，喜怒取予人之谋。是故圣人与时变，圣人从道不变化，圣人从物不迁移。能正能静然后定。安定之心在胸中，耳能聪而目能明，手足四肢能坚固，可为精气的住所。精也者乃气之精，精气通达有生命，有了生命有思虑，有了

思虑有智慧，成智理足则休止。凡心虚静之形体，过度智巧则失生。 [2]天主正，地主平，人主安静：天主中正地主平，人主无为而安静。 [3]是故圣人与时变而不化，从物而不移：是故圣人与时变，圣人从道不变化，圣人物迁而跟从，圣人从道不迁移。唐尹知章注："（圣人）物迁而从之，圣本不移。" [4]定心在中：安定之心在胸中。 [5]精舍：精气的住所。 [6]气，道乃生：精气通达有生命。道，通"导"，通达。生，生命。 [7]知乃止：成智理足则休止。唐尹知章注："成智则理足，故止也。"知，同"智"。 [8]凡心之形，过知失生：凡心虚静之形体，过度智巧则失生。唐尹知章注："安心之法，智过其度，则失其生。"

一物能化谓之神[1]，一事能变谓之智。化不易气，变不易智，唯执一之君子能为此乎[2]！执一不失，能君万物[3]。君子使物[4]，不为物使。得一之理，治心在于中[5]，治言出于口[6]，治事加于人[7]，然则天下治矣。一言得而天下服[8]，一言定而天下听[9]，公之谓也。

[注释]
[1]以下几句是说：一物化道叫作神，一事变道叫作智。万物虽化不易气，万事虽变不易智，执一君子能办到。执一不失君万物。君子使物化为主，不为物使变为从。得一之理能专一，治理之心在胸中，治理之言出于口，治理之事加于人，浑然归一天下治。一言得当天下服，一言断定天下听，说的就是能公允。 [2]执

一：坚持专一，指专一于蓄养精气，无为合道。 [3]君：君临，统治，治理。 [4]使物：役使万物。 [5]治心在于中：治理之心在胸中。唐尹知章注："苟得中则心自治矣。" [6]治言：治理之言。 [7]治事：治理之事。 [8]一言得：一言得当。 [9]一言定：一言断定，裁定，指判断正确。关键一言得定，天下服庸听从，跟孔子一言兴邦、丧邦同意。

形不正[1]，德不来。中不静，心不治。正形摄德[2]，天仁地义，则淫然而自至[3]。神明之极[4]，照乎知万物[5]，中义守不忒[6]。不以物乱官[7]，不以官乱心，是谓中得[8]。

[注释]
[1]以下几句是说：外形不正德不来，内里不静心不治。端正形体修内德，效法天仁和地义，德性淫然而自至，精神明智达极至，清楚认知天下物，合义坚守无差错。不以外物乱感官，不以感官乱内心，这就叫作心得道。 [2]正形摄德：修德性。 [3]淫然：不断。 [4]神明之极：精神明智达极至。 [5]照乎知万物：清楚认知天下物。 [6]中义守不忒：合义坚守无差错。中(zhòng)，符合。忒，差错。 [7]官：感官。 [8]是谓中得：这就叫作心得道。

有神自在身[1]，一往一来，莫之能思。失之必乱，得之必治。敬除其舍[2]，精将自来[3]。精想思之[4]，宁念治之[5]，严容畏敬[6]，精将至定[7]。得之而勿舍[8]，耳目不淫，心无他图。正心在中，万物得度[9]。道满天下，普在民所，民不能知也。一言之解，上察于天，下极于地，蟠满九州[10]。

[注释]

[1]以下几句是说：有精气神自在身，一往一来莫能失，失之必乱得必治。恭敬排除心杂念，这是扫除精气舍，精气自来心里住。真诚专一想思它，宁息杂念治理它，容貌严肃存畏敬，精气留住极安定。得到精气勿舍弃，耳目不淫心无图。中正之心在胸中，万物衡量得法度。道满天下在民所，民不能知待解释。一言之解苟正确，上察于天下极地，普及九州满天下。 [2]敬除其舍：恭敬排除心杂念，这是扫除精气舍。 [3]精将自来：精气自来心里住。 [4]精想思之：真诚专一想思它。精，真诚专一。 [5]宁念治之：宁息杂念治理它。 [6]严容畏敬：容貌严肃存畏敬。 [7]精将至定：精气留住极安定。至定，极为安定。 [8]得之而勿舍：得到精气勿舍弃。 [9]正心在中，万物得度：中正之心在胸中，万物衡量得法度。 [10]蟠满九州：普及九州满天下。蟠，普及。满，充满。

认知哲学范畴表：心意言形使治理。

何谓解之[1]？在于心安[2]。我心治，官乃治，我心安，官乃安[3]。治之者心也，安之者心也。心以藏心[4]，心之中又有心焉。彼心之心[5]，意以先言[6]，意然后形，形然后言，言然后使[7]，使然后治。不治必乱，乱乃死。

[注释]
[1] 以下几句是说：一言之解何所指，安心于道不动摇。主体心治感官治，主体心安感官安。言治之者指治心，言安之者指安心。人心包藏精气神，人心之中又有心（精气神）。话说心中所藏心（指精气神），意识存在语言先，有意然后知形体，知形然后用言表，言表然后听使唤，使唤然后得治理。不治不理必混乱，混乱然后就灭亡。　[2] 心安：安心于道不动摇。　[3] 官：感官。　[4] 心以藏心：人心包藏精气神。前"心"指心，后"心"指精气神。　[5] 彼心之心：话说"心中所藏心"（指精气神）。　[6] 意以先言：意识存在语言先。　[7] 使：使令，役使，使唤调遣。命令句，祈使句。主观模态词。唐尹知章注："有言则出命，故有所使令。"

精存自生[1]，其外安荣[2]。内藏以为泉原，浩然和平，以为气渊[3]。渊之不涸，四体乃固。泉之不竭，九窍遂通。乃能穷天地，被四海[4]。中无惑意，外无邪菑，心全于中[5]，形全于外，不逢天菑，不遇人害，谓之圣人。

[注释]
[1] 以下几句是说：精气存在自生长，形体安详而向荣，精气内藏为源泉，精气浩大而平和，成为精气的渊源。精气渊源不

枯竭，手足四体乃坚固。精气源泉不枯竭，九窍遂通门户开。乃能穷极新天地，乃能披及广四海。苟能心中无惑意，苟能身外无邪灾，健全之心存于中，健全形体现于外，苟能不逢天之灾，苟能不遇人之害，谓之圣人精气在。　[2]外安荣：形体安详而向荣。　[3]以为气渊：成为精气的渊源。　[4]被：同"披"，普及。　[5]全：健全。

人能正静[1]，皮肤裕宽，耳目聪明，筋信而骨强[2]。乃能戴大圜，而履大方[3]。鉴于大清[4]，视于大明[5]。敬慎无忒，日新其德。遍知天下，穷于四极。敬发其充，是谓内得[6]。然而不反，此生之忒[7]。

[注释]

[1]以下几句是说：人能正静皮肤宽，耳目聪明筋骨强，于是能头顶蓝天，脚立大地履大方。心如镜子大清明，心如日月看得清。谨慎正静无差失，日新其德德日增，遍知天下穷四极。精气本是身之充，敬发其充精之用，这就叫心内有得。有人不能返于道，这是养生有差失。　[2]信：同"伸"。　[3]乃能戴大圜，而履大方：于是能头顶蓝天，脚立大地履大方。大圜，天。大方，地。　[4]鉴于大清：心如镜子大清明。比喻以道为鉴。鉴，镜。《广雅》："鉴谓之镜。"本义用来盛水的青铜大盆。大清，比喻大道。唐尹知章注："大清，道也。"　[5]视于大明：心如日月看得明。唐尹知章注："大明，日月也。"　[6]敬发其充，是谓内得：精气本是身之充，敬发其充精之用，这就叫内心有得。　[7]然而不反，

此生之忒：有人不能返于道，这是养生有差失。忒，过错，过失。

凡道[1]，必周必密，必宽必舒，必坚必固。守善勿舍，逐淫泽薄[2]。既知其极，反于道德。全心在中，不可蔽匿。和于形容，见于肤色。善气迎人，亲于弟兄。恶气迎人，害于戎兵。不言之声，疾于雷鼓。心气之形，明于日月，察于父母。赏不足以劝善，刑不足以惩过。气意得而天下服，心意定而天下听。抟气如神[3]，万物备存。

[注释]

[1]以下几句是说：大道周到而细密，大道宽大而舒放，大道坚实而且强固。守注善心勿舍弃，驱逐淫邪去浮薄。尽知守善之极至，就可返回道与德。健全之心在内部，不可蔽匿于体外。面容和蔼很要紧，肌肤颜色人可见。善气迎人如弟兄，恶气迎人如刀兵。不言之声疾传播，疾于雷鼓听无声。心中精气之形容，明丽胜过日和月，明察胜过父察子。赏赐不足以劝善，刑罚不足以惩过。气意得而天下服，心意定而天下听。专心一意有神效，万物备存于心中。　[2]泽：同"释"，舍去。　[3]抟：集中，专一。

本段语是无神论的颂歌，卜筮鬼神迷信的丧钟，科学认知决策的序曲，是浸透科学人文思想的闪光珍珠，反复咀嚼细领会，其用无穷有意味。

能抟乎[1]？能一乎？能无卜筮而知吉凶乎？能止乎？能已乎？能勿求诸人而得之己乎？思之思之，又重思之。思之而不通，鬼神将通之。非鬼神之力也，精气之极也[2]。

[注释]

[1]以下几句是说：能够专心一意吗，能无卜筮知吉凶吗，能够要止就止吗，能够要完就完吗，能做到无求于人，而独自解决问题吗，思考思考再思考，思考不通鬼神帮，其实不靠鬼神力，精气发挥到极致。 [2]极：极致，最高点。

四体既正[1]，血气既静，一意抟心，耳目不淫[2]，虽远若近。思索生知，慢易生忧，暴傲生怨[3]，忧郁生疾，疾困乃死。思之而不舍，内困外薄[4]，不蚤为图，生将巽舍[5]。食莫若无饱，思莫若勿致[6]。节适之齐，彼将自至[7]。

[注释]

[1]以下几句是说：四体既正血气静，一意专心耳目正，虽远若近尽知情。思索能够生智慧，疏慢轻易生忧愁，残暴傲虐生怨恨，忧患郁塞生疾病，既疾而困弥留死。思虑过度不休息，内外交困受胁迫，如不及早想办法，灵魂出窍将早死。吃饭不要吃太饱，心思不要用过头。调节适当有分寸，生命就将自及至。 [2]不淫：不迷乱。 [3]暴傲生怨：残暴傲虐生怨恨。唐尹知章注："残暴傲虐，伤害必多，故生怨也。" [4]内困外薄：内外交困受胁迫。 [5]不蚤为图，生将巽舍：如不及早想办法，灵魂出窍将早死。蚤，通"早"。巽（xùn），同"逊"，退让，离开。 [6]思

莫若勿致：心思不要用过头，比喻用脑不过度，思索留余地。致，同"至"。　[7]节适之齐，彼将自至：调节适当有分寸，生命就将自及至。齐，适中。

凡人之生也[1]，天出其精，地出其形，合此以为人。和乃生，不和不生。察和之道，其精不见，其征不丑[2]。平正擅匈，论治在心，此以长寿[3]。忿怒之失度，乃为之图。节其五欲，去其二凶[4]，不喜不怒，平正擅匈。

［注释］
[1]以下几句是说：凡人之所有生命，天出其精地出形，精形相合以为人。精形相和有生命，精形不和不能生。审察调和之大道，精微奥妙看不见，征象无由去类比。平和中正擅胸中，最要治理好内心，这是长寿好办法。忿怒过度应消除。节其五欲求恬淡，去其二凶无喜怒。不喜不怒不偏激，平和中正擅胸中。　[2]察和之道，其精不见，其征不丑：审察调和之大道，精微奥妙看不见，征象无由去类比。丑，类，类比，比喻。唐尹知章注："丑，类也。言欲察和，则精不见。至于征验，又不知其类也。"　[3]平正擅匈，论治在心，此以长寿：平和中正占据胸中，治理好内心，这是长寿好办法。擅，专擅，专一。沦洽，和气弥满。匈，通"胸"。　[4]节其五欲，去其二凶：节其五欲求恬淡，去其二凶无喜怒。五欲，眼耳鼻舌心五种欲望。二凶，喜怒。

凡人之生也[1]，必以平正。所以失之，必以喜怒忧患。是故止怒莫若诗，去忧莫若乐，节乐莫若礼，守礼莫若敬，守敬莫若静。内静外敬，能反其性，性将大定[2]。

[注释]

[1]以下几句是说：凡人之生在平正，凡人之失忧患盛。要想止怒读诗歌，要想去忧听音乐，要想节乐守礼仪，要想守礼莫若敬，要想守敬莫若静。内心虚静外恭敬，然后就能返本性，人的本性将大定。 [2]性：人的本性。

道家哲学论养生。

凡食之道[1]，大充，形伤而不臧[2]。大摄，骨枯而血冱[3]。充摄之间，此谓和成[4]。精之所舍，而知之所生[5]。饥饱之失度，乃为之图。饱则疾动，饥则广思，老则长虑[6]。饱不疾动，气不通于四末[7]。饥不广思，饱而不废[8]。老不长虑，困乃遫竭。大心而敞，宽气而广，其形安而不移，能守一而弃万苛[9]，见利不诱，见害不惧，宽舒而仁，独乐其身，是谓云气，意行似天。

[注释]

[1]以下几句是说：大凡饮食也有道，过饱形伤而不善，过饥

骨枯血不通。过饱过饥取中道，这个就叫和谐成。形体和谐精居留，智慧得以能产生。饥饱失度早调理：吃饱就要快活动，饿要分散注意力，老了考虑要长远。吃饱而不快活动，血气四肢不通畅。饿不分散注意力，饱了还是停不下。衰老而不忘忧虑，困窘躯体速穷竭。心胸廓大而敞亮，意气宽舒而广袤，形体安定不游移，能守专一弃繁冗。见利能够不诱惑，见害能够不畏惧，心情宽舒而仁慈，自身能够独得乐，这些就叫运精气，意气行天任西东。 [2]凡食之道，大充，形伤而不臧：大凡饮食也有道，过饱形伤而不善。大充，过饱。唐尹知章注："大充，谓过于饱。"臧，善。 [3]大摄，骨枯而血冱：过饥骨枯血不通。大摄，过于饥饿，吃得过少，过于节食。冱，停滞，闭塞，干涸，枯竭。唐尹知章注："大摄，谓过于饥。血冱，谓血消减而凝冱。" [4]充摄之间，此谓和成：过饱过饥取中道（中间，适中），这个就叫和谐成。 [5]精之所舍，而知之所生：形体和谐精留住，智慧得以能产生。舍，客舍，住所，居住。 [6]饱则疾动，饥则广思，老则长虑：吃饱就要快运动，饿要分散注意力，老了考虑要长远。疾动，速动，快动，抓紧活动助消化。唐尹知章注："饱而疾动，则食气消。"广思，把思想放开，可以分散注意力。唐尹知章注："饥而广思，则忘其饥。" [7]四末：四肢。 [8]废：停止。唐尹知章注："废，止也。" [9]能守一而弃万苛：能守专一弃繁冗。守一，守住专心一意。万苛，多种杂事干扰。万，形容多。苛，繁冗，繁杂，烦扰，骚扰。

凡人之生也[1]，必以其欢[2]。忧则失纪[3]，怒则失端[4]。忧悲喜怒，道乃无处。爱欲静之，遇乱正之[5]。勿引勿推，福将自归。彼道自来，可借与谋[6]。静则得之,躁则失之。灵气在心[7],一来一逝,其细无内,其大无外,所以失之,以躁为害。心能执静,道将自定。得道之人,理丞而毛泄[8],匈中无败。节欲之道,万物不害[9]。

[注释]

[1]以下几句是说:心情舒畅人之生,忧则失纪怒失端。忧悲喜怒道无处。爱欲静止而平息,愚乱纠正而消失。勿引勿推任自然,幸福必将自降临。大道自然会到来,可以凭借参与谋。静则得道躁则失。灵气在心时消逝,小到无内大无外,所以失道躁为害。要是心能保平静,道将自然得安定。得道之人新陈谢,精气肌理能蒸发,全身毛孔能排泄,胸中无积不腐败。节制嗜欲有道理,修养内业物不害。 [2]欢:欢畅,心情舒畅。 [3]纪:纲纪,条理。 [4]端:头绪。 [5]爱欲静之,遇乱正之:爱欲静止而平息,愚乱纠正而消失。遇,通"愚"。 [6]彼道自来,可借与谋:大道自然会到来,可以凭借参与谋。谋:谋划。 [7]灵气:指道。 [8]得道之人,理丞而毛泄:得道之人新陈谢,精气肌理能蒸发,全身毛孔能排泄,胸中无积不腐败。理丞,精气从肌肤纹理蒸发。丞,同"烝",蒸发。毛泄,精气从肌肤毛孔排泄。唐尹知章注:"谓腠理丞达屯聚泄散,故匈(胸)中无败。" [9]节欲之道,万物不害:节制嗜欲有道理,修养内业物不害。唐尹知章注:"能节欲,则物无害也。"节欲,节制嗜欲。

[点评]

篇名"内业",即练内功,修养内心。要求虚静,专心一意，排除爱欲，抵制干扰，是修炼内心意志。本篇是战国中后期齐国稷下管仲学派的著作，发挥道法融合的齐法家思想，思考治身（养生）和治国关系，用道论统一贯穿。

如说："凡道，无根无茎，无叶无荣，万物以生，万物以成，命之曰道。"无规定的道是有规定的气（精气，灵气）构成。"灵气在心，一来一逝，其细无内，其大无外。"灵气指道。道是神，是宇宙（宙合），畅论万物、天地和道三范畴的关系。

"内业"指内心涵养精气（灵气，道），修养品德。认为精（精气神，道）是万物本原。保持心纯洁宁静，节制物欲情欲，精（精气神，道）就会留住。"气意得而天下服，心意定而天下听。""得一之理，治心在于中，治言出于口，治事加于人，然则天下治矣。一言得而天下服，一言定而天下听，公之谓也。"治身（养生）是治国的条件和准备工夫。关键一言得定，天下服庸听从，跟孔子一言兴邦、丧邦的意思相同。

本篇文体散韵结合。篇首说："凡物之精，比则为生。下生五谷，上为列星。""精""生""星"押韵，四字单元，铿锵有力，颇具文采，渗透哲理。透过其哲理诗般的艰涩抽象词语，可剥取对今世有用的合理思维元素。

形势解

形势一篇需要解释，一句一解都有说明。摆出事实讲明道理，哲学原理得以论证。

山者[1]，物之高者也。惠者，主之高行也[2]。慈者，父母之高行也。忠者，臣之高行也。孝者，子妇之高行也。故山高而不崩则祈羊至，主惠而不解则民奉养[3]，父母慈而不解则子妇顺，臣下忠而不解则爵禄至，子妇孝而不解则美名附。故节高而不解，则所欲得矣。解则不得。故曰："山高而不崩，则祈羊至矣。"

[注释]

[1]以下几句是说：山是万物中的高者。施惠于民，是君主的崇高行为。慈爱，是父母的崇高行为。忠君，是臣下的崇高行为。孝亲，是儿子媳妇的崇高行为。所以山高而不崩塌，则烹羊设祭。君主施惠不懈，则民众奉养。父母慈爱不懈，则儿子

媳妇孝顺。臣下忠君不懈,则得爵禄。儿子媳妇孝亲不懈,则得美名。所以操行高尚而不懈,则心想事成。松懈怠惰半途废,理想期待会落空。所以说:"山高而不崩,则祈羊至矣(山高不崩祭羊到)。" [2]高行:高尚德行,崇高品行,尊贵的道德标准。 [3]解:同"懈",松懈,懈怠。

渊者[1],众物之所生也。能深而不涸,则沈玉至。主者,人之所仰而生也,能宽裕纯厚而不苛忮[2],则民人附。父母者,子妇之所受教也,能慈仁教训而不失理,则子妇孝。臣下者,主之所用也,能尽力事上,则当于主。子妇者,亲之所以安也,能孝弟顺亲,则当于亲。故渊涸而无水,则沈玉不至。主苛而无厚,则万民不附。父母暴而无恩,则子妇不亲。臣下惰而不忠,则卑辱困穷。子妇不安亲,则祸忧至。故渊不涸,则所欲者至。涸则不至。故曰:"渊深而不涸,则沈玉极[3]。"

治国理政讲究宽容,人民主体能够聚拢。

[注释]
[1]以下几句是说:渊是众物生长处。渊深而水不干,人会来投玉求神。君主为人所敬仰,赖以生活,能宽大纯厚,而不苛刻刚愎,则人民归附。父母是儿子媳妇的教育者,能慈爱教训,而不失正理,则儿子媳妇孝顺。臣下是君主的服务者,能尽力侍奉

君上，则合于君主心意。儿子媳妇是父母的奉养者，能孝悌顺亲，则合于父母心意。所以深渊干枯而无水，投玉求神者不肯来。君主苛刻不宽厚，千万民众不归附。父母残暴而无恩，儿子媳妇不亲近。臣下怠惰而不忠，遭到屈辱遇困穷。儿子媳妇不养亲，祸患忧愁就来临。所以渊水不干枯，心里想的事会成。如果深渊水干枯，心里想的事不成。所以说："渊深而不涸，则沈玉极（渊深水多祭玉沉）。" [2] 苛忮（zhì）：苛刻刚愎。 [3] 极：至，到，来。作动词用。

天[1]，覆万物，制寒暑，行日月，次星辰，天之常也。治之以理，终而复始。主，牧万民，治天下，莅百官，主之常也。治之以法，终而复始。和子孙，属亲戚[2]，父母之常也。治之以义，终而复始。敦敬忠信，臣下之常也。以事其主，终而复始。爱亲善养，思敬奉教，子妇之常也。以事其亲，终而复始。故天不失其常，则寒暑得其时，日月星辰得其序。主不失其常，则群臣得其义，百官守其事。父母不失其常，则子孙和顺，亲戚相欢。臣下不失其常，则事无过失，而官职政治[3]。子妇不失其常，则长幼理而亲疏和。故用常者治，失常者乱。天未尝变，其所以治也。故曰："天不变其常。"

[**注释**]

[1] 以下几句是说：天覆育万物，控制寒暑，运行日月，安排星辰，是天的常规。天依理行事，终而复始。君主，统治万民，治理天下，统率百官，这是君主的常规。君主总依法治事，终而复始。和睦子孙，团结亲戚，这是父母的常规。父母总是依义行事，终而复始。敦敬忠信，这是臣下的常规。臣下应当以此侍奉君主，终而复始。爱戴父母并善加奉养，尊敬并接受教导，这是子妇的常规。子妇应当以此侍奉双亲，终而复始。所以，天不失其常规，寒来暑往就恰当其时，日月星辰就正常有序。君主不失其常规，群臣就行其正义，百官尽其职守。父母不失其常规，子孙就顺从，亲戚就和睦。臣下不失其常规，办事就没有过失，而且官吏称职政务得治。子妇不失其常规，就长幼有序，而亲疏和睦。所以按常规办事就治，不按常规办事就乱，天从来不曾改变它的常规，因而总是处于安定的状态。所以说："天不变其常（天不改变其常规）。" [2] 属（zhǔ）：聚集，集合，联合，团结。作动词用。 [3] 官职政治：官吏称职，政务得治。

地生养万物[1]，地之则也[2]。治安百姓，主之则也。教护家事，父母之则也。正谏死节[3]，臣下之则也。尽力供养，子妇之则也。地不易其则，故万物生焉。主不易其则，故百姓安焉。父母不易其则，故家事办焉。臣下不易其则，故主无过失。子妇不易其则，故亲养备具。故用则者安，不用则者危。地未尝易，其所以安也。故曰：

"地不易其则。"

[注释]

[1]以下几句是说：地生育养护万物，是地的法则。治理安定百姓，是君主的法则。指导监护家事，是父母的法则。直言规劝君主，为保全节操而死，是臣子的法则。尽力供养父母，是儿子媳妇的法则。地不改变法则，所以万物生长。君主不改变法则，所以百姓安定。父母不改变法则，所以家事得办理。臣下不改变法则，所以君主没过失。儿子媳妇不改变法则，奉养父母周到。所以照法则办事就平安，不照法则办事就危殆。地未曾改变法则，所以安定。所以说："地不易其则（地不改变其法则）。" [2]则：法则，规律。《尔雅》："则，法也，常也。" [3]正谏：以正直的言论谏诤。谏，直言规劝。死节：为保全节操而死。

春者[1]，阳气始上，故万物生。夏者，阳气毕上，故万物长。秋者，阴气始下，故万物收。冬者，阴气毕下，故万物藏。故春夏生长，秋冬收藏，四时之节也。赏赐刑罚，主之节也[2]。四时未尝不生杀也，主未尝不赏罚也。故曰："春秋冬夏，不更其节也。"天覆万物而制之，地载万物而养之，四时生长万物而收藏之，古以至今，不更其道。故曰："古今一也。"

[注释]

[1] 以下几句是说：春天，阳气开始上升，所以万物发生。夏天，阳气完全上升，所以万物成长。秋天，阴气开始降临，所以万物收敛。冬天，阴气完全降临，所以万物闭藏。所以春夏生长，秋冬收藏，是四时的季节。赏赐刑罚，是君主的节令。四时未曾不生杀，君主未尝不赏罚。所以说："春秋冬夏，不更其节也（春秋冬夏不变节）。"天覆育而控制万物，地承载而养护万物，四时生长而收藏万物。从古至今，从不改变常规。所以说："古今一也（古今一贯无不同）。" [2] 节：季节，时节，节令。借指按季节制定政令。

蛟龙[1]，水虫之神者也。乘于水则神立，失于水则神废。人主，天下之有威者也。得民则威立，失民则威废。蛟龙待得水而后立其神，人主待得民而后成其威。故曰："蛟龙得水而神可立也。"

用"蛟龙得水"比喻"君主得民"，用"蛟龙失水"比喻"君主失民"，包含民本人本思想的因素，比喻君主对民众的依赖关系。

[注释]

[1] 以下几句是说：蛟龙是水虫中的神灵。有水神就立，失水神就灭。君主是天下有权威的人。得民心就有权威，失民心就没权威。蛟龙得水而后才有神灵，君主得民心而后才有权威。所以说："蛟龙得水，而神可立也（蛟龙得水才有神）。"

虎豹[1]，兽之猛者也，居深林广泽之中，则人畏其威而载之[2]。人主,天下之有势者也,深居则人畏其势。故虎豹去其幽而近于人,则人得之而易其威[3]。人主去其门而迫于民,则民轻之而傲其势。故曰:"虎豹托幽而威可载也。"

[注释]
[1]以下几句是说:虎豹是兽中最凶猛的,居住深林大泽中,人怕其威力而看重。君主是天下最有势力的人。深居简出,人就怕他的势力。虎豹离开深山幽谷,接近人,人就捕捉它,而轻视它的威力。君主离开朝廷,靠近民众,民众就轻视他,而不怕他的势力。所以说;"虎豹托幽,而威可载也(虎豹依托幽谷,才能保持威力)。" [2]载:通"戴",拥戴,尊奉,推崇。 [3]易:轻慢,轻视,无视,不以为意,不放在心上,不往心里去。

风[1],漂物者也。风之所漂,不避贵贱美恶。雨,濡物者也[2]。雨之所堕,不避小大强弱。风雨至公而无私,所行无常乡,人虽遇漂濡,而莫之怨也。故曰:"风雨无乡,而怨怒不及也。"

[注释]
[1]以下几句是说:风吹拂万物。风吹不避贵贱美恶。雨淋湿万物。雨淋不管大小强弱。风雨公平无私。风吹雨淋没定向。人遇风吹雨淋,没怨言。所以说:"风雨无乡,而怨怒不及也(风雨无定向,而人无怨言)。" [2]濡(rú):沾湿,润泽。作动词用。

人主之所以令则行[1]、禁则止者，必令于民之所好，而禁于民之所恶也。民之情，莫不欲生而恶死，莫不欲利而恶害。故上令于生利人则令行，禁于杀害人则禁止。令之所以行者，必民乐其政也，而令乃行。故曰："贵有以行令也[2]。"

法令符合民众利益，民众乐于推行法令。令行禁止民众所好，依法治国顺乎民情。

[注释]

[1]以下几句是说：人君之所以做到令行禁止，一定是因为命令顺应民众的爱好，禁令顺应民众的厌恶。人之常情，都想生存，而厌恶死亡，都想得利，而厌恶受害。所以君上发令，是使人生存，对人有利，命令就能推行。君上发禁令，是禁止杀人和害人，禁令就能推行。命令之所以能推行，必须是民众乐于行其政，命令才能推行。所以说："贵有以行令（贵在所推行的命令要受民众拥护）。" [2]有以：有原因。以，原因，缘故，因依，作名词用。

人主之所以使下尽力而亲上者[1]，必为天下致利除害也。故德泽加于天下，惠施厚于万物，父子得以安，群生得以育，故万民欢尽其力而乐为上用，入则务本疾作以实仓廪[2]，出则尽节死敌以安社稷，虽劳苦卑辱而不敢告也。此贱人之所以亡其卑也。故曰："贱有以亡卑。"

[注释]

[1] 以下几句是说：人君之所以能使百姓尽力，而亲近自己，必须是为天下兴利除害。所以要把德政恩泽加于天下，恩惠施加于万物，使父子得安居，众生得养育，所以万民乐意尽力，为君上效劳，在家就努力耕作，充实粮库，在战场就奋勇杀敌，以保卫国家疆土，即使劳苦卑辱，也不敢叫苦。这就是地位低的人，之所以忘记卑贱的原因，所以说："贱有以亡卑（贱人之所以忘记卑贱，愿意忘我奉献的原因，是因为君上坚持为天下兴利除害）。" [2] 务本疾作：致力农业，努力耕作。务本，专心致力于根本。务，致力，从事。本，指农业生产。疾作，努力劳作。疾，极力，尽力，努力。作，劳作，耕作。实仓廪：装满粮仓。实，充实，充满，填塞，作动词用。

本段从养生和贫富两个典型事例正反两面原因的对照，用归纳法概括一般的哲学命题："物莫虚至，必有以也。"从这个一般哲学命题，用演绎法推论说："寿夭贫富，无徒归也。"归纳演绎并用的逻辑论说方法，有很强的逻辑性和说服力。

起居时[1]，饮食节[2]，寒暑适[3]，则身利而寿命益。起居不时，饮食不节，寒暑不适，则形体累而寿命损。人惰而侈则贫，力而俭则富。夫物莫虚至，必有以也。故曰："寿夭贫富，无徒归也。"

[注释]

[1] 以下几句是说：起居有定时，饮食有节制，寒热得适宜，则身体好而寿命长。起居无定时，饮食无节制，寒热不适宜，则身体弱而寿命短。人懒惰奢侈就贫穷，勤劳节俭就富足。万物不会凭空生，产生必定有因依。所以说："寿夭贫富，无徒归也（贫富寿夭各有原因，不会凭空来）。"时，定时。 [2] 节：节制，讲

分寸。　[3]适：适量，适中，适宜，合适。

法立而民乐之[1]，令出而民衔之。法令之合于民心，如符节之相得也，则主尊显。故曰："衔令者[2]，君之尊也。"

[注释]

[1]以下几句是说：法令设立，而民众乐从。法令发出，而民众接受。法令合于民心，像符节的相合，君主就尊显。所以说："衔令者君之尊也（民众受法君尊显）。"　[2]衔令：奉行法令。衔，奉接，接受。

人主出言[1]，顺于理，合于民情，则民受其辞。民受其辞，则名声彰。故曰："受辞者，名之运也[2]。"

[注释]

[1]以下几句是说：君主说话，顺乎天理，合乎民情，民众接受君主政令。民众接受君主政令，则君主名声彰显。所以说："受辞者，名之运也（民众受令名分用）。"　[2]受辞：接受辞令。辞，言辞，文辞，辞令，政令。名，名分，指君民的不同名分。

明主之治天下也[1]，静其民而不扰，佚其民而不劳[2]。不扰则民自循[3]，不劳则民自试[4]。

故曰:"上无事而民自试。"

[注释]

[1]以下几句是说:英明君主治理天下,使民众安静而不干扰,使民众安逸而不烦劳。不干扰则民众自动守法,不烦劳则民众自动听用。所以说:"上无事而民自试(君上无事不烦劳,民众自动能听用)。" [2]佚:安逸。 [3]循:遵循,遵守,依照。 [4]试:用,听用,作动词用。唐尹知章注:"试,用也。"

人主立其度量[1],陈其分职,明其法式,以莅其民[2],而不以言先之,则民循正。所谓抱蜀者[3],祠器也。故曰:"抱蜀不言,而庙堂既修[4]。"

[注释]

[1]以下几句是说:君主建立法度,公布职责,明确规范,管理民众,而不急于抢先说话,则民众自动遵循正道。所谓抱"蜀",指的是祭器。所以说:"抱蜀不言,而庙堂既修(君主怀抱祭器,静默不言,朝廷之政,自会循道修理。)。" [2]莅(lì):治理,统治,管理。 [3]蜀:祭器。 [4]庙堂:指朝廷。"抱蜀不言,而庙堂既修"唐尹知章注:"抱,持也。蜀,祠器也。君人者,但抱祠器,以身率道,虽复静然不言,庙堂之政,既以修理矣。"

将将鸿鹄[1],貌之美者也。貌美,故民歌之。

德义者，行之美者也。德义美，故民乐之。民之所歌乐者，美貌德义也，而明主鸿鹄有之。故曰："鸿鹄将将，维民歌之[2]。"

天鹅貌美民众颂歌，德义行美民众喜乐。

[注释]
[1]以下几句是说：锵锵而鸣的鸿鹄，是长得很美的飞鸟！因为美，所以民众歌颂。道德仁义，是德行之美。道德仁义德行美，所以民众喜悦快乐。民众歌颂喜乐，是道德仁义德行美，而明君和鸿鹄恰好如此。所以说："鸿鹄将将，维民歌之（鸿鹄锵锵民歌颂）。"将将，同锵锵（qiāng），拟声词，敲钟奏乐声。《诗经·小雅·北山之什·鼓钟》："鼓钟将将（敲起钟声音铿锵）。" [2]维：句首语气词。

济济者[1]，诚庄事断也[2]。多士者，多长者也。周文王诚庄事断，故国治。其群臣明理以佐主，故主明。主明而国治，竟内被其利泽[3]，殷民举首而望文王，愿为文王臣。故曰："济济多士，殷民化之。"

[注释]
[1]以下几句是说：周文王诚实庄重而果断，故国家得治。他的群臣明白事理，佐助君主，故君主英明。君主英明，国家得治，国内得到他的利益和恩泽，殷民抬头仰望文王，愿意做他的臣民。所以说："济济多士，殷民化之（济济多士新周朝，殷朝遗民被感

化）。"　[2]诚庄：诚实庄重。　[3]竟：通"境"。

纣之为主也[1]，劳民力，夺民财，危民死，冤暴之令，加于百姓，憯毒之使[2]，施于天下。故大臣不亲，小民疾怨，天下叛之，而愿为文王臣者，纣自取之也。故曰："纣之失也。"

[注释]
[1]以下几句是说：殷纣王为君，劳苦民力，夺取民财，危害民众性命，把残暴的法令强加于百姓，把残酷的使臣派往各地。所以大臣不亲，小民怨恨，天下背叛，愿为文王臣民，纣王咎由自取，自作自受。所以说："纣之失也（纣王失败由自取）。"　[2]憯毒：残酷狠毒。

无仪法程式[1]，蜚摇而无所定[2]，谓之蜚蓬之问[3]。蜚蓬之问，明主不听也。无度之言，明主不许也。故曰："蜚蓬之问，不在所宾。"

[注释]
[1]以下几句是说：不合乎法度规范，摇摆而没定见，叫作飞蓬一样无稽之谈。无稽之谈，英明君主不听。不合法度的言论，英明君主不赞成。所以说："蜚蓬之问，不在所宾（飞蓬一样无稽谈，不能听取在耳边）。"　[2]蜚：通"飞"。　[3]蜚蓬之问：飞

蓬一样无稽之谈,无据之言。

道行则君臣亲[1],父子安,诸生育。故明主之务,务在行道,不顾小物。燕爵[2],物之小者也。故曰:"燕爵之集,道行不顾。"

[注释]

[1]以下几句是说:君主行正道,君臣就亲近,父子就和睦,生命就繁育。所以明主的职责,在于行正道,不在小事物。燕雀是小事物。所以说:"燕爵之集,道行不顾(燕雀聚集的小事,行道者不屑一顾)。" [2]爵:通"雀"。

明主之动作得理义[1],号令顺民心,诛杀当其罪,赏赐当其功,故虽不用牺牲珪璧祷于鬼神,鬼神助之,天地与之,举事而有福。乱主之动作失义理,号令逆民心,诛杀不当其罪,赏赐不当其功,故虽用牺牲珪璧祷于鬼神,鬼神不助,天地不与,举事而有祸。故曰:"牺牲珪璧不足以享鬼神。"

[注释]

[1]以下几句是说:明主行动合理义,号令顺民心,诛杀跟罪行相符合,赏赐跟功绩相符合,所以他虽不用牛羊玉器向神鬼祈

祷，鬼神也会帮助，天地也会支援，办事得福。昏君行动不合理义，号令逆民心，诛杀跟罪行不相当，赏赐跟功绩不相称，所以，虽用牛羊玉器向鬼神祈祷，鬼神不帮助，天地不支援，办事得祸。所以说："牺牲珪璧不足以享鬼神（昏君用牛羊玉器向鬼神祈祷，也没用）。"

主之所以为功者[1]，富强也。故国富兵强，则诸侯服其政，邻敌畏其威，虽不用宝币事诸侯，诸侯不敢犯也。主之所以为罪者，贫弱也。故国贫兵弱，战则不胜，守则不固，虽出名器重宝以事邻敌，不免于死亡之患。故曰："主功有素，宝币奚为。"

[注释]

[1] 以下几句是说：君主的功绩，是使国家富强。所以国富兵强，诸侯服从他的政令，邻邦惧怕他的威力，虽不用珍贵宝币交结诸侯，诸侯不敢侵犯。君主的罪过，是使国家贫弱。所以国贫兵弱，战则不胜，守则不固，虽用名器重宝交结邻国，不免灭亡之患。所以说："主功有素，宝币莫为（君主功业有根基，重宝不用交邻国）。"

羿[1]，古之善射者也。调和其弓矢而坚守之。其操弓也，审其高下，有必中之道，故能多发而多中。明主，犹羿也，平和其法，审其废置而坚守之[2]，有必治之道，故能多举而多当。道者，羿之所以必中也，主之所以必治也。射者，弓弦发矢也。故曰："羿之道非射也。"

[注释]

[1]以下几句是说：后羿是古代善射者。调好弓箭，坚持掌握。操弓时，审明高下，掌握必能射中目标的规律，所以能百发百中。明主就像后羿一样，调和治国的法度，审明其废弃和设置，坚持实行，掌握必治的规律，所以能多办事，把事办好。规律使后羿必能命中，使君主必能治国。射箭的动作，是弓弦发箭。所以说："羿之道，非射也（射箭规律要熟练，不在射箭的动作）。"羿，传说尧时射箭能手，也叫后羿。　[2]废置：废弃和设置。

造父[1]，善驭马者也[2]。善视其马，节其饮食，度量马力，审其足走，故能取远道而马不罢[3]。明主犹造父也。善治其民，度量其力，审其技能，故立功而民不困伤。故术者[4]，造父之所以取远道也，主之所以立功名也。驭者，操辔也[5]。故曰："造父之术非驭也。"

[注释]

[1]以下几句是说：造父善驭马，爱护马，调节饮食，度量马

力，了解速度，所以能行远路，马不疲累。明君像造父，善于治理民众，度量民力，了解技能，所以建立事功，而民不疲困。所以技巧方术，使造父行远路，使君主立功名。驭马动作，是掌握马缰绳。所以说："造父之术，非驭也（造父技巧在熟练，不在驭马操缰绳）。"造父，西周著名驾车能手。　[2]驭：用手驾驭马匹，驾驭车马。《广韵》："驭，使马也。驭，古文御。"　[3]罢：通"疲"。　[4]术：技巧方术。　[5]辔（pèi）：马缰绳。

奚仲之为车器也[1]，方圜曲直皆中规矩钩绳[2]，故机旋相得[3]，用之牢利，成器坚固。明主犹奚仲也，言辞动作，皆中术数[4]，故众理相当，上下相亲。巧者，奚仲之所以为器也，主之所以为治也。斫削者，斤刀也[5]。故曰："奚仲之巧非斫削也。"

[注释]

[1]以下几句是说：奚仲制造车器，方圆曲直都合乎规矩钩绳，所以机轴旋转都合适，用来牢固快速，成器坚固持久。明君就像奚仲，言词行动，合乎方法策略，所以各项治理适当，上下互相亲近。技巧方术，使奚仲能制车器，使君主能治好国家。至于木材砍削，是刀斧的动作。所以说："奚仲之巧非削也（奚仲技巧在熟练，不在木材的砍削）。"　[2]圜：通"圆"。　[3]机旋相得：机轴旋转都合适。　[4]术数：技巧方术，方法策略。　[5]斫：砍。斤：斧。

民^[1]，利之则来，害之则去。民之从利也，如水之走下，于四方无择也。故欲来民者，先起其利，虽不召而民自至。设其所恶，虽召之而民不来也。故曰："召远者使无为焉。"

> 猜测到人民群众的物质利益，对历史发展的决定性作用，有科学历史观的萌芽因素。

[注释]

[1] 以下几句是说：民众，有利就来，有害就去。民众趋利，像水往下流，不管东西南北。所以要招来民众，先创造对他们有利的条件，虽不招而民自来。对他们有害，虽招而不来。所以说："召远者使无为焉（召来远方来归者，光派使臣没有用）。"

苁民如父母^[1]，则民亲爱之。道之纯厚，遇之有实，虽不言曰吾亲民，而民亲矣。苁民如仇雠^[2]，则民疏之。道之不厚，遇之无实，诈伪并起，虽言曰吾亲民，民不亲也。故曰："亲近者言无事焉。"

[注释]

[1] 以下几句是说：管理民众像父母，民众自然亲近爱戴。用纯厚引导，给予实惠，虽不口说"我亲近民众"，民众会来亲近。管理民众像仇敌，则民众疏远。不用纯厚引导，不给实惠，欺诈虚假都用，虽然口说"我亲近民众"，民众不会亲近。所以说："亲近者言无事焉（亲近民众在施惠，光说空话没有

用)。"[2]仇雠：仇敌。

明主之使远者来而近者亲也[1]，为之在心。所谓夜行者，心行也[2]。能心行德，则天下莫能与之争矣。故曰："唯夜行者独有之乎。"

[注释]

[1]以下几句是说：明君能使远者来而近者亲，作用在于内心。所谓"夜行"，就是"心行"。能内心行德，天下就没人能和他抗争。所以说："唯夜行者独有之乎（暗中心里行道德，天下没人能抗争）。"[2]夜行、心行：暗里心里行德。

为主而贼[1]，为父母而暴，为臣下而不忠，为子妇而不孝，四者，人之大失也。大失在身，虽有小善，不得为贤。所谓平原者，下泽也。虽有小封，不得为高。故曰："平原之陉[2]，奚有于高？"

[注释]

[1]以下几句是说：做君主害人，做父母残暴，做臣下不忠，做儿子媳妇不孝，这四项是人的大错。大错在身，虽有小善，不能称为贤。所谓平原，指低地面。虽有小土堆，不能算高。所以说："平原之陉，奚有于高（平原小土堆，不能算高）。"[2]陉：小坡。

为主而惠[1]，为父母而慈，为臣下而忠，为子妇而孝，四者，人之高行也。高行在身，虽有小过，不为不肖。所谓大山者，山之高者也，虽有小隈[2]，不以为深。故曰："大山之隈，奚有于深？"

[注释]

[1] 以下几句是说：做君主惠民，做父母慈爱，做臣子忠君，做儿子媳妇孝父母，这四项是人的大德。大德在身，虽有小错，不算不肖。所谓大山，就是高山，山中虽有小沟，不能算深。所以说："大山之隈，奚有于深（大山内小沟，不能算深）。" [2] 隈（wēi）：小沟。

毁訾贤者之谓訾[1]，推誉不肖之谓䜌[2]。訾䜌之人得用，则人主之明蔽，而毁誉之言起。任之大事，则事不成而祸患至。故曰："訾䜌之人，勿与任大。"

[注释]

[1] 以下几句是说：毁谤非议贤者叫作訾，吹捧不肖之徒叫作䜌。訾䜌之人得用，君主聪明被蒙蔽，毁谤吹捧谗言起。任用这种人管大事，事情办坏祸患来。所以说："訾䜌之人，勿与任大（訾䜌之人不能管大事）。" 毁訾，诽谤。 [2] 䜌（wèi）：吹捧坏人，

推誉无能之人。作动词用。

> 管子讲谋巨顾忧和举长，学理精湛意深长，有极强的理论、历史和现实价值。

明主之虑事也[1]，为天下计者，谓之譕臣[2]。譕臣则海内被其泽，泽布于天下，后世享其功久远而利愈多。故曰："譕臣者可与远举。"

[注释]

[1]以下几句是说：明君考虑事情，为天下全局打算，叫作谋虑远大。谋虑远大，则海内都受恩泽，恩泽布施天下，后世享受他功业久远，利益愈多。所以说："譕臣者可与远举（谋虑远大的人，可跟他共举大事）。" [2]譕臣：谋虑远大。譕，通"谋"，谋略。

圣人择可言而后言[1]，择可行而后行。偷得利而后有害，偷得乐而后有忧者，圣人不为也。故圣人择言必顾其累，择行必顾其忧。故曰："顾忧者可与致道。"

[注释]

[1]以下几句是说：圣人总是选择可说的话而后说，选择可做的事而后做。苟且得利而有后患，苟且得乐而有后顾之忧，圣人不做。所以圣人择言，一定考虑其后顾之累，择行一定要考虑其后顾之忧。所以说："顾忧者可与致道（顾及忧患的人，可跟他同道）。"

小人者[1]，枉道而取容，适主意而偷说[2]，循利而偷得。如此者，其得之虽速，祸患之至亦急。故圣人去而不用也。故曰："其计也速而忧在近者，往而勿召也。"

[注释]

[1]以下几句是说：小人不用正道讨人喜，迎合君意，苟且取容，追求财利，苟且得利。这样的人，得利虽快，祸患来临也急。所以圣人远离他而不用。所以说："其计也速，而忧在近者，往而勿召也（贪图速效、只顾眼前的人，走开，就不要叫他回来）。" [2]说（yuè）：悦，喜悦。

举一而为天下长利者[1]，谓之举长。举长则被其利者众，而德义之所见远。故曰："举长者可远见也。"

要有远见卓识，而不是只谋取眼前局部利益，目光短浅。

[注释]

[1]以下几句是说：办大事，为天下取得长远利益，叫举长。举长，则受益人多，德义影响深远。所以说："注重长远利益的人，看得远。"

天之裁大[1]，故能兼覆万物。地之裁大，故能兼载万物。人主之裁大，故容物多而众人得比焉[2]。故曰:"裁大者众之所比也。"

[注释]

[1] 以下几句是说:天的材器大,所以能兼覆万物。地的材器大,所以能兼载万物。人君的材器大,所以胸怀开阔,众人得到庇护。所以说:"裁大者众之所比也(材器伟大,众人得庇)。" [2] 比:通"庇"。

贵富尊显[1],民归乐之,人主莫不欲也。故欲民之怀乐己者,必服道德而勿厌也,而民怀乐之。故曰:"欲人之怀,定服而勿厌也。"

[注释]

[1] 以下几句是说:贵富尊显,民众乐意来归,君主都期待。期待民众感怀,定要行德不厌倦,民众才感怀。所以说:"欲人之怀,定服而勿厌也(期待民众感怀,定要行德不厌倦)。"

圣人之求事也[1],先论其理义,计其可否。故义则求之,不义则止。可则求之,不可则止。故其所得事者,常为身宝。小人之求事也,不论其理义,不计其可否,不义亦求之,不可亦求之。故其所得事者,未尝为赖也。故曰:"必得之事,不足赖也。"

[注释]

[1] 以下几句是说：圣人做事，先问是否合理义，估计可行性。合义则做，不合义则不做。可行则做，不可行则不做。所以把可做的事看得很宝贵。小人做事，不问是否合理义，不估计是否可行。不义的做，不可行的也做。所以做事靠不住。所以说："必得之事，不足赖也（啥事都一定要做，靠不住）。"

圣人之诺已也[1]，先论其理义，计其可否。义则诺，不义则已。可则诺，不可则已。故其诺未尝不信也。小人不义亦诺，不可亦诺，言而必诺。故其诺未必信也。故曰："必诺之言，不足信也。"

[注释]

[1] 以下几句是说：圣人对事承诺与否，先问是否合理义，估计可行性。合义则承诺，不合义则不承诺。可行则承诺，不可行不承诺。所以诺言兑现。小人则是不义也承诺，不可行也承诺，张口就承诺。所以诺言未必兑现。所以说："必诺之言，不足信也（凡事一定都承诺，不能相信）。"诺已，承诺或拒绝。

谨于一家[1]，则立于一家。谨于一乡，则立于一乡。谨于一国，则立于一国。谨于天下，则立于天下。是故其所谨者小，则其所立亦小。其所谨者大，则其所立亦大。故曰："小谨者不大立。"

[注释]

[1]以下几句是说：谨慎对待一家事，可在一家有建树。谨慎对待一乡事，可在一乡有建树。谨慎对待一国事，可在一国有建树。谨慎对待天下事，可在天下有建树。因此，谨慎处事范围小，其所建树范围小。谨慎处事范围大，其所建树范围大。所以说："小谨者不大立（谨小慎微，办不成大事）。"

海不辞水[1]，故能成其大。山不辞土石，故能成其高。明主不厌人，故能成其众。士不厌学，故能成其圣。餮者，多所恶也。谏者，所以安主也。食者，所以肥体也。主恶谏则不安，人餮食则不肥[2]。故曰："餮食者不肥体也。"

海不辞水能成其大，山不辞土能成其高。责任在身爱护民众，民众高大众志成城。这里有群众智慧、群众路线的哲学意涵，语句对仗，铿锵有力，韵味无穷。

[注释]

[1]以下几句是说：海不排斥水，所以能够成大海。山不排斥土石，所以能成高山。明君不厌恶人民，所以能实现人口众多。士不厌学，所以能成圣人。餮，就是挑拣食品太严重。纳谏，是为安定君位。吃东西是为强身体。君主怕人进谏，君位不安。人挑拣食品，身体不肥壮。所以说："餮食者不肥体（挑拣食品体不肥）。" [2]餮食：挑食，吃饭挑拣。

言而语道德忠信孝弟者[1]，此言无弃者。天公平而无私，故美恶莫不覆。地公平而无私，故小大莫不载。无弃之言，公平而无私，故贤不肖莫不用。故无弃之言者，参伍于天地之无私也[2]。故曰："有无弃之言者，必参之于天地矣。"

[注释]

[1]以下几句是说：讲话就讲道德忠信孝悌，是不能废弃的话。天公平而无私，所以美恶无所不覆。地公平而无私，所以小大无所不载。不能废弃的话，公平无私，所以贤与不肖都可用。所以，不能废弃的语言，同天地一样无私。所以说："有无弃之言者，必参之于天地也（有不能废弃的语言，可跟天地比美）。" [2]参伍：参照。

明主之官物也[1]，任其所长，不任其所短，故事无不成，而功无不立。乱主不知物之各有所长所短也，而责必备。夫虑事定物，辩明礼义，人之所长，而蝚蝯之所短也[2]。缘高出险，蝚蝯之所长，而人之所短也。以蝚蝯之所长责人，故其令废而责不塞。故曰："坠岸三仞，人之所大难也，而蝚蝯饮焉。"

事物都各有长和短，不能求全责备。需要辩证看待人和事，科学哲学深有意涵。

[注释]

[1]以下几句是说：明君授官任事，用其所长，不用其所短，

所以事情无不成，而功效无不立。昏君不懂得事物都各有所长，又各有所短，而求全责备。考虑事情定计划，辩明礼义，是人之所长，猿猴之所短。爬高走险，是猿猴之所长，人之所短。用猿猴的所长，要求人，所以政令就会荒废，而要求不能完成。所以说："坠岸三仞，人之所大难也，而蝚蝯饮焉（从三仞高悬崖跳下，人难做到，而猿猴可以轻易跳下饮水）。" [2]蝚蝯：猿猴。《形势》篇原文作"猿猱"。

明主之举事也[1]，任圣人之虑，用众人之力，而不自与焉，故事成而福生。乱主自智也，而不因圣人之虑，矜奋自功[2]，而不因众人之力，专用己，而不听正谏，故事败而祸生。故曰："伐矜好专，举事之祸也。"

[注释]

[1]以下几句是说：明君做事，采用圣人谋虑，使用众人力量，而不用自做。所以事成得福。昏君自作聪明，而不用圣人谋虑。自己逞能，而不依靠众人力量。一意孤行，而不听直言相劝，所以事败生祸。所以说："伐矜好专，举事之祸也（骄傲自大，独断专行，是办事的祸患）。" [2]矜奋自功：自恃聪明而逞能。

马者[1]，所乘以行野也。故虽不行于野，其养食马也，未尝解惰也。民者，所以守战也。故虽不守战，其治养民也，未尝解惰也。故曰："不行其野，不违其马。"

[注释]

[1] 以下几句是说：马是用来骑乘到野外跑路，所以虽不在野外跑路，养马喂马不能懈怠。民众用来守国杀敌，所以，虽不守土战斗，治民养民不能懈怠。所以说："不行其野，不违其马（虽不到野外跑路，也不要把马抛弃）。"

天生四时^[1]，地生万财，以养万物而无取焉。明主配天地者也，教民以时，劝之以耕织，以厚民养，而不伐其功，不私其利。故曰："能予而无取者，天地之配也。"

> 生养万物而不强取，教养民众不为私利。能只给予而不强取，天人合一互相配匹。渗透着合理价值观，民本人本饶有深意。

[注释]

[1] 以下几句是说：天生有四时，地生有万财，以此养育万物，而不取报酬。明君跟天地相配，教民众不误农时，劝勉耕织，以提高民众生活，而不自矜夸有功，独占利益，所以说："能予而无取者，天地之配也（能做到给予而不索取，就可跟天地相比）。"

解惰简慢^[1]，以之事主则不忠，以之事父母则不孝，以之起事则不成。故曰："怠倦者不及也。"

[注释]

[1] 以下几句是说：懒惰简慢，以此事君则不忠，以此事父母

则不孝，以此办事则不成功。所以说："怠倦者不及也（懒惰懈怠总落后）。"

以规矩为方圜则成[1]，以尺寸量长短则得，以法数治民则安。故事不广于理者，其成若神。故曰："无广者拟神[2]。"

[注释]

[1]以下几句是说：用规矩划方圆就能划成，用尺寸量长短就能量好，用法度政策治理民众就能安定。所以事情不背于规范，其成效如神。所以说："勤奋做事有神效。" [2]无广者拟神：勤奋做事有神效。广，通"旷"，荒废，耽误。拟神，成效卓著似有神。拟，比拟，类似，像。

事主而不尽力则有刑[1]，事父母而不尽力则不亲，受业问学而不加务则不成。故朝不勉力务进，夕无见功。故曰："朝忘其事，夕失其功。"

[注释]

[1]以下几句是说：侍奉君主而不尽力就要受刑，侍奉父母而不尽力就关系不亲近，受业问学而不加倍努力就没成就。所以早上不努力求进，晚上就没成果。所以说："朝忘其事，夕失其功（早晨忘记应做事，晚上成果就没有）。"

中情信诚则名誉美矣[1],修行谨敬则尊显附矣。中无情实则名声恶矣,修行慢易则污辱生矣。故曰:"邪气袭内,正色乃衰也。"

[注释]
[1]以下几句是说:内心诚信,名誉就美。修身严肃认真,尊显就来。内心不诚实,名声就坏。修身简慢松懈,污辱就来。所以说:"邪气袭内,正色乃衰也(邪气侵袭到体内,正常脸色就衰退)。"

为人君而不明君臣之义[1],以正其臣,则臣不知于为臣之理,以事其主矣。故曰:"君不君,则臣不臣。"

[注释]
[1]以下几句是说:当君主而不懂君臣道义,以规正臣下,那么臣下就不懂做臣下的道理,来侍奉君主。所以说:"君不君,则臣不臣(君主不像为君样,则臣下就不像为臣样)。"

为人父而不明父子之义[1],以教其子而整齐之,则子不知为人子之道,以事其父矣。故曰:"父不父,则子不子。"

[注释]

[1]以下几句是说：当父亲而不懂父子道义，来管教子女而规范他，那么子女就不懂做子女的道理，来侍奉父亲。所以说："父不父，则子不子（父亲不像为父样，儿子就不像为子样）。"

君臣亲[1]，上下和，万民辑，故主有令则民行之，上有禁则民不犯。君臣不亲，上下不和，万民不辑，故令则不行，禁则不止。故曰："上下不和，令乃不行。"

[注释]

[1]以下几句是说：君臣相亲，上下协调，万民和睦，所以国君有命令，人民就会实行。上面有禁律，人民就不去违犯。君臣不亲，上下不协调，万民不和睦，所以令不能行，禁不能止，所以说："上下不和，令乃不行（上下不和令不行）。"

言辞信[1]，动作庄，衣冠正，则臣下肃。言辞慢，动作亏，衣冠惰[2]，则臣下轻之。故曰："衣冠不正，则宾者不肃。"

[注释]

[1]以下几句是说：说话有信用，动作庄重，衣冠端正，臣下就严肃。说话轻率，动作无礼，衣冠不整，臣下就轻慢。所以说："衣冠不正，则宾者不肃（如果衣冠不整齐，礼宾官员就不严

肃)。" [2]惰:松懈,懈怠,不整。

仪者[1],万物之程式也。法度者,万民之仪表也。礼义者,尊卑之仪表也。故动有仪则令行,无仪则令不行。故曰:"进退无仪,则政令不行。"

法度仪则都有定义,依法治国有根据。哲学是研究总规律,经政法治有依基。

[注释]
[1]以下几句是说:仪法是万物的准则法式,法度是万民的仪表,礼仪是尊卑的仪表。所以举动合仪法,政令就能推行。不合仪法,政令就不能推行。所以说:"进退无仪,则政令不行(举动不合仪法,政令就不能推行)。"

人主者[1],温良宽厚则民爱之,整齐严庄则民畏之。故民爱之则亲,畏之则用。夫民亲而为用,王之所急也。故曰:"且怀且威,则君道备矣。"

[注释]
[1]以下几句是说:君主温良宽厚,则民众爱戴。整齐庄严,则民众敬畏。所以民众爱戴,就亲近;民众敬畏,就听用。民众亲近君主,而为君主所用,是君主的急需。所以说:"且怀且威,则君道备矣(关怀臣民有威严,为君之道才具备)。"

人主能安其民[1]，则事其主如事其父母，故主有忧则忧之，有难则死之。主视民如土，则民不为用。主有忧则不忧，有难则不死。故曰："莫乐之则莫哀之，莫生之则莫死之。"

[注释]

[1]以下几句是说：君主能使民众生活安定，民众侍奉君主就会像侍奉父母。所以君主有忧，则民众为他分忧；有难，民众为他死难。君主视民如粪土，则民众不会为他所用。君主有忧，不肯分忧；有难，则不为死难。所以说："莫乐之则莫哀之，莫生之则莫死之（君主不让民安乐，民众不为君分忧。君主不让民安生，民众不为君赴死）。"

民之所以守战至死而不衰者[1]，上之所以加施于民者厚也。故上施厚，则民之报上亦厚。上施薄，则民之报上亦薄。故薄施而厚责，君不能得之于臣，父不能得之于子。故曰："往者不至，来者不极。"

[注释]

[1]以下几句是说：民众之所以肯于守国杀敌至死而不后退，是因为君主对民众厚施恩惠。所以君主施惠优厚，则民众报答优厚。君上施惠微薄，则民众报答微薄。所以施惠少而求索多，君

主就不能从臣下那里得到想要的,父亲就不能从儿子那里得到想要的。所以说:"往者不至,来者不极(该给不给无仁义,民众不为君尽力)。"

道者[1],扶持众物,使得生育,而各终其性命者也。故或以治乡,或以治国,或以治天下。故曰:"道之所言者一也,而用之者异。"

> 变化自身,入于正理,自我改造,合乎道理。

[注释]

[1] 以下几句是说:道扶持万物,使万物生长,而各终极其生命。所以道可用来治乡,用来治国,用来治天下。所以说:"道之所言者一也,而用之者异(论道言辞虽一致,道的运用各不同)。"

闻道而以治一乡[1],亲其父子,顺其兄弟,正其习俗,使民乐其上,安其土,为一乡主干者,乡之人也。故曰:"有闻道而好为乡者,一乡之人也。"

[注释]

[1] 以下几句是说:闻道用它治一乡,使一乡父子相亲,兄弟和睦,习俗归正,使民众热爱君主,安居乐业,成为一乡主干,是治乡人才。所以说:"有闻道而好为乡者,一乡之人也(有人闻道善治乡,治理一乡有人才)。"

民之从有道也[1]，如饥之先食也，如寒之先衣也，如暑之先阴也。故有道则民归之，无道则民去之。故曰："道往者其人莫来，道来者其人莫往。"

[注释]
[1]以下几句是说：民众归附有道君，如同饥饿重食品，如同寒冷重衣衾，如同暑热重凉荫。所以有道则民众归附，无道则民众离散。所以说："道往者其人莫来，道来者其人莫往（失道人民不来归，得道人民不离散）。"

道者[1]，所以变化身而之正理者也[2]。故道在身则言自顺，行自正，事君自忠，事父自孝，遇人自理。故曰："道之所设，身之化也。"

[注释]
[1]以下几句是说："道"（道理，正道）是改造自身，走向正理的凭借。所以有道在身，言语自能通达，行为自能端正，事君自能忠诚，事父自能孝顺，对人自能顺理。所以说："道之所设，身之化也（道之所在身归化）。" [2]之：到，往，走向。

天之道[1]，满而不溢，盛而不衰。明主法象天道，故贵而不骄，富而不奢，行理而不惰。故能长守贵富，久有天下而不失也。故曰："持满者与天。"

[注释]

[1]以下几句是说：天道满而不外溢，兴盛而不衰竭。明君效法天道，所以贵而不骄，富而不奢，行理而不懈。所以能长守富贵，久有天下而不失。所以说："持满者与天（持道满盈顺天道）。"

明主[1]，救天下之祸、安天下之危者也。夫救祸安危者，必待万民之为用也，而后能为之。故曰："安危者与人。"

[注释]

[1]以下几句是说：明君解救天下灾祸，使天下危局安定。救祸患和安危局，一定要依靠广大民众为其所用，然后才能办得到。所以说："安危者与人（救祸安危顺人心）。"

地大国富[1]，民众兵强，此盛满之国也。虽已盛满，无德厚以安之，无度数以治之，则国非其国，而民无其民也。故曰："失天之度，虽满必涸。"

[注释]

[1]以下几句是说：地大国富，民多兵强，这是繁荣的国家。

虽然已经繁荣,如果没有深德厚惠来安定,没有法度策略来治理,那么国家还不是他的国家,而民众还不是他的民众。所以说:"失天之度,虽满必涸(违背天道失法度,纵然满盈必干涸)。"

臣不亲其主[1],百姓不信其吏,上下离而不和,故虽自安,必且危之。故曰:"上下不和,虽安必危。"

[注释]

[1]以下几句是说:臣下不亲近君主,百姓不信任官吏,上下分离而不和,虽然表面安定,必将走向危亡。所以说:"上下不和,虽安必危(上下不和安必危)。"

主有天道[1],以御其民,则民一心而奉其上,故能贵富而久王天下。失天之道,则民离叛而不听从,故主危而不得久王天下。故曰:"欲王天下而失天之道,天下不可得而王也。"

[注释]

[1]以下几句是说:君主掌握天道,用来管理民众,则民众一心侍奉君主,所以能富贵而长久称王天下。违背天道,则民众背叛,而不听从,所以君主就危险,而不能长久称王天下。所以说:"欲王天下而失天之道,天下不可得而王也(欲王天下失天道,天下不可得而王)。"

人主务学术数[1]，务行正理，则化变日进，至于大功，而愚人不知也。乱主淫佚邪枉，日为无道，至于灭亡，而不自知也。故曰[2]："其道既得，莫知其为之。其功既成，莫知其释之。藏之无形，天之道也。"

客观规律无形象，把握规律靠抽象。

[注释]

[1] 以下几句是说：人君努力积累学识韬略，遵行正理，则每日都有变化进步，以至于成就大事业，而愚人不理解。昏君淫逸邪枉，每天做无道的事，以至于灭亡，而自己不知原因。所以说："其道既得，莫知其为之。其功既成，莫知其释之。藏之无形，天之道也（其道既得莫知为，其功既成莫知解，藏之无形天之道）。" [2] "故曰"下六句原作："莫知其为之，其功既成；莫知其舍之也，藏之而无形。"据《形势》篇改。

古者三王五伯[1]，皆人主之利天下者也，故身贵显，而子孙被其泽。桀、纣、幽、厉，皆人主之害天下者也，故身困伤，而子孙蒙其祸。故曰："疑今者察之古，不知来者视之往。"

以古鉴今，温故知新。

[注释]

[1] 以下几句是说：古代三王五霸，都是利天下的君主，故自身贵显，而子孙蒙其德泽。夏桀、殷纣、周幽王、周厉王，都是害

天下的君主，故自身困伤，而子孙蒙其祸害。所以说："疑今者察之古，不知来者视之往（今世有疑察之古，不知来者视之往）。"三王，夏、商、周三代君王。五伯，即五霸，春秋时期五霸主，诸侯联盟之首。伯，通"霸"。

神农教耕生谷[1]，以致民利。禹身决渎，斩高桥下[2]，以致民利。汤、武征伐无道，诛杀暴乱，以致民利。故明王之动作虽异，其利民同也。故曰："万事之生也[3]，异趋而同归，古今一也。"

现象不同而本质同，方法不同而目的同。

[注释]

[1]以下几句是说：神农氏教民耕作，生产粮食，以利民众。大禹亲身疏浚河道，铲高治低，以利民众。商汤王和周武王征伐无道，诛杀暴君，以利民众。所以圣明君王，行动虽不同，其利民相同。所以说："万事之生也，异趋而同归，古今一也（万事万物有本性，殊途同归古今一）。" [2]桥：通"矫"，纠正，整治。 [3]生：原作"任"。《形势》篇原文作"生"。生，同"性"。

栋生桡不胜任则屋覆[1]，而人不怨者，其理然也。弱子，慈母之所爱也，不以其理动者，下瓦则慈母笞之。故以其理动者，虽覆屋不为怨。不以其理动者，下瓦必笞。故曰："生栋覆屋，怨怒不及。弱子下瓦，慈母操棰。"

[注释]

[1]以下几句是说：屋柱是新伐的弯曲木材，不堪胜任，导致房倒屋塌，而人不怨，认为理该如此。小孩子为慈母钟爱，无理而动，上房揭瓦，慈母却打棍。所以以理而动，房倒屋塌不埋怨；不以理而动，上房揭瓦慈母打。所以说："生栋覆屋，怨怒不及。弱子下瓦，慈母操棰（生栋覆屋不怨怒，弱子下瓦慈母棰）。"桡（ráo），曲木，木头弯曲，泛指弯曲。《说文》："桡，曲木。"

行天道[1]，出公理，则远者自亲。废天道，行私为，则子母相怨。故曰："天道之极，远者自亲。人事之起，近亲造怨。"

[注释]

[1]以下几句是说：行事合乎天道，出自公理，则远者都来亲近。废天道，按私心行事，则母子互相怨恨。所以说："天道之极，远者自亲。人事之起，近亲造怨（顺从天道远者亲，人事罪错近亲怨）。"

古者[1]，武王地方不过百里，战卒之众不过万人，然能战胜攻取，立为天子，而世谓之圣王者，知为之之术也。桀、纣贵为天子，富有海内，地方甚大，战卒甚众，而身死国亡，为天下僇者[2]，不知为之之术也。故能为之，则小可为大，贱可为贵。不能为之，则虽为天子，人犹夺之也。故曰："巧者有余，而拙者不足也。"

[注释]

[1]以下几句是说：古时，周武王地方不过百里，战卒不过万人，但是能战胜攻取，立为天子，而世人称之为圣王，是因为他懂得治国为君的方法。桀纣贵为天子，富有海内，地方甚大，战卒甚多，而身死国亡，被天下杀戮，是不懂得治国为君的方法。故善为国，小可变大，贱可变贵。不善为国，则虽当天子，会被夺取。所以说："巧者有余，而拙者不足也（巧者用道智有余，拙者用道智不足）。" [2]僇：同"戮"。

得道多助，失道寡助。

明主上不逆天[1]，下不圹地[2]，故天予之时，地生之财。乱主上逆天道，下绝地理，故天不予时，地不生财。故曰："其功顺天者，天助之。其功逆天者，天违之。"

[注释]

[1]以下几句是说：明君上不背天，下不废地，所以天给他有利的天时，地为他生产财富。昏君上违天道，下背地理，所以天不给他有利的天时，地也不给他生产财富。所以说："其功顺天者，天助之。其功逆天者，天违之（其功顺天天相助，其功逆天天相违）。" [2]圹：通"旷"，荒废。

古者武王[1]，天之所助也，故虽地小而民少，犹之为天子也。桀、纣，天之所违也，故虽地大民众，犹之困辱而死亡也。故曰："天之所助，虽小必大。天之所违，虽大必削。"

[注释]
[1]以下几句是说：古时，周武王是天所帮助的君主，所以虽地小人少，仍可当天子。桀纣是天所抵制的君主，所以虽地大人多，仍困辱而死。所以说："天之所助，虽小必大。天之所违，虽大必削（天之所助小必大，天之所违大必削）。"

与人交[1]，多诈伪，无情实，偷取一切，谓之乌集之交。乌集之交，初虽相欢，后必相咄。故曰："乌集之交，虽善不亲。"

[注释]
[1]以下几句是说：与人交友，多行诈伪，不讲真实，苟且谋取一切，叫作乌鸦般的友谊。乌鸦般的友谊，最初虽然亲密，后来一定反目。所以说："乌鸦交往善不亲。"

圣人之与人约结也[1]，上观其事君也，内观其事亲也，必有可知之理，然后约结。约结而不袭于理，后必相倍[2]。故曰："不重之结，虽固必解。道之用也，贵其重也。"

[注释]

[1] 以下几句是说：圣人同人家结交，在朝上看他如何事君，在家里看他如何事亲，一定要有可靠的因素，然后才与他结交。结交而没有可靠的因素，以后一定背叛。所以说："不重之结，虽固必解。道之用也，贵其重也（打结不重固必解，道的运用贵慎重）。" [2] 倍：通"背"。

明主与圣人谋[1]，故其谋得。与之举事，故其事成；乱主与不肖者谋，故其计失。与之举事，故其事败。夫计失而事败，此与不可之罪。故曰："毋与不可。"

[注释]

[1] 以下几句是说：明君跟圣人谋事，所以谋划得宜。跟圣人举事，所以事业成功。昏君跟不肖者谋事，所以计谋失败。跟不肖者举事，所以事业失败。计谋和事业失败，这是用人不可靠的过错。所以说："毋与不可（不可靠者不交往）。"

量力而行，令行事成。

明主度量人力之所能为[1]，而后使焉。故令于人之所能为，则令行；使于人之所能为，则事成。乱主不量人力，令于人之所不能为，故其令废；使于人之所不能为，故其事败。夫令出而废，举事而败，此强不能之罪也。故曰：

"毋强不能。"

[注释]

[1] 以下几句是说：明君衡量人力所能及，然后使用。所以命令人力所能及的事，就能推行。使人做力所能及的事，就能成功。昏君不衡量人的能力，命令人做力所不及的事，所以不能推行。使人做力所不及的事，所以失败。令出而不行，举事而失败，这是强加于力所不及的过错。所以说："毋强不能（不能做到不强为）。"

狂惑之人[1]，告之以君臣之义、父子之理、贵贱之分，不信圣人之言也，而反害伤之。故圣人不告也。故曰："毋告不知。"

[注释]

[1] 以下几句是说：狂惑的人，告诉他君臣之义、父子之理、贵贱之分，他不信圣人的话，反而加害。所以圣人不告诉他。所以说："毋告不知（勿告不懂道理人）。"

与不肖者举事[1]，则事败。使于人之所不能为，则令废。告狂惑之人，则身害。故曰："与不可，强不能，告不知，谓之劳而无功。"

[注释]

[1] 以下几句是说：跟不肖者举事，则事败。使人做力所不

能及的事，则命令失效。把事理告知狂惑之人，则身受其害。所以说："与不可，强不能，告不知，谓之劳而无功（不可靠者偏交往，不能做到勉强为，告诉不懂道理人，全都叫作劳无功）。"

常以言翘明[1]，其与人也，其爱人也，其有德于人也。以此为友则不亲，以此为交则不结，以此有德于人则不报。故曰："见与之友，几于不亲。见爱之交，几于不结。见施之德，几于不报。四方之所归，心行者也。"

[**注释**]

[1]以下几句是说：常常用言语表明，对人友好，对人亲爱，对人有德。以此与人交友，就不会亲密。以此与人交往，就等于没有结交；以此施德于人，就不会赢得报答。所以说："见与之友，几于不亲。见爱之交，几于不结。见施之德，几于不报。四方之所归，心行者也（表面友好不亲密，表面亲爱不结交。表面施德近无报，四方所归心行道）。"翘明，表明，表白。

明主不用其智[1]，而任圣人之智；不用其力，而任众人之力。故以圣人之智思虑者，无不知也。以众人之力起事者，无不成也。能自去而因天下之智力起，则身逸而福多。乱主独用其智，而不任圣人之智。独用其力，而不任众人之力。故其身劳而祸多。故曰:"独任之国[2],劳而多祸。"

[注释]

[1]以下几句是说:明君不用自己的智慧,依靠圣人的智慧。不用自己的力量,依靠众人的力量。所以,用圣人的智慧思考,则无不知。用众人的力量办事,则无不成。能做到个人放手,依靠天下人的智慧和力量做事,则自身安逸而多得福。昏君独用个人的智慧,不依靠圣人的智慧,独用个人的力量,而不依靠众人的力量。所以自身劳累而多遭祸。所以说:"独任之国,劳而多祸(独断之国多灾祸)。" [2]独任:独断专行。《形势》篇原文作"独王"。

明主内行其法度[1],外行其理义。故邻国亲之,与国信之,有患则邻国忧之,有难则邻国救之。乱主内失其百姓,外不信于邻国。故有患则莫之忧也,有难则莫之救也。外内皆失,孤特而无党,故国弱而主辱。故曰:"独国之君,卑而不威。"

[注释]

[1]以下几句是说:明君对内行法度,对外行理义。所以邻国亲近,盟国信任,有祸患邻国分忧,有危难邻国援救。昏君对内脱离民众,对外不取信于邻国。所以国有祸患,没人分忧,国有危难,没人援救。内外失信,孤立无援,所以国弱而君辱。所以说:

"独国之君,卑而不威(独断国君没威望)。"

明主之治天下也[1],必用圣人,而后天下治。妇人之求夫家也,必用媒,而后家事成。故治天下而不用圣人,则天下乖乱而民不亲也。求夫家而不用媒,则丑耻而人不信也。故曰:"自媒之女,丑而不信。"

[注释]

[1]以下几句是说:明君治理天下,一定任用圣人,而后天下治。女人求嫁夫家,必须通过媒人,而后家事成。所以治理天下,而不任用圣人,则天下乖乱,而民众不亲。求嫁夫家,而不通过媒人,则名声丑恶,而没信誉。所以说:"自媒之女,丑而不信(女人自媒丑不信)。"

明主者[1],人未之见而有亲心焉者,有使民亲之之道也。故其位安而民往之。故曰:"未之见而亲焉,可以往矣。"

[注释]

[1]以下几句是说:明君人没见面,就有亲近之心,是因为他有使人亲近的治世之道。所以地位安定,而民众来归。所以说:"未之见而亲焉,可以往矣(没见而亲可来奔)。"

尧舜[1]，古之明主也。天下推之而不倦，誉之而不厌，久远而不忘者，有使民不忘之道也。故其位安而民来之。故曰："久而不忘焉，可以来矣。"

[注释]

[1]以下几句是说：尧、舜是古代明主。天下人推崇他不厌倦，赞誉他不厌倦，历时久远而不忘，是因为他有使人民怀念不忘的治世之道。所以地位安定，而民众都来归。所以说："久而不忘焉，可以来矣（久仰之君可来奔）。"

日月[1]，昭察万物者也。天多云气，蔽盖者众，则日月不明。人主，犹日月也，群臣多奸立私，以拥蔽主，则主不得昭察其臣下，臣下之情不得上通。故奸邪日多，而人主愈蔽。故曰："日月不明，天不易也。"

[注释]

[1]以下几句是说：日月照亮万物，天空多云气，掩盖云层多，则日月不明亮。人君如日月，群臣多奸邪，树立私党，蒙蔽君主，君主不能明察臣下，下情不能上达。所以奸邪愈多，君主愈受蒙蔽。所以说："日月不明，天不易也（日月不明云气掩）。"

山[1],物之高者也。地险秽不平易,则山不得见。人主犹山也,左右朋党比周以壅其主,则主不得见。故曰:"山高而不见,地不易也。"

[注释]

[1] 以下几句是说:山是物中最高,地面险恶不平,则山看不见。人君如山,左右近臣结党营私,蒙蔽君主,君主就看不见。所以说:"山高而不见,地不易也(山高不见地遮掩)。"

人主出言[1],不逆于民心,不悖于理义,其所言足以安天下者也,人唯恐其不复言也。出言而离父子之亲,疏君臣之道,害天下之众,此言之不可复者也,故明主不言也。故曰:"言而不可复者,君不言也。"

[注释]

[1] 以下几句是说:人君讲话不违背民心,不违弃礼义,他的话足以安天下,人唯恐他不再讲。如果讲话使父子不亲,使君臣疏远,伤害天下大众,这是不可以说第二遍的话,明君不讲。所以说:"言而不可复者,君不言也(不可以说第二遍的话君主不说)。"

人主身行方正[1],使人有礼,遇人有信,行发于身而为天下法式者，人唯恐其不复行也。身行不正，使人暴虐，遇人不信，行发于身而为天下笑者，此不可复之行，故明主不行也。故曰："行而不可再者，君不行也。"

[**注释**]

[1] 以下几句是说：人君行事端正，对臣下有礼，跟人相处有信，做事可为天下表率，人唯恐他不再做。如果行事不正，用人暴虐，跟人相处没信用，所行之事天下耻，这是不可以做第二遍的事，明君不做。所以说："行而不可再者，君不行也（不可以做第二遍的事君主不做）。"

言之不可复者[1]，其言不信也。行之不可再者，其行贼暴也。故言而不信则民不附，行而贼暴则天下怨。民不附，天下怨，此灭亡之所从生也，故明主禁之。故曰："凡言之不可复，行之不可再者，有国者之大禁也。"

[**注释**]

[1] 以下几句是说：不能说第二遍的话，这种话没信用。不能做第二遍的事，这种事害人深。出言不信民不归，行事害人天下怨。民不归附天下怨，这是导致灭亡的根源，所以是明君大禁。所以说："凡言之不可复，行之不可再者，有国者之大禁也（凡是

不可以说第二遍的话、不可以做第二遍的事，是国君的大禁）。"

[点评]

篇名"形势解"，是对《形势》的解释说明和发挥。"形"指事物的存在状态，"势"指事物运动发展的趋势、方向、因果性和规律性。本篇广泛列举丰富事例，举一反三，概括哲学原理。如从自然、社会丰富事例，概括本质和现象，同一性和多样性等辩证哲学的范畴和命题，论据充分，有说服力。

全篇充满辩证法宇宙观方法论的理论光辉，论证辩证法两点论和观察思考全面性的原理。如说："明主之官物也，任其所长，不任其所短，故事无不成，而功无不立。"认识到物质利益是决定人心向背的主因。如说："民，利之则来，害之则去。民之从利也，如水之走下，于四方无择也。故欲来民者，先起其利，虽不召而民自至。"有科学历史观的萌芽因素。

虑及个别天才英雄人物必须依靠广大人民群众，集中群众智慧，正确看待个人和群众的关系，有科学世界观、群众观点的萌芽因素。如说："海不辞水，故能成其大。山不辞土石，故能成其高。明主不厌人，故能成其众。""明主之举事也，任圣人之虑，用众人之力，而不自与焉，故事成而福生。"

认知大策略、大计谋对社会发展的巨大能动作用和反作用。如说："明主之虑事也，为天下计者，谓之谶（谋）巨。谶巨则海内被其泽，泽布于天下，后世享其功久远而利愈多。故曰：'谯巨者可与远举。'""举一而为天下长利者，谓之举长。举长则被其利者众，而德义之所见远。故曰：'举长者可远见也。'"蕴含意识能够反作用于存在的能动反映论思想因素。

版法解

版法每句都给解释，一句一文意涵多。大公利人有先例，虞舜周武是楷模。

法者^[1]，法天地之位，象四时之行^[2]，以治天下。四时之行，有寒有暑，圣人法之，故有文有武。天地之位，有前有后，有左有右，圣人法之，以建经纪。春生于左，秋杀于右。夏长于前，冬藏于后。生长之事，文也。收藏之事，武也。是故文事在左，武事在右。圣人法之，以行法令，以治事理。凡法事者，操持不可以不正^[3]。操持不正，则听治不公。听治不公，则治不尽理，事不尽应。治不尽理，则疏远微贱者无所告诉^[4]。事不尽应，则功利不尽举。功利不尽举，则国贫。疏远微贱者无所告诉，则下饶^[5]。故曰："凡将立事，正彼天植。"

[注释]

[1] 以下几句是说：所谓"法"（法则），就是效法天地的方位，模拟四时的运行，以便治理天下。四时的运行，有寒冷，有暑热，圣人效法它，所以有文和武两手。天地的方位，有前后左右，圣人效法它，以建立纲纪。春生在左，秋杀在右。夏长在前，冬藏在后。生长之事是文，收藏之事是武。所以，文事在左，武事在右。圣人效法它，以施行法令，以研治事理。举凡法度的事，把握不能不正。把握不正，则听狱治政不公。听狱治政不公，则治狱不尽合理，行事不尽得当。治狱不尽合理，则疏远微贱者，有苦无处诉。行事不尽得当，则功效利益不能全部实现。功效利益不能全部实现，则国家贫穷。疏远微贱者，有苦无处诉，则会心存侥幸走极端。所以说："凡将立事，正彼天植（凡是君主想做事，第一就是正心志）。" [2]象：效法，模拟。 [3]操持：把握。 [4]謝："诉"的异体字。 [5]饶：同"侥"，侥幸。

天植者[1]，心也[2]。天植正，则不私近亲，不孽疏远[3]。不私近亲，不孽疏远，则无遗利，无隐治。无遗利，无隐治[4]，则事无不举，物无遗者。欲见天心，明以风雨。故曰："风雨无违，远近高下各得其嗣[5]。"

[注释]

[1] 以下几句是说：所谓"天植"，是指心。天生根植的心正

直，则不偏私近亲，不危害疏远。不偏私近亲，不危害疏远，则不流失财利，没有隐藏在心无处诉的冤辞。不流失财利，没有隐藏在心无处诉的冤辞，则做事能成功，财物不流失。欲知天生君主心，风霜雨露可比况。所以说："风雨无违，远近高下，各得其嗣（风雨天时不违背，远近上下都能得到妥善管理）。" [2]心：指君主天生根植的心，借为心志，心意，意志，动机，思想，意识。 [3]孽：危害。 [4]隐治：隐藏在心无处诉的冤辞。治，通"辞"。 [5]嗣：通"司"，主持，掌管。

万物尊天而贵风雨[1]。所以尊天者，为其莫不受命焉也。所以贵风雨者，为其莫不待风而动，待雨而濡也[2]。若使万物释天而更有所受命，释风而更有所仰动，释雨而更有所仰濡，则无为尊天而贵风雨矣。今人君之所尊安者，为其威立而令行也[3]。其所以能立威行令者，为其威利之操[4]，莫不在君也。若使威利之操不专在君，而有所分散，则君日益轻，而威利日衰，侵暴之道也[5]。故曰："三经既饬，君乃有国。"

[注释]

[1]以下几句是说：万物以天为尊，以风雨为贵。之所以以天为尊，因为万物莫不从天受命。之所以以风雨为贵，因为万物莫不待风被吹动，待雨被濡湿。若使万物放弃天，更换其他受命

处，放弃风，仰仗他物来吹动，放弃雨，仰仗他物来濡湿，则无所谓"尊天，而贵风雨"。现在人君之所以位尊身安，因为其权威立，而令能行。其所以能立权威，行命令，是因为其权威利益的把握，莫不在君主之手。若使其权威利益的把握，不专在君主，而有所分散，则君主权威日益轻，而威势财利日益衰，就会走上侵夺暴乱凶险道。所以说："三经既饬，君乃有国（三经既饬办齐备，保有国家不丢失）。" [2]濡：沾湿，滋润。 [3]威：权威，权势。 [4]利：利益，钱财。 [5]侵暴：侵夺暴乱。

乘夏方长[1]，审治刑赏，必明经纪。陈义设法，断事以理。虚气平心，乃去怒喜。若倍法弃令，而行怒喜[2]，祸乱乃生，上位乃殆。故曰："喜无以赏，怒无以杀。喜以赏，怒以杀，怨乃起，令乃废。骤令而不行[3]，民心乃外，外之有徒，祸乃始牙。众之所忿，寡不能图。"

以法治国。

[注释]

[1]以下几句是说：趁夏天白日正长，审慎处理刑罚赏赐。必须严明纲纪，陈设仪法，依理断事。心平气和，消除喜怒。若背弃法令，而依凭喜怒感情行事，会产生祸乱，危及上位。所以说："喜无以赏，怒无以杀。喜以赏，怒以杀，怨乃起，令乃废。骤令而不行，民心乃外，外之有徒，祸乃始牙。众之所忿，寡不能图（不因喜欢给赏赐，不因恼怒动杀机。喜欢就赏怒就杀，民众起怨令乃废。政令多次行不通，民心就会向国外。民心

向外结党徒，祸乃始芽不能治。众之所忿已激起，寡不能图是常事）。" [2]行怒喜：依凭喜怒感情行事。 [3]骤：多次。

冬既闭藏[1]，百事尽止，往事毕登，来事未起。方冬无事，慎观终始，审察事理。事有先易而后难者，有始不足见，而终不可及者。此常利之所以不举，事之所以困者也。事之先易者，人轻行之。人轻行之，则必困难成之事[2]。始不足见者，人轻弃之。人轻弃之，则必失不可及之功。夫数困难成之事，而时失不可及之功，衰耗之道也[3]。是故明君审察事理，慎观终始，为必知其所成，成必知其所用，用必知其所利害。为而不知所成，成而不知所用，用而不知所利害，谓之妄举。妄举者，其事不成，其功不立。故曰："举所美必观其所终，废所恶必计其所穷。"

[注释]

[1]以下几句是说：冬天已经封闭收藏，百事尽都终止，往事都已完毕，来事尚未起始。正值冬季无事，谨慎观察终始，详察事理。有的事情先易后难，有的事情开始没注意，而终了却无法补救。这经常是利益之所以不能实现，而事情之所以困废的原因。有的事情开始容易，人就轻举妄动。人轻举妄动，则必困废

难成之事。有的事情开始没注意,人就轻易放弃。人轻易放弃,则必失无法补救之功。经常困废难成之事,经常丧失无法补救之功,是衰败耗费之道。所以明君详察事理,谨慎观察终始,做事必知其成果,有成果必知其效用,有效用必知其所生利害。做事不知其成果,有成果不知其效用,有效用不知其所生利害,叫作轻举妄动。轻举妄动,其事不成,其功不立。所以说:"举所美必观其所终,废所恶必计其所穷(荐举所美观其终,废其所恶计其穷)。" [2]困:失去。 [3]衰耗:衰败耗费。

凡人君者[1],欲民之有礼义也。夫民无礼义,则上下乱而贵贱争。故曰:"庆勉敦敬以显之,富禄有功以劝之,爵贵有名以休之。"凡人君者,欲众之亲上乡意也[2],欲其从事之胜任也。而众者不爱则不亲,不亲则不明[3],不教顺则不乡意[4]。是故明君兼爱以亲之,明教顺以道之。便其势,利其备,爱其力,而勿夺其时以利之。如此则众亲上乡意,从事胜任矣。故曰:"兼爱无遗,是谓君心。必先顺教,万民乡风。旦暮利之,众乃胜任。"

兼爱是前5世纪墨翟原创的人文思想原理,墨家最高理想,管仲学派在战国中后期明确接受和发挥,并贯彻于治国理政的实践,是墨法互渗互鉴的明证。

[注释]

[1]以下几句是说:凡是人君,都想民众有礼义。民众无礼义,则上下混乱,贵贱相争。所以说:"庆勉敦敬以显之,富禄有功以

劝之，爵贵有名以休之（赏赐敦厚以表彰，富禄有功以勉之。加官进爵以誉之）。"凡是人君，都想民众亲近君主，顺从君意，想让民众做事胜任。而对民众不爱，就不亲，不亲就不信，不教导，就不顺从君意。所以明君普遍施爱以亲近民众，严明教训，以引导民众。要顺应其趋势，便利其器备，爱惜其劳力，不夺其农时以利民。如此，则民众亲近君主，顺从君意，做事胜任。所以说："兼爱无遗，是谓君心。必先顺教，万民乡风。旦暮利之，众乃胜任（兼爱无遗是君心。必先训教以引导，万民趋向好风化。旦暮利之得民心，众乃胜任力竭尽）。" [2] 乡：通"向"，趋向，顺从。　[3] 明：信。　[4] 顺：同"训"。道：同"导"。

治之本二[1]，一曰人，二曰事。人欲必用，事欲必工。人有逆顺，事有称量。人心逆，则人不用。失称量，则事不工[2]。事不工则伤，人不用则怨。故曰："取人以己，成事以质。"成事以质者，用称量也。取人以己者，度恕而行也。度恕者，度之于己也，己之所不安，勿施于人。故曰："审用财，慎施报，察称量。故用财不可以啬，用力不可以苦。用财啬则费[3]，用力苦则劳矣。"奚以知其然也？用力苦则事不工，事不工而数复之，故曰劳矣。用财啬则不当人心，不当人心则怨起。用财而生怨，故曰费。怨起而不复反，众劳而不得息，则必有崩阤堵坏之心[4]。故曰："民不足,令乃辱。民苦殃,令不行。施报不得,祸乃始昌。祸昌而不悟,民乃自图。"

[注释]

[1] 以下几句是说:治国之本有两条,第一是人二是事。人人都想被善用,做事定要工艺精。人有逆顺不相同,事有称量讲分寸。人心逆则人不用,失称量则事不精。事不精就有伤害,人不用则怨恨生。所以说:"取人以己,成事以质。"(取用于人比自己,办事成功讲实际)所谓"成事以质"(办事成功讲实际),就是善用称量讲分寸。所谓"取人以己"(取用于人比自己),就是以"恕"行事。以"恕"行事,就是比照自己,自己所不安于接受的事,不要施加给别人。所以说:"审用财,慎施报,察称量。故用财不可以啬,用力不可以苦。用财啬则拂,用力苦则劳矣(斟酌用财慎施报,明察称量讲分际。所以,君主用财不吝啬,征用民力不可苦。用财吝啬人不顺,用力过苦民劳顿)。"怎么知道是如此:用力过苦事不精,事不精而多返工,所以说劳顿。用财吝啬则不合人心,不合人心则民怨起。因为用财而生怨,所以就叫"有矛盾"。民怨起而不复反,民众劳而不得息,势必产生破坏心。所以说:"民不足,令乃辱。民苦殃,令不行。施报不得,祸乃始昌。祸昌而不悟,民乃自图(民众不足令乃辱,民众苦殃令不行。施予报赏不得当,祸乃始昌乱乃起。灾祸始昌君不寤,民众造反乃自图)。" [2] 工:精。 [3] 费:通"拂",违背,矛盾。 [4] 崩阤(yǐ):塌毁,败坏。堵坏:破坏,败坏。

凡国无法[1],则众不知所为,无度则事无机[2]。有法不正,有度不直,则治辟[3],治辟则国乱。故曰:"正法直度,罪杀不赦,杀僇必信,民畏而惧,武威既明,令不再行。"凡民者,莫不恶罚而畏罪,是以人君严教以示之,明刑罚以致之[4]。故曰:"顿卒怠倦以辱之,罚罪有过以惩之,杀僇犯禁以振之。"

[注释]

[1]以下几句是说:凡是国家没法令,则民众不知如何做事。没有制度,则办事无准则。有法令而不公正,有制度而不明确,则治理不灵。治理不灵,则国家混乱。所以说:"正法直度,罪杀不赦,杀戮必信,民畏而惧,武威既明,令不再行(法律公正制度明,罪杀不赦不宽恕。杀戮必信定执行,民众才会有畏惧。武威既然已严明,法令不必再重复)。"凡是民众,无不厌恶惩罚,而畏惧治罪,所以人君严厉教导以明示,严明刑罚以给予惩治。所以说:"顿卒怠倦以辱之,罚罪有过以惩之,杀僇犯禁以振之(怠倦不勤以困辱,罚罪有过以惩处,杀戮犯禁以震慑)。" [2]机:衡,准则。 [3]辟:通"躄(bì)",两腿瘸。此处指治理不灵。 [4]致:给予。

治国有三器[1],乱国有六攻。明君能胜六攻,而立三器,则国治。不肖之君,不能胜六攻,而立三器,故国不治。三器者何也?曰:号令也,斧钺也,禄赏也。六攻者何也?亲也,贵也,货也,色也,巧佞也,玩好也。三器之用何也?曰:非号令无以使下,非斧钺无以威众,非禄赏无以劝民。

[注释]

[1] 以下几句是说:治理国家有三器,搞乱国家有六攻。圣明君王胜六攻,立三器,则国家安定。不肖之君,不能胜六攻,而立三器,所以国不安定。三器是什么:号令斧钺加禄赏。六攻是什么?亲、贵、货、色、巧佞和玩好。三器作用何在?没号令无法役使臣下,没斧钺无法威慑民众,没禄赏无法劝诱民众。

六攻之败何也[1]?曰:虽不听而可以得存,虽犯禁而可以得免,虽无功而可以得富。夫国有不听而可以得存者,则号令不足以使下。有犯禁而可以得免者,则斧钺不足以畏众。有无功而可以得富者,则禄赏不足以劝民。号令不足以使下,斧钺不足以畏众,禄赏不足以劝民,则人君无以自守也。然则明君奈何?明君不为六者变更号令,不为六者疑错斧钺[2],不为六者益损禄赏。故曰:"植固而不动,奇邪乃恐。奇革邪化,令往民移。"

[注释]

[1]以下几句是说：六攻败处在哪里？答案是：虽然不听可得存，虽然犯禁可得免，虽然无功可得富。国有不听可得存，则号令不足以使下。虽然犯禁可免罪，则斧钺不足以威慑民众。虽然无功可得富，则禄赏不足劝诱民。号令不足以使下，斧钺不足以威慑民众，禄赏不足劝诱民，则人君无法自守位。圣明君王怎么样？圣明君王不为六者变号令，不为六者弃斧钺，不为六者增减禄赏。所以说："植固而不动，奇邪乃恐。奇革邪化，令往民移（君主意志坚不动，异端邪说乃恐惧。改邪归正有变化，令往民移归法制）。" [2]疑：停止。错：通"措"，施行。

凡人君者[1]，覆载万民而兼有之，烛临万族而事使之。是故以天地日月四时为主为质，以治天下。天覆而无外也，其德无所不在。地载而无弃也，安固而不动。故莫不生殖。圣人法之，以覆载万民，故莫不得其职姓[2]。得其职姓，则莫不为用。故曰："法天合德，象地无亲。"日月之明无私，故莫不得光。圣人法之，以烛万民，故能审察，则无遗善，无隐奸。无遗善，无隐奸，则刑赏信必。刑赏信必，则善劝而奸止。故曰："参于日月。"

[注释]

[1]以下几句是说：凡为人君，覆载万民拥有之，烛临万族役

使之。所以以天地日月四季为主宰，为根据，以治理天下。天覆万物无例外，天德无处不存在。地载万物无一弃，安固不动生动植。圣人效法天和地，覆载万民有姓氏。有姓莫不为其用。所以说："法天合德，象地无亲（效法上天遍施德，模仿大地无偏私）。"日月光明无偏私，莫不得光不遗漏。圣人效法照万民，所以精明能审察，不遗善行不隐奸。不遗善行不隐奸，刑赏信必得一贯。刑赏信必得一贯，善行劝勉奸邪止。所以说："参于日月（参于日月照大地）。" [2]职姓：谓以姓作标记。职，志，标记。

四时之行[1]，信必而著明[2]。圣人法之，以事万民[3]，故不失时功。故曰："伍于四时。"凡众者，爱之则亲，利之则至。是故明君设利以致之，明爱以亲之。徒利而不爱，则众至而不亲。徒爱而不利，则众亲而不至。爱施俱行，则说君臣，说朋友，说兄弟，说父子。爱施所设四，固不能守[4]。故曰："四说在爱施[5]。"

[**注释**]

[1]以下几句是说：四季更替有规律，信必著明终如一。圣人效法使万民，不失时功有效益。所以说："伍于四时（不违季节顺四时）。"凡是民众，施之以爱则亲近，给予利益则归附。所以明君设置利益以招徕，彰明爱意表亲近。徒然施利而不爱，则民众归附而不亲。徒然施爱不给利，则民众亲近不归附。施爱给利能俱行，君臣、朋友、兄弟和父子，四者喜悦乐融融。施爱有

以上四者，一定不能吝啬。所以说："四说在爱施（取悦四者在施爱）。" [2]信必：信守如一，必定无疑。 [3]事：使。 [4]固：一定。守：保守，守财，吝啬。 [5]说：通"悦"，取悦。"四"字原脱，据文义补。

凡君所以有众者[1]，爱施之德也。爱有所移，利有所并[2]，则不能尽有。故曰："有众在废私。"爱施之德，虽行而无私，内行不修，则不能朝远方之君。是故正君臣上下之义，饰父子兄弟夫妻之义[3]，饰男女之别，别疏数之差[4]，使君德臣忠，父慈子孝，兄爱弟敬，礼义章明。如此则近者亲之，远者归之。故曰："召远在修近。"

[注释]
[1]以下几句是说：凡是君王有民众，在于施爱之美德。如果爱心有转移，民众利益被兼并，不能尽有失民意。所以说："有众在废私（拥有民众在除私）。"施爱给利之德虽实行而无偏私，内在品行不修，则不能使远方君主来朝见。所以矫正君臣上下之义，整饬父子兄弟夫妻之义，整饬男女之别，区别亲疏的差别，使君行德，臣效忠，父慈爱，子孝顺，兄爱弟，弟敬兄，礼义彰明。如此则近者亲密，远者归附。所以说："召远在修近（招来远人在于治理好近处的人）。" [2]并：兼并，吞并。 [3]饰：通"饬"。 [4]疏数：亲疏。

闭祸在除怨[1]，非有怨乃除之，所事之地常无怨也。凡祸乱之所生，生于怨咎。怨咎所生，生于非理。是以明君之事众也必经，使之必道，施报必当，出言必得，刑罚必理。如此则众无郁怨之心，无憾恨之意，如此则祸乱不生，上位不殆。故曰："闭祸在除怨也。"

[注释]

[1]以下几句是说：所谓"闭祸在除怨"，不是说有了怨，才来清除，而是保持做事之地不生怨。凡祸乱之所生，是生于怨恨。怨恨所生，是生于非理。所以明君管理民众，一定要有原则，役使一定要有道义，施予报赏必须恰当，说话必须得体，刑罚必须合理。如此民众就无积怨之心，无憾恨之意，这样祸乱就不会发生，君位也不会危险。所以说："闭祸在除怨也（避祸在于除怨）。"

凡人君所以尊安者[1]，贤佐也。佐贤则君尊、国安、民治。无佐则君卑、国危、民乱。故曰："备长存乎在贤[2]。"凡人者，莫不欲利而恶害。是故与天下同利者，天下持之；擅天下之利者，天下谋之。天下所谋，虽立必隳[3]。天下所持，虽高不危。故曰："安高在乎同利。"

功利主义的历史观，唯物史观有端倪。

[注释]

[1] 以下几句是说：人君所以能尊安，由于有贤良辅佐。贤良辅佐人君尊，国家安，民得治；无贤佐则人君卑，国家危，民众乱。故曰："备长存乎在贤（选用官员在于察贤）。"凡是人，都是想得到利益，而厌恶危害。所以跟天下同利的人，天下人扶持。独占天下之利益的人，天下谋算。被天下谋算，虽暂时站立，终必毁堕。为天下人所扶持，虽居高位不危险。所以说："安高在乎同利（要安居高位，在于与人同利）。" [2] 备：用。长（zhǎng）：官长。存乎：在于。在：察。 [3] 隳：毁坏。

凡所谓能以所不利利人者[1]，舜是也。舜耕历山，陶河滨，渔雷泽，不取其利，以教百姓，百姓举利之。此所谓能以所不利利人者也。所谓能以所不有予人者，武王是也。武王伐纣，士卒往者，人有书社[2]。入殷之日，决钜桥之粟，散鹿台之钱，殷民大悦。此所谓能以所不有予人者也。

[注释]

[1] 以下几句是说：凡是所谓能把自己所不取的利益而让给他人的是舜。舜在历山耕种，在河滨制陶，在雷泽打鱼，不取其利，以教百姓，百姓都得利。这就是所谓能把自己所不取的利益让给他人。凡是所谓能把自己所没占有的给予他人的是武王。武王伐纣，士卒从征的，人人都能得到劳力和土地。攻入商朝那天，武

王打开钜桥粮仓，散发鹿台金钱，商民大为喜悦。这就是所谓能把自己所没占有的给予他人。　[2]书社：古代二十五家立社，将社内人名登记入册，称"书社"。此指登记入册的人口和土地。

桓公谓管子曰[1]："今子教寡人法天合德[2]，合德长久。合德而兼覆之，则万物受命。象地无亲，无亲安固。无亲而兼载之，则诸生皆殖。参于日月，无私葆光。无私而兼照之，则美恶不隐。然则君子之为身，无好无恶，然已乎？"管子对曰："不然。夫学者所以自化，所以自抚。故君子恶称人之恶，恶不忠而怨妒，恶不公议而名当称[3]，恶不位下而位上，恶不亲外而内放。此五者，君子之所恐行，而小人之所以灭，况人君乎？"

[注释]
[1]以下几句是说：齐桓公对管子说："现在您教我取法上天，与天同德，同德才能长久。同德而覆盖万物，万物便接受指命。仿效大地无私亲，无私亲则安稳牢固。无私亲而兼载万物，则各种生命都繁殖。参于日月无私照，无私兼照不隐恶。既然如此，那么君子之为身，无好无恶，对吗？"管子回答说："不然。学习要能自己教化自己，自己抚育自己。所以君子厌恶讲述别人的缺点，厌恶不忠而怨恨妒忌，厌恶没有公正的义理而名声传扬，厌

恶不愿居下而要居上，亲近关系远的人而内部却放任自流。君子恐行这五点，小人放纵徒自灭。况乎人君例外乎？"［2］合德：同德。合，相同，一致。　［3］公议：同"公义"，公正的义理。

[点评]

《版法解》对《版法》每句话都有一篇短文，说明发挥其意涵。如《版法解》对《版法》最后一句话"安高在乎同利"发挥说："凡人者，莫不欲利而恶害。是故与天下同利者，天下持之；擅天下之利者，天下谋之。天下所谋，虽立必隳。天下所持，虽高不危。故曰：'安高在乎同利。'"

其中第一句"凡人者，莫不欲利而恶害"，是对人类本性这一抽象哲学问题，做出心性论（人性论，人性本质论，历史观的哲学基础）的概括。认为人的本性是趋利避害，把功利主义作为人性论的哲学基础。

接着发挥"与天下同利"这一跟墨子"兼爱交利"同质的天下公利的世界观，说明"与天下同利"的效果："与天下同利"，则天下拥戴，事成功立。反之，必招致天下算计，最终失败。《版法解》对《版法》的说明和发挥，新意迭出，境界非凡。

《版法解》后面，一反前面句解《版法》的写作体例，列举分析"舜耕历山"和"武王伐纣"两个典型事例，用分析典型的科学归纳法，论证"能以所不利利人"和"能以所不有予人"的功利主义政治伦理观，包含大公无私，毫不利己、专门利人的道德理想和伦理样板。

明法解

明主者^[1]，有术数而不可欺也，审于法禁而不可犯也，察于分职而不可乱也。故群臣不敢行其私，贵臣不得蔽贱，近者不得塞远，孤寡老弱不失其所职^[2]，竟内明辨而不相逾越^[3]。此之谓治国。故《明法》曰："所谓治国者，主道明也。"

明法一篇需要解释，一句一解讲法理。法者天下之程式，为万事仪表提供理据。

[注释]

[1] 以下几句是说：试问什么叫明主？明主有术不可欺，明审法禁不可犯，察于分职不可乱。群臣不敢行其私，贵臣不得压制贱，近者不得阻碍远，孤寡老弱常供养，不相逾越等次辨。这样叫作国家治。所以《明法》说："所谓治国者，主道明也（治国要求君道明）。" [2] 不失其所职：不失其经常供养。《尔雅》："职：常也。" [3] 竟内明辨而不相逾越：国内尊卑等级明确辨别，不互

相逾越，超过等级。

明法者[1]，上之所以一民使下也。私术者，下之所以侵上乱主也。故法废而私行，则人主孤特而独立，人臣群党而成朋。如此则主弱而臣强，此之谓乱国。故《明法》曰："所谓乱国者，臣术胜也。"

[注释]

[1] 以下几句是说：明法作用是什么，上之一民而使下。私术危害是什么，下之侵上乱君主。法度废而私术行，人主孤特而独立，人臣群党而成朋。君主削弱贼臣强，这样叫作国家乱。所以《明法》说："所谓乱国者，臣术胜也（国家混乱臣术胜）。"明法，明确的法律，跟"私术"对立。

明主在上位[1]，有必治之势，则群臣不敢为非。是故群臣之不敢欺主者，非爱主也，以畏主之威势也。百姓之争用，非以爱主也，以畏主之法令也。故明主操必胜之数，以治必用之民。处必尊之势，以制必服之臣。故令行禁止，主尊而臣卑。故《明法》曰："尊君卑臣，非亲也，以势胜也。"

[注释]

[1] 以下几句是说:明主在上势必治,群臣不敢生是非。群臣不敢欺君主,不是出于爱君主,是因畏惧主威势。百姓之所争为用,不是出于爱君主,是因畏惧主法令。必胜之数明主操,必用之民得治理。明主处于必尊势,必服之臣被控制。君主令行则禁止,君主尊贵而臣卑。所以《明法》说:"尊君卑臣,非亲也,以势胜也(尊君卑臣不为亲,而是君主威势胜)。"

明主之治也[1],县爵禄以劝其民[2],民有利于上,故主有以使之。立刑罚以威其下,下有畏于上,故主有以牧之。故无爵禄,则主无以劝民。无刑罚,则主无以威众。故人臣之行理奉命者,非以爱主也,且以就利而避害也。百官之奉法无奸者,非以爱主也,欲以爱爵禄而避罚也。故《明法》曰:"百官论职,非惠也,刑罚必也。"

[注释]

[1] 以下几句是说:明主之治有法术,高悬爵禄以劝民,民见有利被役使。设立刑罚以威下,下畏于上被统治。无爵禄无以劝民,无刑罚无以威众。人臣行理奉君命,目的不是爱君主,而是就利以避害。百官奉法无奸邪,目的不是爱君主,因爱爵禄而避罚。所以《明法》说:"百官论职,非惠也,刑罚必也(百官尽职非恩惠,而是由于刑罚逼)。" [2] 县:同"悬"。

人主者[1]，擅生杀，处威势，操令行禁止之柄，以御其群臣，此主道也。人臣者，处卑贱，奉主令，守本任，治分职，此臣道也。故主行臣道则乱，臣行主道则危。故上下无分，君臣共道，乱之本也。故《明法》曰："君臣共道则乱。"

[注释]

[1] 以下几句是说：试问主道是什么：专擅生杀处威势，令行禁止权柄操，君操权柄御群臣。试问臣道是什么：身处卑贱奉主令，坚守本任治分职。主行臣道则国乱，臣行主道则国危。上下无分等次乱，君臣混淆乱之本。所以《明法》说："君臣共道则乱（君臣混淆则国乱）。"

人臣之所以畏恐而谨事主者[1]，以欲生而恶死也。使人不欲生，不恶死，则不可得而制也。夫生杀之柄，专在大臣，而主不危者，未尝有也。故治乱不以法断，而决于重臣。生杀之柄不制于主，而在群下，此寄生之主也。故人主专以其威势予人，则必有劫杀之患。专以其法制予人，则必有乱亡之祸。如此者，亡主之道也。故《明法》曰："专授则失。"

[注释]

[1] 以下几句是说：人臣畏恐谨事主，是因欲生而恶死。假如人类不如此（欲生恶死），人类不可得而制。生杀权柄专大臣，主上不危未曾有。治乱不以法度断，决于重臣说了算。君主不操生杀柄，生杀权柄在群下，君主成了寄生主。人主威势给予人，必有劫杀之祸患。专以法制给予人，国家必有乱亡祸。这是亡主走邪路。所以《明法》说："专授则失（君权送人则失国）。"

凡为主而不得行其令[1]，废法而恣群臣，威严已废，权势已夺，令不得出，群臣弗为用，百姓弗为使，竟内之众不制，则国非其国，而民非其民。如此者，灭主之道也。故《明法》曰："令不出谓之灭。"

[注释]

[1] 以下几句是说：君主不得行其令，废弃法度恣群臣，威严已废权势夺，政策法令发不出，群臣阁僚不为用，人民百姓不为使，境内之众不控制，国非其国民非民。这是灭主走邪路。所以《明法》说："令不出谓之灭（令发不出叫作灭）。"

明主之道[1]，卑贱不待尊贵而见，大臣不因左右而进。百官条通[2]，群臣显见。有罚者主见其罪，有赏者主知其功。见知不悖，赏罚不差。

有不蔽之术，故无壅遏之患。乱主则不然，法令不得至于民，疏远鬲闭而不得闻。如此者，壅遏之道也。故《明法》曰："令出而留谓之壅。"

[注释]

[1]以下几句是说：明主治国有道术，君见卑贱很容易，不待尊贵来引见。大臣进用很顺利，不靠左右来推荐。百官联系条条通，群臣功过显易见。有罚者主见其罪，有赏者主知其功。见闻认知不悖谬，赏罚不差都恰当。君有道术防壅蔽，壅塞之患能防止。乱国君主则不然：法令不得至于民，疏远隔闭不得闻。这是壅塞走邪路。所以《明法》说："令出而留谓之壅（令出道留叫作壅）。" [2]条通：畅达。

人臣之所以乘而为奸者[1]，擅主也。臣有擅主者，则主令不得行，而下情不上通。人臣之力，能鬲君臣之间，而使美恶之情不扬闻，祸福之事不通彻，人主迷惑而无从悟。如此者，塞主之道也。故《明法》曰："下情不上通谓之塞。"

[注释]

[1]以下几句是说：若有人臣专君权，就会弄权而为奸。若有人臣揽君权，君主命令不得行，下情上通不可能。奸臣隔于君臣间，美恶之情不扬闻，祸福之事不通彻，人主迷惑无从悟，这是塞主走邪路。所以《明法》说："下情不上通谓之塞（下情不通叫作塞）。"

明主者[1]，兼听独断，多其门户。群臣之道，下得明上，贱得言贵，故奸人不敢欺。乱主则不然，听无术数，断事不以参伍[2]。故无能之士上通，邪枉之臣专国，主明蔽而聪塞，忠臣之欲谋谏者不得进。如此者，侵主之道也。故《明法》曰："下情上而道止，谓之侵。"

[注释]

[1]以下几句是说：圣明君主有道术：兼听独断多门户，群臣之道有新风，下级可以说上级，贱人可以说贵人，所以奸人不敢欺。乱国君主则不然：听话没有好方法，断事不能参伍比。无能之士能上通，邪枉之臣能专国，君主明蔽而聪塞，忠臣欲谏不得进。这是侵主走邪路。所以《明法》说："下情上而道止，谓之侵（下情道止叫作侵）。" [2]参伍：比较参考。交互错杂，比较验证。

人主之治国也[1]，莫不有法令赏罚。是故其法令明，而赏罚之所立者当，则主尊显而奸不生。其法令逆，而赏罚之所立者不当，则群臣立私而雍塞之，朋党而劫杀之。故《明法》曰："灭塞侵雍之所生，从法之不立也。"

[注释]

[1]以下几句是说：人主治国靠什么，都有法令和赏罚。法令

分明赏罚当，则主尊显奸不生。赏罚不当法令逆，群臣立私而壅塞，奸臣朋党而劫杀。所以《明法》说："灭塞侵雍之所生，从法之不立也（灭塞侵雍之所生，法度未立所造成）。"

法度者[1]，主之所以制天下而禁奸邪也，所以牧领海内而奉宗庙也。私意者，所以生乱长奸而害公正也，所以雍蔽失正而危亡也。故法度行则国治，私意行则国乱。明主虽心之所爱，而无功者不赏也。虽心之所憎，而无罪者弗罚也。案法式而验得失，非法度不留意焉。故《明法》曰："先王之治国也，不淫意于法之外。"

讲以法治国的权威性。

[**注释**]

[1] 以下几句是说：试问法度是什么：控制天下禁奸邪，统治海内奉宗庙。试问私意是什么：生乱长奸害公正，雍蔽失正而危亡。法度得行则国治，私意得行则国乱。心爱无功不能赏，心憎无罪不能罚。按照法度验得失，无关法度不留意。所以《明法》说："先王之治国也，不淫意于法之外（先王治国有道术：不在法外留心意）。"

明主之治国也[1]，案其当宜，行其正理。故其当赏者，群臣不得辞也。其当罚者，群臣不敢避也。夫赏功诛罪，所以为天下致利除害也。草茅弗去，则害禾谷。盗贼弗诛，则伤良民。夫舍公法而行私惠，则是利奸邪而长暴乱也。行私惠而赏无功，则是使民偷幸而望于上也。行私惠而赦有罪，则是使民轻上而易为非也。夫舍公法，用私惠，明主不为也。故《明法》曰："不为惠于法之内。"

[注释]

[1]以下几句是说：话说明主怎治国，根据适当的原则，执行正确的道理。当赏群臣不得辞，当罚群臣不敢避。赏功罚罪为什么：兴利除害为天下。草茅不除害禾谷，盗贼不诛伤良民。舍弃公法行私惠，利奸邪而长暴乱。行私惠而赏无功，使民偷幸望于上。行私惠而赦有罪，使民轻上易为非。舍弃公法用私惠，圣明君主决不为。所以《明法》说："不为惠于法之内（不在法内行小惠）。"

凡人主莫不欲其民之用也[1]。使民用者，必法立而令行也。故治国使众莫如法，禁淫止暴莫如刑。故贫者非不欲夺富者财也，然而不敢者，法不使也。强者非不能暴弱也，然而不敢者，畏法诛也。故百官之事，案之以法，则奸不生。暴慢之人，诛之以刑，则祸不起。群臣并进，笑之以数,则私无所立。故《明法》曰:"动无非法者,所以禁过而外私也。"

[注释]

[1] 以下几句是说:人主都想用其民,法度建立而令行,民众才能被使用。治国使众莫如法,禁淫止暴莫如刑。贫者欲夺富者财,然而不敢惧犯法。强者能够暴夺弱,然而不敢畏法诛。百官之事案以法,奸邪就不会产生。暴慢之人诛以刑,祸乱之事不兴起。群臣并进按法制,私术邪行无以立。所以《明法》说:"动无非法者,所以禁过而外私也(行动不能违反法,禁止过失除私心)。"

人主之所以制臣下者[1],威势也。故威势在下,则主制于臣,威势在上,则臣制于主。夫蔽主者,非塞其门,守其户也,然而令不行,禁不止,所欲不得者,失其威势也。故威势独在于主,则群臣畏敬。法政独出于主,则天下服德。故威势分于臣则令不行,法政出于臣则民不听。故明主之治天下也,威势独在于主,而不与臣共,法政独制于主,而不从臣出。故《明法》曰:"威不两错,政不二门。"

[注释]

[1] 以下几句是说:人主制臣靠什么:人主制臣靠威势。威势

在下臣制主,威势在上主制臣。若是君主失威势,令不行而禁不止,所欲不得憎屡至,并非塞门守其户,贼臣也能蒙君主。君主独立保威势,群臣畏敬不侵主。法政单独出于主,天下服德而听从。威势给臣令不行,法政出民不听。所以明主治天下,威势单独在于主,威势不与臣共有,法政单独制于主,不从臣出民听从。所以《明法》说:"威不两错,政不二门(臣行君威叫两置,政令不从二门出)。"

明主者[1],一度量,立表仪,而坚守之,故令下而民从。法者,天下之程式也,万事之仪表也。吏者,民之所悬命也。故明主之治也,当于法者赏之,违于法者诛之。故以法诛罪,则民就死而不怨。以法量功,则民受赏而无德也。此以法举错之功也。故《明法》曰:"以法治国,则举错而已。"

天下程式,万事仪表。以法治国,举措守法。

[注释]

[1]以下几句是说:圣明君主有道术:统一度量立仪则,坚守法制令天下,命令发布而民从。法是天下的程式,法是万事的仪则,官是民之所悬命。所以明主治天下,合乎法度给奖赏,违反法度受诛罚。按照法律诛有罪,民就死而不埋怨。按照法律量功劳,则民受赏不感恩,依法办事有丰功。所以《明法》说:"以法治国,则举错而已(以法治国是何意:一切都按法运作)。"

明主者[1]，有法度之制，故群臣皆出于方正之治，而不敢为奸。百姓知主之从事于法也，故吏之所使者，有法则民从之，无法则止。民以法与吏相距，下以法与上从事。故诈伪之人不得欺其主，嫉妒之人不得用其贼心，谗谀之人不得施其巧，千里之外不敢擅为非。故《明法》曰："有法度之制者，不可巧以诈伪。"

[注释]

[1] 以下几句是说：明主用法来控制，群臣治理皆方正，不敢为非行奸邪。百姓知主从事法，所以遇有吏所使，符合法律则民从，违反法律则民止。民众按法论官吏，按法与上办实事。诈伪不得欺其主，嫉妒不得用贼心，谗谀不得施其巧，千里不敢擅为非。所以《明法》说："有法度之制者，不可巧以诈伪（苟有法度来裁断，不可取巧搞欺诈）。"

依法办事如权衡。

权衡者[1]，所以起轻重之数也。然而人不事者，非心恶利也，权不能为之多少其数，而衡不能为之轻重其量也。人知事权衡之无益，故不事也。故明主在上位，则官不得枉法，吏不得为私。民知事吏之无益，故财货不行于吏。权衡平正而待物，故奸诈之人不得行其私。故《明法》曰：

"有权衡之称者,不可欺以轻重。"

[注释]

[1] 以下几句是说:权衡作用是什么,用来计算轻重数。权衡不被人侍奉,不是人心恶得利,是权不能创造数,衡也不能创造重。侍奉权衡知无益,权衡不被人侍奉。明主在上大有益,官僚不得歪曲法,府吏不得行其私。民知事吏之无益,不用财货去行贿,权衡平正而待物,奸诈不得行其私。所以《明法》说:"有权衡之称者,不可欺以轻重(苟有权衡来称量,不可缺斤而少两)。"

尺寸寻丈者[1],所以得长短之情也。故以尺寸量短长,则万举而万不失矣。是故尺寸之度,虽富贵众强,不为益长,虽贫贱卑辱,不为损短。公平而无所偏,故奸诈之人不能误也。故《明法》曰:"有寻丈之数者,不可差以长短。"

依法办事如丈量。

[注释]

[1] 以下几句是说:尺寸寻丈有何用,精确衡量长短数。苟用尺寸量短长,万次量度万无失。苟用尺寸量短长,富贵众强不增长,贫贱卑辱不减短。尺寸公平而无偏,奸诈之人不能骗。所以《明法》说:"有寻丈之数者,不可差以长短(苟有寻丈精计数,不可差尺而短寸)。"

国之所以乱者[1],废事情而任非誉也。故明主之听也，言者责之以其实，誉人者试之以其官。言而无实者诛，吏而乱官者诛，是故虚言不敢进，不肖者不敢受官。乱主则不然，听言而不督其实，故群臣以虚誉进其党；任官而不责其功，故愚污之吏在庭。如此则群臣相推以美名，相假以功伐，务多其交，而不为主用。故《明法》曰："主释法以誉进能，则臣离上而下比周矣。以党举官，则民务交而不求用矣。"

[注释]

[1] 以下几句是说：试问国家何以乱，废实情而用虚名。圣明君主之听言，言者求真而务实，赞誉试之以官职。言而无实受诛罚，吏而乱官受诛罚。虚言空说不敢进，不肖不敢受官职。乱国君主则不然：听言而不察其实，群臣虚誉进其党。任官而不责其功，愚污之吏在朝廷。群臣相推以美名，互相假借自夸功，务多其交结死党，偏偏不为君主用。所以《明法》说："主释法以誉进能，则臣离上而下比周矣。以党举官，则民务交而不求用矣（放弃法度用虚名，臣下离上下结党。苟信朋党而任官，民务结交不求功）。"

乱主不察臣之功劳[1]，誉众者则赏之。不审其罪过，毁众者则罚之。如此者，则邪臣无功而得赏，忠正无罪而有罚。故功多而无赏，则臣不务尽力；行正而有罚，则贤圣无从竭能。行货财而得爵禄，则污辱之人在官。寄托之人不肖而位尊[2]，则民倍公法而趋有势。如此，则悫愿之人失其职[3]，而廉洁之吏失其治。故《明法》曰："官之失其治也，是主以誉为赏，而以毁为罚也。"

[注释]

[1]以下几句是说：乱主执政有悖谬，臣之功劳不明察，夸誉人多就行赏。臣下罪错不详察，诽谤人多就处罚。邪臣无功而得赏，忠正无罪而有罚。劳苦功高而无赏，臣下不会尽全力。行为正直而有罚，贤圣无从竭其能。行贿赂而得爵禄，恶浊之人进官府。不肖之人处尊位，民背公法趋有势。善良之人失其职，廉洁之吏失其治。所以《明法》说："官之失其治也，是主以誉为赏，而以毁为罚也（官之失治是何因：君按虚名给赏赐，根据诽谤给惩罚）。" [2]寄托：委托，托付，委任。 [3]悫（què）愿：谨慎老实，善良诚实。《八观》："故形势不得为非，则奸邪之人悫愿。"

平吏之治官也[1]，行法而无私，则奸臣不得其利焉。此奸臣之所务伤也，人主不参验其罪过，以无实之言诛之，则人臣不能无事贵重而求推誉，以避刑罚而受禄赏焉。故《明法》曰："喜赏恶罚之人，离公道而行私术矣。"

[注释]

[1] 以下几句是说：官吏行法而无私，奸臣不能得到利。奸臣诬陷好官吏，人主不能辨诬陷，以言无实而诛罚，人臣无奈事权贵，以求推誉博虚名，以避刑罚受禄赏。所以《明法》说："喜赏恶罚之人，离公道而行私术矣（喜赏恶罚不肖徒，背离公道行私术）。"

讲量变积累，终成质变的辩证规律。

奸臣之败其主也[1]，积渐积微，使主迷惑而不自知也。上则相为候望于主[2]，下则买誉于民。誉其党而使主尊之，毁不誉者而使主废之。其所利害者，主听而行之。如此，则群臣皆忘主而趋私交矣。故《明法》曰："比周以相为慝，是忘主死交，以进其誉。"

[注释]

[1] 以下几句是说：奸臣败坏其君主，积渐积微积量变，使主迷惑不自知，在上互相窥伺君，在下买誉于其民。誉其党与使主尊，毁不誉者使主废。其所利害主听行，群臣忘主趋私交。所以《明法》说："比周以相为慝，是忘主死交，以进其誉（结党营私共为奸，遗忘君主结死党，借以增加其声誉）。" [2] 候望：伺望，侦察，窥伺。

主无术数[1]，则群臣易欺之。国无明法，则百姓轻为非。是故奸邪之人用国事，则群臣仰利害也。如此，则奸人为之视听者多矣。虽有不义，主无从知之。故《明法》曰："交众誉多，外内朋党，虽有大奸，其蔽主多矣。"

[注释]

[1] 以下几句是说：君无谋略群臣欺，国无明法民为非，奸邪之人用国事，群臣欲利仰奸邪，奸人耳目视听多，虽有不义主不知。所以《明法》说："交众誉多，外内朋党，虽有大奸，其蔽主多矣（结交甚众赞誉多，朝廷内外成朋党，必有大奸骗君主）。"

凡所谓忠臣者[1]，务明法术，日夜佐主，明于度数之理以治天下者也。奸邪之臣知法术明之必治也，治则奸臣困而法术之士显。是故邪之所务事者，使法无明，主无悟，而己得所欲也。故方正之臣得用，则奸邪之臣困伤矣，是方正之与奸邪不两进之势也。奸邪在主之侧者，不能勿恶也。唯恶之，则必候主间而日夜危之。人主不察而用其言，则忠臣无罪而困死，奸臣无功而富贵。故《明法》曰："忠臣死于非罪，而邪臣起于非功。"

[注释]

[1] 以下几句是说：所谓忠臣意为何，务明法术治奸邪，日夜

佐主明道理，明于度数治天下。奸邪之臣也知道：法术明则奸必治，奸必治则奸臣困，法术之士得显荣。是故邪之所务事：务使法度不修明，君主暗昧不觉悟，自己贼心得所欲。方正之臣得进用，奸邪之臣则困伤。方正奸邪不两立，势不两立必相斗。奸邪在主之身侧，必然憎恶害忠臣。奸臣时刻窥伺君，乘机离间害忠臣。人主不察信谗言，忠臣无罪而困死，奸臣无功而富贵。所以《明法》说："忠臣死于非罪，而邪臣起于非功（忠臣无罪遭冤死，邪臣无功而发迹）。"

富贵尊显[1]，久有天下，人主莫不欲也。令行禁止，海内无敌，人主莫不欲也。蔽欺侵凌，人主莫不恶也。失天下，灭宗庙，人主莫不恶也。忠臣之欲明法术，以致主之所欲，而除主之所恶者。奸臣之擅主者，有以私危之，则忠臣无从进其公正之数矣。故《明法》曰："所死者非罪，所起者非功，然则为人臣者重私而轻公矣。"

[注释]
[1]以下几句是说：人主所欲是什么，富贵尊显有天下，令行禁止无人敌。人主所恶是什么：蒙蔽欺骗务侵凌，天下丧失宗庙灭。忠臣所欲是什么：修明法术明法度，致君所欲除君恶。奸臣所欲是什么：专擅君权以私危，忠臣无从行公正。所以《明法》说："所死者非罪，所起者非功，然则为人臣者重私而轻公矣（所死非罪起非功，人臣重私而轻公）。"

乱主之行爵禄也[1]，不以法令案功劳。其行刑罚也，不以法令案罪过。而听重臣之所言。故臣有所欲赏，主为赏之。臣欲有所罚，主为罚之。废其公法，专听重臣。如此，故群臣皆务其党，重臣而忘其主，趋重臣之门而不庭。故《明法》曰："十至于私人之门，不一至于庭。"

[注释]
[1] 以下几句是说：乱国之主行爵禄，不按法度查功劳。乱国之主处刑罚，不按法度查罪过。偏听偏信重臣言，重臣要想重赏谁，君主立刻就重赏。重臣要想重罚谁，君主立刻就重罚。废其公法无法度，专听重臣坏意图。群臣皆务其私党，重臣遗忘其君主。群臣务趋重臣门，群臣无意到朝廷。所以《明法》说："十至于私人之门，不一至于庭（十次奔走私家门，一次不愿到朝廷）。"

明主之治也[1]，明于分职而督其成事。胜其任者处官，不胜其任者废免。故群臣皆竭能尽力以治其事。乱主则不然。故群臣处官位，受厚禄，莫务治国者，期于管国之重而擅其利，牧渔其民以富其家。故《明法》曰："百虑其家，不一图其国。"

[注释]

[1] 以下几句是说：明主怎样治臣下，明于分职督成事，胜其任者处官位，不胜其任遭废免，群臣皆竭能尽力，以治其事尽分职。乱国之主则不然：群臣皆处其官位，莫务治国受厚禄，期望掌握国之重，专擅其利以自肥，鱼肉其民独富家。所以《明法》说："百虑其家，不一图其国（百般考虑其私家，一次不图报国家）。"

明主在上位[1]，则竟内之众尽力以奉其主，百官分职致治以安国家。乱主则不然。虽有勇力之士，大臣私之，而非以奉其主也。虽有圣智之士，大臣私之，非以治其国也。故属数虽众，不得进也；百官虽具，不得制也。如此者，有人主之名而无其实；故《明法》曰："属数虽众，非以尊君也。百官虽具，非以任国也。此之谓国无人。"

[注释]

[1] 以下几句是说：假如明主在上位，众人尽力以奉主，百官尽职安国家。乱国之主则不然：虽有勇力大臣私，勇力之士非奉主。虽有圣智大臣私，圣智之士非治国。部属虽众不得进，百官虽具不得制。人主有名而无实。所以《明法》说："属数虽众，非以尊君也。百官虽具，非以任国也。此之谓国无人（部属虽众非尊君，百官虽具非任国，这就叫作国无人）。"

明主者[1]，使下尽力而守法分，故群臣务尊主，而不敢顾其家。臣主之分明，上下之位审，故大臣各处其位，而不敢相贵。乱主则不然，法制废而不行，故群臣得务益其家。君臣无分，上下无别，故群臣得务相贵。如此者，非朝臣少也，众不为用也。故《明法》曰："国无人者，非朝臣衰也，家与家务相益，不务尊君也。大臣务相贵，而不任国也。"

尽力守法，躬行法制。

[注释]

[1]以下几句是说：明主治世怎么样：使下尽力守法分，群臣尊主不顾家。君主臣下界限明，上下地位要审察，大臣各自处其位，不敢相贵互吹捧。乱国之主则不然：法制废弃而不行，群臣得务益其家。君主臣下无界限，上级下级无分别，群臣相贵互吹捧。并非朝臣数量少，朝臣虽众不为用。所以《明法》说："国无人者，非朝臣衰也，家与家务相益，不务尊君也。大臣务相贵，而不任国也（这里所说国无人，不是朝廷无大臣。私家之间力相助，不务尊君目无君。大臣务求相抬举，不肯为国多费心）。"

人主之张官置吏也[1]，非徒尊其身，厚奉之而已也。使之奉主之法，行主之令，以治百姓而诛盗贼也。是故其所任官者大，则爵尊而禄厚。

其所任官者小，则爵卑而禄薄。爵禄者，人主之所以使吏治官也。乱主之治也，处尊位，受厚禄，养所与交，而不以官为务。如此者，则官失其能矣。故《明法》曰："小臣持禄养交，不以官为事，故官失职。"

[注释]

[1] 以下几句是说：人主设官置百吏，非为尊身而厚禄，使之尊奉君主法，使之躬行君主令，治理百姓诛盗贼。因此所任官位高，则爵位尊而俸禄厚。所任官位低，则爵位卑而俸禄薄。使吏治官靠爵禄。乱国之主治官吏：身处尊位受厚禄，培植党羽结私交，不以官职为本务，官失其能失其职。所以《明法》说："小臣持禄养交，不以官为事，故官失职（利用俸禄行私交，不以官职为正事，官事不办失其职）。"

法家用人，着重效验，听其言而察其实。

明主之择贤人也[1]，言勇者试之以军，言智者试之以官。试于军而有功者则举之，试于官而事治者则用之。故以战功之事定勇怯，以官职之治定愚智。故勇怯愚智之见也，如白黑之分。乱主则不然。听言而不试，故妄言者得用。任人而不言，故不肖者不困。故明主以法案其言而求其实，以官任其身而课其功。专任法,不自举焉。故《明法》曰:"先王之治国也,使法择人,不自举也。"

[注释]

[1] 以下几句是说:明主怎样择贤人:说勇敢试之以军,说智慧试之以官。试军有功则举荐,试官事治则举用。战斗功绩定勇怯,官职治理定愚智。勇怯愚智立刻显,犹如白黑判分明。乱国之主则不然:听人言说不试验,言语虚妄得进用。任用人才不言事,不肖进用不困难。明主以法案其言,言论必将求其实。以官任身课其功,专任法度不自举。所以《明法》说:"先王之治国也,使法择人,不自举也(先王治国则不然,用法选人不自举)。"

凡所谓功者[1],安主上,利万民者也。夫破军杀将,战胜攻取,使主无危亡之忧,而百姓无死虏之患,此军士之所以为功者也。奉主法,治竟内,使强不凌弱,众不暴寡,万民欢尽其力,而奉养其主,此吏之所以为功也。匡主之过,救主之失,明理义以道其主,主无邪僻之行,蔽欺之患,此臣之所以为功也。故明主之治也,明分职而课功劳,有功者赏,乱治者诛,诛赏之所加,各得其宜,而主不自与焉。故《明法》曰:"使法量功,不自度也。"

法家用人,着重功效,根据法度量功劳。

[注释]

[1] 以下几句是说:安主利民谓之功。军士之功是什么:破军杀将战能胜,使主无危亡之忧,百姓无死虏之患。百吏之功是什么:奉行主法治境内,强者不能凌弱小,人众不能欺人少,万民欢欣尽其力,奉养其主各尽能。大臣之功是什么:匡主之过救主失,昌明理义导其主,君主尽无邪僻行,蔽欺之患无以生。明主之治有法术:明辨分职课功劳,有功者赏乱者诛,诛赏所加各得宜,君主不用自干预。所以《明法》说:"使法量功,不自度也(根据法度量功劳,不可私自来度量。)。"

法家用人,着重功过,分清是非察实情。

明主之治也[1],审是非,察事情,以度量案之。合于法则行,不合于法则止。功充其言则赏,不充其言则诛。故言智能者,必有见功而后举之。言恶败者,必有见过而后废之。如此,则士上通而莫之能妒,不肖者困废而莫之能举。故《明法》曰:"能不可蔽,而败不可饰也。"

[注释]

[1] 以下几句是说:明君治国有法术:分清是非察实情,万事都用法衡量。合于法度则实行,不合法度则制止。言功相符则赏赐,言不当功则诛罚。说智说能必见功,言功相符而后举。说恶说败必见过,真恶真败而后废。士人提拔无人妒,不肖困废莫能举。所以《明法》说:"能不可蔽,而败不可饰也(贤能不能被掩蔽,败类不能自粉饰)。"

明主之道[1]，立民所欲以求其功，故为爵禄以劝之。立民所恶以禁其邪，故为刑罚以畏之。故案其功而行赏，案其罪而行罚。如此，则群臣之举无功者，不敢进也；毁无罪者，不能退也。故《明法》曰："誉者不能进，而诽者不能退也。"

[注释]

[1] 以下几句是说：明主治国有道术：立民所欲求其功，故为爵禄以劝之。立民所恶禁其邪，故为刑罚以畏之。查案其功而行赏，查案其罪而行罚。荐举无功不敢进，诽谤无罪不能退。所以《明法》说："誉者不能进，而诽者不能退也（夸奖虚名不能进，诽谤不能罢免人）。"

制群臣[1]，擅生杀，主之分也。县令仰制[2]，臣之分也。威势尊显，主之分也。卑贱畏敬，臣之分也。令行禁止，主之分也。奉法听从，臣之分也。故君臣相与，高下之处也，如天之与地也。其分画之不同也，如白之与黑也。故君臣之间明别，则主尊臣卑。如此，则下之从上也，如响之应声；臣之法主也，如景之随形。故上令而下应，主行而臣从。以令则行，以禁则止，以求则得。此之谓易治。故《明法》曰："君臣之间明别，则易治。"

[注释]

[1] 以下几句是说：控制群臣擅生杀，这是君主之本分。尊崇法令重法制，这是臣下之本分。保持威势保尊显，这是君主之本分。身处卑贱谨畏敬，这是臣下之本分。法令能行禁能止，这是君主之本分。尊奉法律听命令，这是臣下之本分。君臣相与高下处，犹如上天之与地。君臣分画之不同，犹如白色异于黑。君臣之间须明别，主尊臣卑不易位。下级必须从上级，犹如回响之应声。臣下应该效君主，犹如影子之随形。上级命令下响应，君主行事臣服从。有令则行禁则止，以求则得大功成，这个就叫容易治。所以《明法》说："君臣之间明别，则易治（君臣界限区分明，界限分明易治理）。" [2] 县令仰制：尊崇法令重法制。

明主操术任臣下[1]，使群臣效其智能，进其长技。故智者效其计[2]，能者进其功。以前言督后事，所效当则赏之，不当则诛之。张官任吏治民，案法试课成功。守法而法之[3]，身无烦劳而分职[4]。故《明法》曰："主虽不身下为，而守法为之可也。"

[注释]

[1] 以下几句是说：明主操术任臣下，群臣尽力效其能，进其长技献所长。智者竭智献良策，能者尽能献其功。君以前言督

后事，贡献恰当则赏赐，贡献不当则诛罚。张官任吏治其民，按法试课看成功。遵守法度用法治，身无烦劳而分职。所以《明法》说："主虽不身下为，而守法为之可也（君主虽不亲身为，依法办事就可以）。" [2]效：献。 [3]守法而法之：遵守法度用法治。 [4]分职：把职分给别人，即各司其职。

[点评]

篇名"明法解"，逐句解释《明法》，渗透明睿犀利的法理哲思。如说："法者，天下之程式也，万事之仪表也。""故《明法》曰：'以法治国，则举错而已。'"以法治国，依法办事，合乎规程，合乎仪则。全文正反对照，满篇兼论"明主"和"乱主"，从比较中说明问题，旗帜鲜明，是非清晰，论析透辟，值得玩味汲取。

主要参考文献

四部丛刊　张元济编　商务印书馆1932—1936年版
管子校正　（清）戴望撰　中华书局1954年版
管子通解　赵守正撰　北京经济学院出版社1989年版
文渊阁四库全书　（清）永瑢 纪昀编纂　上海古籍出版社2003年版
中华大典·哲学典·诸子百家分典·管子分部　孙中原撰　云南教育出版社2007年版
管子解读（国学经典解读系列教材）　孙中原撰　中国人民大学出版社2015年版